Das Erstanmelderprivileg im Versammlungsrecht

Europäische Hochschulschriften

European University Studies

Publications Universitaires Européennes

Reihe II **Rechtswissenschaft**

Series II Law

Série II Droit

Band/Volume **5897**

Wonkyu Park

Das Erstanmelderprivileg im Versammlungsrecht

Zur subsidiären Anwendbarkeit des Erstanmelderprivilegs bei der Lösung konkurrierender Versammlungen

PL ACADEMIC RESEARCH

Bibliografische Information der Deutschen Nationalbibliothek
Die Deutsche Nationalbibliothek verzeichnet diese Publikation in der Deutschen Nationalbibliografie; detaillierte bibliografische Daten sind im Internet über http://dnb.d-nb.de abrufbar.

Zugl.: Freiburg (Breisgau), Univ., Diss., 2016

D 25
ISSN 0531-7312
ISBN 978-3-631-69922-5 (Print)
E-ISBN 978-3-631-70072-3 (E-PDF)
E-ISBN 978-3-631-70558-2 (EPUB)
E-ISBN 978-3-631-70559-9 (MOBI)
DOI 10.3726/b10574

PL Academic Research ist ein Imprint der Peter Lang GmbH.
Peter Lang – Frankfurt am Main · Bern · Bruxelles · New York · Oxford · Warszawa · Wien

Diese Publikation wurde begutachtet.

www.peterlang.com

Vorwort

Die vorliegende Arbeit wurde im Sommersemester 2016 von der Rechtswissenschaftlichen Fakultät der Albert-Ludwigs-Universität Freiburg als Dissertation angenommen.

Mein besonderer Dank gilt meinem Doktorvater, Herrn Prof. Dr. Ralf Poscher für seine uneingeschränkte Unterstützung. Er hat die Anregung zu diesem Thema gegeben und die Fertigstellung der Arbeit in vielfältiger Weise gefördert. Ebenfalls bedanken möchte ich mich bei Herrn Prof. Dr. Thomas Würtenberger für die freundliche Übernahme des Zweitgutachtens. Mein Dank gilt ferner Herrn Prof. Dr. Dieter Dölling an der Universität Heidelberg, der meinen ersten Aufenthalt in Deutschland ermöglicht hat.

Bedanken möchte ich mich auch bei meinen Kollegen und Freunden, mit denen ich schöne Erinnerungen in Freiburg teile. Weiterhin danke ich Frau Sabine Bennemann für die freundliche Zusammenarbeit. Auch dem koreanischen Ministerium des Innern verdanke ich eine finanzielle Förderung.

Ganz besonders danken möchte ich meiner Frau Dr. Min Kyung Han, meiner Tochter Dana und auch meinem Sohn Jonghyun. Sie haben mich in all den schwierigen Phasen der Dissertation begleitet und in vollem Umfang unterstützt. Ebenso herzlich bedanke ich mich bei meinen Eltern, die mich auf meinem bisherigen Lebensweg in jeder Hinsicht gefördert und unterstützt haben. Diese Arbeit ist daher meiner Familie gewidmet.

Seoul, im August 2016 Wonkyu Park

Inhaltsverzeichnis

Gebraucht werden die üblichen Abkürzungen, vgl. *Kirchner*: Abkürzungsverzeichnis der Rechtssprache, 7. Aufl., Berlin/New York 2013.

Einleitung

Nach Art. 8 GG haben alle Deutschen das Recht, sich ohne Anmeldung oder Erlaubnis friedlich und ohne Waffen zu versammeln. Das Grundrecht der Versammlungsfreiheit spielt in einer mittelbaren Demokratie eine wesentliche Rolle, weil auch politische Minderheiten durch dieses Grundrecht am politischen Willensbildungsprozess teilnehmen können. Die Versammlungsfreiheit ist also für eine freiheitliche demokratische Ordnung konstituierend.[1]

Wenn aber mehrere Versammlungen für die gleiche Zeit an demselben Ort angemeldet werden, kann eine Gefahr für die öffentliche Sicherheit oder Ordnung entstehen. Insbesondere bereiten rechtsextremistische Versammlungen große Probleme, weil sie häufig Gegenversammlungen durch Linksextremisten oder andere Bürger provozieren. Dabei muss die Versammlungsbehörde einschreiten, um die Gefahr für die öffentliche Sicherheit oder Ordnung abzuwehren und die Versammlungsfreiheit zu garantieren. Die Versammlungsbehörde kann dabei hauptsächlich durch versammlungsrechtliche Auflagen oder Verbotsverfügungen des § 15 Abs. 1 VersG die Konkurrenz zwischen Versammlungen auflösen.

Hier taucht aber die Frage danach auf, welche Maßnahme die Versammlungsbehörde *nach welchen Kriterien gegen wen* erlassen soll. Hinsichtlich konkurrierender Versammlungen hat das Bundesverfassungsgericht in seinem Beschluss vom 6.5.2005 Folgendes ausgeführt:

> „Kommt es zu konkurrierenden Nutzungswünschen, ist eine praktische Konkordanz bei der Ausübung der Grundrechte unterschiedlicher Grundrechtsträger herzustellen. Dabei kann die Behörde aus hinreichend gewichtigen Gründen unter strikter Berücksichtigung des Grundsatzes inhaltlicher Neutralität von der zeitlichen Reihenfolge der Anmeldung einer Versammlung abweichen.“[2]

Nach Auffassung des Bundesverfassungsgerichts soll also eine Konkurrenz zwischen Versammlungen grundsätzlich so gelöst werden, dass eine praktische Konkordanz zwischen konkurrierenden Versammlungsfreiheiten hergestellt wird. Dabei soll möglichst alle Versammlungsfreiheit verwirklicht werden. Die Behörde kann aber bei Vorliegen hinreichend gewichtiger Gründe vom Erstanmelderprivileg abweichen. Nach der Auffassung des Bundesverfassungsgerichts gilt also das Erstanmelderprivileg grundsätzlich, aber nicht absolut.

1 BVerfGE 69, 315 (345).
2 BVerfG, NVwZ 2005, 1055 (1057).

Im Hinblick auf diese Rechtsprechung des Bundesverfassungsgerichts ist eine Tendenz zu beobachten, die Bedeutung des Erstanmelderprivilegs abzuschwächen. Aus Sicht der Kritiker scheint das Erstanmelderprivileg unlogisch und irrational zu sein. Ferner kann das Erstanmelderprivileg in der Versammlungspraxis zu unerwarteten Nachteilen führen, etwa zur frühzeitigen oder flächendeckenden Anmeldung zur Reservierung öffentlicher Plätze oder zur Verhinderung anderer Versammlungen. Außerdem hat das Erstanmelderprivileg keine Rechtsgrundlage im Versammlungsgesetz. Zwar kann die Versammlungsbehörde bei der Lösung einer Konkurrenz nach pflichtgemäßem Ermessen erforderliche Maßnahmen gemäß § 15 Abs. 1 VersG erlassen,[3] jedoch ist diese Regelung bei der Konkurrenzlösung zu unbestimmt und unzureichend. Demnach ist im Hinblick auf eine grundrechts*beschränkende* Wirkung der staatlichen Konkurrenzlösungsentscheidung und auf eine grundrechts*sichernde* Funktion des Verfahrensrechts die Normierung des Konkurrenzlösungsverfahrens im Versammlungsgesetz erforderlich.[4]

Es soll also aufgeklärt werden, ob, wie und unter welchen Voraussetzungen das Erstanmelderprivileg im Versammlungsrecht angewendet werden kann. Obwohl das Erstanmelderprivileg bei konkurrierenden Versammlungen viel erwähnt wird, sind all diese Fragen bis jetzt beinahe unbeantwortet geblieben. Im Bereich des Zivilrechts[5] und der staatlichen Güterverteilung[6] gibt es mehrere ausführliche Untersuchungen über das (ursprüngliche) Prioritätsprinzip. Aber in der Literatur zum

---

3 Nach der Rechtsprechung des OVG Koblenz (NVwZ-RR 2004, 848) obliegt die Abwägung, ob und inwieweit gegenläufigen Interessen die Einschränkung der Demonstrationsfreiheit rechtfertigen, allein den Behörde und Gerichten.

4 Vgl. *Martini*, Der Markt als Instrument hoheitlicher Verteilungslenkung, 2008, S. 86.

5 *Stürner*, Prinzipien der Einzelzwangsvollstreckung, ZZP 99 (1986), 291 ff.; *Schlosser*, Vollstreckungsrechtliches Prioritätsprinzip und verfassungsrechtlicher Gleichheitssatz, ZZP 97 (1984), 121 ff.; *Neuner*, Der Prioritätsgrundsatz im Privatrecht, AcP 203 (2003), 46 ff.; *Siebert*, Das Prioritätsprinzip in der Einzelzwangsvollstreckung, 1988; *Welbers*, Vollstreckungsrechtliches Prioritätsprinzip und verfassungsrechtlicher Gleichheitssatz, 1991; *Becker*, First in time, first in right. Das Prioritätsprinzip im deutschen und US-amerikanischen Zwangsvollstreckungsrecht, 1999.

6 *Voßkuhle*, „Wer zuerst kommt, mahlt zuerst!" – Das Prioritätsprinzip als antiquierter Verteilungsmodus einer modernen Rechtsordnung, Die Verwaltung 32 (1999), 21 ff.; *Berg*, Die Verwaltung des Mangels. Verfassungsrechtliche Determinanten für Zuteilungskriterien bei knappen Ressourcen, Der Staat 15 (1976), 1 ff.; *Tomuschat*, Güterverteilung als rechtliches Problem, Der Staat 4 (1973), 433 ff.; *Gethmann/ Kloepfer/Reinert*, Verteilungsgerechtigkeit im Umweltstaat, 1995; *Martini*, Der Markt als Instrument hoheitlicher Verteilungslenkung, 2008.

Versammlungsrecht wurde das Prinzip nur am Rande[7] und dementsprechend inhaltlich unzureichend untersucht. Unsicherheit beherrscht also die Anwendung des Erstanmelderprivilegs. Es bedarf einer Klärung. Ferner ist es fraglich, ob das Erstanmelderprivileg, wie das Bundesverfassungsgericht ausgeführt hat, bei der Konkurrenzlösung grundsätzlich gilt. Ziel der Untersuchung ist es demnach, herauszufinden, ob das Erstanmelderprivileg bei der Konkurrenzlösung zwischen Versammlungen angewendet werden kann und, wenn ja, wie und unter welchen Voraussetzungen es angewendet werden darf. Diese Arbeit beschränkt sich dabei auf Versammlungen „unter freiem Himmel", weil nur diese Versammlungen nach § 14 VersG anmeldepflichtig sind.

Die Untersuchung wird in fünf Teile gegliedert. Zunächst wird im ersten Teil untersucht, worum es sich bei der Konkurrenz zwischen Versammlungen handelt. Wie das Bundesverfassungsgericht in seiner Rechtsprechung erklärt hat, geht es hier um eine Rechtsgüterkollision unterschiedlicher Grundrechtsträger.[8] Um die Problematik konkurrierender Versammlungen anschaulich zu machen, soll die Rechtsfigur des Grundrechtskonflikts zunächst erörtert werden. Danach werden im zweiten Teil Begriff und Ursprung des Erstanmelderprivilegs untersucht. Erst nach der Aufklärung von Begriff und Ursprung des Erstanmelderprivilegs können weitere Untersuchungen durchgeführt werden. Aufgrund des im vorigen Teil entwickelten Verständnisses wird im dritten Teil untersucht, ob das auf dem Prioritätsprinzip beruhende Erstanmelderprivileg im Versammlungsrecht angewendet werden kann. Als Ergebnis kann festgehalten werden, dass das Erstanmelderprivileg nur subsidiär anwendbar ist. Im vierten Teil soll daher der Frage nachgegangen werden, welche Kriterien bei der Lösung konkurrierender Versammlungen als primäre Kriterien herangezogen werden können. Schließlich wird im fünften Teil untersucht, ob die Konkurrenzlösungskriterien einer speziellen Norm im Versammlungsgesetz bedürfen.

---

7 *Kniesel/Poscher*, in: Lisken/Denninger, HPolR, Kap. K Rn. 257 f.; *Ullrich*, Typische Rechtsfragen bei Demonstration und Gegendemonstration, DVBl 2012, 666 (667); *Waechter*, Maßgaben für neue Versammlungsgesetze der Länder, Verwaltungsarchiv 2008, 73 (92); *Jenssen*, Die versammlungsrechtliche Auflage, 2009, S. 146 ff.; *Hobbeling*, Präventives Einschreiten gegen Demonstrationen, 1973, S. 127 ff.

8 BVerfG, NVwZ 2005, 1055 (1056 f.).

1. Teil: Der Grundrechtskonflikt zwischen Versammlungen

Bei der Problematik konkurrierender Versammlungen handelt es sich um einen *Grundrechtskonflikt* verschiedener Versammlungen. Wenn also zwei oder mehrere Versammlungsveranstalter ihr Grundrecht der Versammlungsfreiheit an einem bestimmten Ort gleichzeitig ausüben wollen, wird der tatsächliche Konflikt ausgelöst. Die Ausübung einer Versammlungsfreiheit wird in diesem Fall durch die Ausübung anderer Versammlungsfreiheit bedroht.[9] Wenn dieser Konflikt durch beteiligte Versammlungsveranstalter bzw. -teilnehmer nicht zu lösen ist, soll der Staat einschreiten, um ein geordnetes Zusammenleben der Menschen zu ermöglichen.[10] Wie diese Probleme zu lösen sind und insbesondere ob das Erstanmelderprivileg im Versammlungsrecht anzuwenden ist, ist Gegenstand dieser Untersuchung.

Vor der Untersuchung der Anwendbarkeit des Erstanmelderprivilegs soll aber zunächst aufgeklärt werden, worum es sich bei dieser Problematik handelt und wie sie gelöst werden kann (A). Im Anschluss daran erfolgt die Erörterung, wie und nach welchen gesetzlichen Regelungen die Konkurrenz zwischen Versammlungen bisher geschlichtet worden waren (B). Durch diese Analysen wird gezeigt, wohin die gesamte Untersuchung geführt werden soll.

A. Der Grundrechtskonflikt

Wie schon erwähnt, handelt es sich bei konkurrierenden Versammlungen um den Grundrechtskonflikt. Im Folgenden soll daher der Frage nachgegangen werden, was der Grundrechtskonflikt ist (I) und wie er zu lösen ist (II).

I. Der Begriff

Der Grundrechtskonflikt stellt Dreieckskonstellationen dar, an denen *zwei (oder auch mehrere) Grundrechtsberechtigte* und *der Staat* teilnehmen. Dabei treffen gleiche[11] oder verschiedene[12] Grundrechte verschiedener Grundrechtsträger

9 *Ossenbühl*, Versammlungsfreiheit und Spontandemonstration, Der Staat 10 (1971), 53 (55).

10 *Dreier*, in: Dreier, GG, Vorb. Rn. 155 ff.; *Jarass*, AöR 110 (1985), 363 (383).

11 Z. B. Versammlungsfreiheit VS Versammlungsfreiheit.

12 Z. B. Meinungsfreiheit VS Persönlichkeitsrecht.

zusammen und werden die Ausübungen beider Grundrechten gegenseitig beeinträchtigt.[13] In dieser Situation soll der Staat als Grundrechtsgarant konkurrierende Grundrechtsposition der Bürger ausgleichen.[14]

Häufig bezeichnet man diese Situation als Grundrechtskollision.[15] Kollisionen in diesem Sinne sind die faktische Kollision zwischen Menschen, die aus dem wildwüchsigen Gebrauch von Freiheiten resultieren.[16] Es soll aber der Frage nachgegangen werden, ob die faktische Kollision der Grundrechtsträger als Grundrechtskollision bezeichnet werden kann. Grundsätzlich können Grundrechte als *Abwehrrechte* aber nicht miteinander kollidieren, weil sie sich nur gegen den Staat richten.[17] Es soll also die „faktische Beeinträchtigung des Lebensbereichs"[18] durch Private und staatliche Grundrechtseingriff unterschieden werden. Zwar können die Interessen der Grundrechtsträger miteinander kollidieren, es können jedoch die gegen den Staat gerichteten Grundrechte nicht miteinander kollidieren.[19] Weil der Adressat des Grundrechts nicht die Private, sondern der Staat ist. Aus diesem Anlass wird die Problematik in dieser Arbeit nicht als „Grundrechtskollision", sondern als „Grundrechtskonflikt" bezeichnet.[20]

Unter dem Grundrechtskonflikt verstehen aber viele einen *Oberbegriff* von Grundrechtskollision und -konkurrenz. Bei der Grundrechtskonkurrenz handelt es sich also um eine Situation, in der das Verhalten eines Grundrechtsträgers in den Tatbestand mehrerer Grundrechte fällt.[21] Dabei kann der Grundrechtsträger mehrere Grundrechte geltend machen. Auch unter dem abwehrrechtlichen Grundrechtsverständnis ist der Begriff „Grundrechtskonkurrenz" unproblematisch, weil ein Grundrechtsträger in bestimmten Fällen *gegen den Staat* mehrere Grundrechte in Anspruch nehmen kann. Der Begriff der Grundrechtskollision ist aber abzulehnen. *Lepa* hat ausgeführt, dass die Grundrechtskonkurrenz mit einem „Nebeneinander" und die Grundrechtskollision mit einem „Gegeneinander"

---

13 *Bethge*, Zur Problematik von Grundrechtskollision, 1977, S. 1 f.

14 *Stern*, Staatsrecht, Bd. III/2, S. 634.

15 *Bleckmann*, Grundrechte, S. 473; *Jarass*, in: Jarass/Pieroth, GG, Vorb. vor Art. 1 Rn. 48; *Starck*, in: v. Mangoldt/Klein/Starck, GG, Art. 1 Rn. 319.

16 *Pieroth/Schlink/Kingreen/Poscher*, Grundrechte Staatsrecht II, S. 79 f.

17 *Poscher*, Grundrechte als Abwehrrechte, S. 156.

18 *Poscher*, Grundrechte als Abwehrrechte, S. 382.

19 *Poscher*, Grundrechte als Abwehrrechte, S. 199; auch *Ipsen*, JZ 1997, 473 (476).

20 Auch *Schlink*, EuGRZ 1984, 457 (457), hat diese Problematik als Grundrechtskonflikt bezeichnet.

21 *Bleckmann*, Grundrechte, S. 476; *Lepa*, DVBl. 1972, 161 ff.; *Pieroth/Schlink/Kingreen/Poscher*, Grundrechte Staatsrecht II, S. 82 f.

von Grundrechten verbunden sind.[22] Anders als ein Nebeneinander ist aber ein Gegeneinander von Grundrechten aus oben ausgeführtem Grund mit dem abwehrrechtlichen Grundrechtsverständnis unvereinbar. Diese Problematik ist eher als *mehrpoliger Konflikt der Grundrechtsträger*[23] zu nennen. Um den Begriff anschaulich zu machen, wird aber in dieser Arbeit nach der üblichen Bezeichnung des Phänomens der Begriff des Grundrechtskonflikts benutzt.

II. Auflösung von Konflikten

Nun wird untersucht, welche Maßstäbe bei der Auflösung des grundrechtlichen Konflikts heranzuziehen sind. Zunächst wird untersucht, auf welcher rechtlichen Grundlage der Staat in einem mehrpoligen Konflikt einschreiten soll (1). Danach wird untersucht, nach welchem Modell Konflikte zu lösen sind (2). Schließlich wird erörtert, wer diese Konflikte zu lösen hat (3).

1. Grundlage des staatlichen Einschreitens

„Die Freiheit des einen hat ihre Grenzen stets in der Freiheit des anderen."[24] Kommt es also zu einer Grundrechtskollision, dann soll der Staat einschreiten, um ein geordnetes menschliches Zusammenleben zu ermöglichen.[25] Zur Schlichtung der Konflikte soll der Staat notwendigerweise ein oder mehrere Grundrecht/e beschränken, um die Ausübung der Grundrechte zu ermöglichen. Wenn der Staat in einem Konflikt nicht einschreiten würde, würde die Lösung des Konflikts „dem faktischen Spiel der Kräfte" zwischen Privaten überlassen.[26] In diesem Fall wäre die Freiheit nur die der Mächtigen.[27]

a) Grundrecht als Schutzpflicht?

Klassisch wurden Grundrechte als gegen den Staat gerichtete Abwehrrechte verstanden. Aufgrund des abwehrrechtlichen Grundrechtsverständnisses wird dem Staat ein ungerechtfertigter Eingriff in den durch das Grundrecht geschützten Lebensbereich verwehrt. Grundrechte können aber nicht nur durch den Staat, sondern auch durch andere Bürger bedroht werden. Angesichts des Wandels vom liberalen zum sozialen Rechtsstaat im frühen 20. Jahrhundert war das

22 *Lepa*, DVBl. 1972, 161 (161).
23 *Poscher*, Grundrechte als Abwehrrechte, S. 321.
24 *Stern*, Staatsrecht, Bd. III/2, S. 610.
25 *Dreier*, in: Dreier, GG, Vorb. Rn. 155 ff.
26 *Poscher*, Grundrechte als Abwehrrechte, S. 184.
27 *Hesse*, Grundzüge, S. 155.

klassisch-abwehrrechtliche Grundrechtsverständnis unzureichend, um sich der Lebenswirklichkeit des neuen Jahrhunderts anzupassen.[28] In den heutigen Zeiten ist nicht nur die *Freiheit vom Staat*, sondern auch die *Freiheit durch den Staat* eine notwendige Bedingung für die Freiheitsentfaltung von Individuen geworden. Ohne staatliche Teilnahme wäre also die faktische Entfaltung der Freiheit fast unmöglich geworden.

Um dieser Forderung gerecht zu werden, hat das BVerfG im Lüth-Urteil[29] vom 1958 ausgeführt, dass Grundrechte nicht nur subjektive Abwehrrechte, sondern auch eine objektive Wertordnung enthalten, „die als verfassungsrechtliche Grundentscheidung für alle Bereiche des Rechts gilt".[30] Dieser objektive Gehalt der Grundrechte verpflichtet den Staat, nicht nur den Eingriff in den grundrechtlich geschützten Lebensbereich der Bürger zu unterlassen, sondern auch diesen grundrechtlich geschützten Lebensbereich zu schützen.[31] Diese grundrechtliche Schutzpflicht wird zumeist in den Fällen, in denen ein Grundrecht durch das Verhalten eines anderen Bürgers beeinträchtigt wird, also bei Dreieckkonstellationen, herangezogen.[32] In Fällen der faktischen Konflikte zwischen den Grundrechtsträgern ist demnach der Staat auf der Grundlage der grundrechtlichen Schutzpflicht berechtigt, die Grundrechte der Beteiligten zu beschränken.[33] Diesbezüglich kann man sagen, dass der Staat ein Grundrecht eines Bürgers beschränkt, um ein Grundrecht eines anderen zu schützen.[34] Das staatliche Einschreiten in grundrechtliche Konfliktsituationen ist also durch die staatliche Schutzfunktion eines anderen Grundrechts zu rechtfertigen.[35]

b) Grundrecht als Abwehrrecht

Anders als die Meinung der Befürworter der grundrechtlichen Schutzpflicht hat *Poscher* in seiner Habilitationsschrift „Grundrechte als Abwehrrechte"[36]

---

28 *Pieroth/Schlink/Kingreen/Poscher*, Grundrechte Staatsrecht II, S. 29.

29 BVerfGE 7, 198 ff.; auch BVerfGE 79, 174 (201).

30 BVerfGE 7, 198.

31 *Zippelius/Würtenberger*, Deutsches Staatsrecht, S. 183.

32 *Poscher*, Grundrechte als Abwehrrechte, S. 286, 388.

33 *Jarass*, AöR 110 (1985), 363 (383).

34 *Zippelius/Würtenberger*, Deutsches Staatsrecht, S. 183; *Sachs*, Verfassungsrecht II. Grundrechte, S. 129, A 9 Rn. 52; *Starck*, in: v. Mangoldt/Klein/Starck, GG, Art. 1 Rn. 320; *Rüfner*, Grundrechtskonflikte, S. 453 ff.

35 *Jarass*, in: Jarass/Pieroth, GG, Vorb. vor Art. 1 Rn. 48.

36 *Poscher*, Grundrechte als Abwehrrechte. Reflexive Regelung rechtlich geordneter Freiheit, Tübingen 2003.

ausgeführt, dass auch die grundrechtlichen Dreieckskonstellationen, in denen tatsächliche Konflikte zwischen Grundrechtsträgern vorkommen, ohne Heranziehung der grundrechtlichen Schutzpflicht, d. h. anhand des klassischen Abwehrrechts gelöst werden können. Um seine Theorie zu begründen, hat er zunächst das Grundrechtsverständnis von *Murswiek* herangezogen. Zwar hat *Murswiek* die Rechtsfigur der Schutzpflicht nicht verneint, jedoch hat er sie nicht von dem objektiven Gehalt von Grundrechten, sondern von dem staatlichen Gewaltmonopol hergeleitet.[37] Nach diesem Grundsatz verbiete der Staat die Anwendung privater Gewalt.[38] Die Bürger kommen diesem Verbot privater Gewaltanwendung nur dann nach, soweit der Staat ihnen den Schutz gegen Eingriffe Dritter bietet. Wenn also Konflikte zwischen Bürgern auftreten, müsse der Staat einschreiten und Rechte der Grundrechtsträger schützen, weil *nur er* zur Anwendung der Gewalten befugt ist. Wenn der Staat dieser Schutzpflicht nicht nachkommt und infolgedessen das grundrechtlich geschützte Rechtsgut des Bürgers beeinträchtigt wird, verletze er dadurch das abwehrrechtliche Grundrecht: Zwar wird hier das Rechtsgut *durch Dritte* beeinträchtigt, jedoch sei die Folge dem Staat zuzurechnen, weil nur der Staat diese Konflikte aufgrund des Gewaltmonopols aufzulösen vermag. Es liege also hier „ein staatlicher Eingriff (durch Unterlassen)“ vor.[39]

Poscher hat das Schutzpflichtmodell von *Murswiek* so bewertet, dass er die Schutzpflicht unter die Rechtsfigur des Abwehrrechts gestellt hat.[40] Anders als *Murswiek* ist er aber der Auffassung, dass sogar die Heranziehung der Schutzpflicht bei der Konfliktlösung zwischen Grundrechtsträgern unnötig ist. Nach ihm ist allein das reflexive Abwehrrechtsverständnis hinreichend, um die grundrechtlichen Konflikte zwischen Bürgern zu lösen. Aus dem staatlichen Gewaltmonopol ergebe sich, dass nur der Staat die mehrpoligen Konflikte der Grundrechtsträger, z. B. in Form von Gesetzen, zu regeln hat.[41] Der Staat löst also grundrechtliche Konflikte meistens durch die eingreifende gesetzliche Regelung. Diese Regelungen stellen normative Eingriffe in die grundrechtlich geschützten Lebensbereiche dar, weil dadurch eines oder mehrere beteiligte Grundrechte beschränkt und zurückgetreten werden.[42] Die tatsächlichen Konflikte zwischen Bürgern können demnach rechtlich gelöst werden. Es ist dabei aber zu beachten, dass die staatliche Regelung der Konflikte, die in die Grundrechte normativ eingreift, ihrerseits an

37 *Murswiek*, Die staatliche Verantwortung für die Risiken der Technik, S. 101 ff.

38 *Murswiek*, Die staatliche Verantwortung für die Risiken der Technik, S. 102.

39 *Murswiek*, Die staatliche Verantwortung für die Risiken der Technik, S. 107.

40 *Poscher*, Grundrechte als Abwehrrechte, S. 194.

41 *Poscher*, Grundrechte als Abwehrrechte, S. 318.

42 *Poscher*, Grundrechte als Abwehrrechte, S. 203.

die Grundrechte gebunden ist. Zwar hat die Verfassung die Begrenzungsmöglichkeiten, wie z. B. den Gesetzesvorbehalt, ausdrücklich vorgeschrieben,[43] jedoch ist der staatliche Eingriff an die Grundrechte gebunden. Als gegen den Staat gerichtete Abwehrrechte lehnen Grundrechte ungerechtfertigte Eingriffe ab.[44] Wichtig ist dabei, dass Grundrechte als Abwehrrechte die Konflikte zwischen den Bürgern nicht unmittelbar regeln. Sie regeln nur *reflexiv* ein regelndes Verhalten des Staates. Das Grundrecht gibt also „negative Vorgaben für die Regelung des Konflikts der Grundrechtsträger".[45]

c) *Stellungnahme*

Wie oben ausgeführt, können sowohl das Abwehrrecht als auch die Schutzpflicht in einer Dreieckskonstellation herangezogen werden.[46] Einerseits kann der Grundrechtsträger aufgrund der staatlichen Schutzpflicht dem Staat verlangen, ihn vor der faktischen Beeinträchtigung Dritter zu schützen. Andererseits kann der Staat aufgrund des abwehrrechtlichen Verständnisses in einem grundrechtlichen Konflikt einschreiten. Dabei löst der Staat durch normativen Eingriff in die Abwehrrechte der Bürger die Konflikte auf. Auf der Rechtsfolgenseite gibt es aber zwischen diesen Verständnissen einen Unterschied. Das Abwehrrecht verlangt nur das Unterlassen des bestimmten Verhaltens. *Poscher* hat dies als „Monimus der Rechtsfolge" bezeichnet.[47] Demgegenüber bezieht sich die auf die objektiv-rechtliche Grundrechtsfunktion beruhende Schutzpflicht auf die verschiedenen Rechtsfolgen, soweit sie dem Schutz eines grundrechtlich geschützten Lebensbereichs dienen.[48] Die Schutzpflicht verlangt also nicht nur negativ das Unterlassen ungerechtfertigter staatlicher Handlungen, sondern auch ein positives Verhalten des Staates. Die Einführung der Schutzpflicht in die Grundrechtsdogmatik führt daher zur Reduzierung der politischen, also gesetzgeberischen Gestaltungsspielräume:[49] Unter dem abwehrrechtlichen Gesichtspunkt sollte der Gesetzgeber bei der Regelung von gesellschaftlichen Konflikten den grundrechtlichen Anforderungen nur negativ genügen. Das Grundrecht sagt also nicht, was der Staat tun soll. Es sagt nur, was der Staat *nicht* tun darf. Der Gesetzgeber kann also frei entscheiden, wie die Konflikte zu regeln sind. Mit der Schutzpflicht verhält es sich aber anders. Wie

---

43 *Schneider*, Die Güterabwägung des Bundesverfassungsgerichts, S. 18.
44 *Poscher*, Grundrechte als Abwehrrechte, S. 203.
45 *Poscher*, Grundrechte als Abwehrrechte, S. 203.
46 *Poscher*, Grundrechte als Abwehrrechte, S. 382.
47 *Poscher*, Grundrechte als Abwehrrechte, S. 382 f.
48 *Poscher*, Grundrechte als Abwehrrechte, S. 383.
49 *Poscher*, Grundrechte als Abwehrrechte, S. 409.

schon erklärt, verlangt er Verschiedenes, was zum Schutz der Rechtsgüter dienen kann. Bei diesem Grundrechtsverständnis sagt das Grundrecht, nicht der Gesetzgeber, konkret, wie die Konflikte zu lösen sind. Die staatliche Regelung des Konflikts wird dann unter dem verfassungsgerichtlichen Dezisionismus liegen.[50] Dies steht der staatlichen Gewaltenteilung entgegen. Wenn die Problematik den Konflikt zwischen den Grundrechtsträgern anhand des Abwehrrechtsverständnisses lösen kann, braucht man nicht die grundrechtliche Schutzpflicht heranzuziehen. Ansonsten würde die bisher erreichte dogmatische Klarheit verloren gehen.[51]

2. *Konfliktlösungsmodelle*

Aus den bisherigen Untersuchungen ergibt sich, dass der Staat einschreiten muss, wenn faktische Konflikte zwischen Grundrechtsträgern entstehen würden. Falls er dies nicht tut, greift er in die betroffenen Grundrechte durch Unterlassen ein.[52] Es soll jetzt erklärt werden, wie diese Konflikte zu lösen sind. Darüber besteht aber bisher keine Übereinstimmung. Über die grundrechtliche Konfliktlösung wird sogar ausgeführt, dass es „fast so viel Auffassungen wie Verfasser" gibt.[53] In diesem Abschnitt wird demnach erläutert, welche Ansätze bei der Konfliktlösung heranzuziehen sind.

a) Die Normbereichsanalyse

Bei der Lösung von Konflikten soll zuerst der Frage nachgegangen werden, ob die grundrechtlichen Konflikte tatsächlich vorhanden sind. Erst nach der Feststellung der Konflikte zwischen Grundrechtsträgern kann das Konfliktlösungsverfahren durchgeführt werden. In diesem Zusammenhang hat *Müller* seine These von der „Normbereichsanalyse" entwickelt.[54] Danach solle vor der Konfliktlösung „sorgfältig untersucht werden, ob überhaupt eine Überschneidung der Geltungsgehalte vorliegt".[55] Durch eine sorgfältige Bestimmung der Schutzbereiche soll demnach erklärt werden, ob es sich um einen echten oder nur um einen Scheinkonflikt handelt.[56] Anhand dieses Verfahrens können also die meisten potenziellen Rechtsgüterkonflikte vermieden werden. Der Gesetzgeber

---

50 *Poscher*, Grundrechte als Abwehrrechte, S. 410.
51 *Poscher*, Grundrechte als Abwehrrechte, S. 410.
52 Siehe oben A. II. 1. b).
53 *Paulson*, ARSP Bd. 66 (1980), S. 487.
54 *Müller*, Die Positivität der Grundrechte, 2., erw. Aufl., Berlin 1990.
55 *Müller*, Die Positivität der Grundrechte, S. 47.
56 *Stern*, Staatsrecht, Bd. III/2, S. 622; *Lenz/Leydecker*, DÖV 2005, 841 (843).

soll bei der Konfliktlösung die durch die Normbereichsanalyse entwickelten Geltungsgehalte respektieren.[57] Nach *Müller* schütze aber das Grundrecht nur die sachspezifisch geschützten.[58] Der Gesetzgeber greift daher in die Grundrechte nur ein, wenn ein Gesetz sachspezifisch geschützte Formen der Grundrechtsausübung verkürzt.[59] Demnach soll erklärt werden, was sachspezifisch geschützt ist. Als Beispiel nennt er Bau-, feuer- und seuchenpolizeiliche Vorschriften. Sie sind meistens Normen, „die an einen Tatbestand anknüpfen, der überhaupt nicht zum grundrechtlichen Normbereich gehört. (…) Sie betreffen Aktionsformen, die nur in äußerlichem Zusammenhang mit einer Grundrechtsausübung stehen, die nur „bei Gelegenheit" einer solchen praktisch geworden sind".[60] Das Malen auf der Kreuzung sei auch kein sachspezifisch geschütztes Verhalten, weil es nur eine Modalität bei Gelegenheit der Grundrechtsausübung ist. Gleiches gilt für die Ausübung der Versammlungsfreiheit auf der befahrenen Straßenkreuzung.[61] Sachspezifisch geschützte schließen aber, nach ihm, nicht nur die typischen Erscheinungsformen der Grundrechte, sondern auch die atypischen, individuellen, neuen und spontanen Erscheinungsformen mit ein, weil die Freiheitsgarantie den Grundrechtsträgern es frei lasse, wie sie die Freiheit verwirklichen.[62]

Was *Müller* durch die Normbereichsanalyse betonen will, wird in den Fällen der Beschränkung der vorbehaltlos garantierten Grundrechte verdeutlicht. Wenn eine Kollision zwischen Grundrechtsträgern vorliegt, kann der Staat durch Gesetz oder auf Grund Gesetzes eine Eingriffsermächtigung schaffen, soweit ein betroffenes Grundrecht einen Gesetzesvorbehalt enthält.[63] Nach h. M. kann jedoch der Staat auch in die vorbehaltlos garantierten Grundrechte eingreifen. Die vorbehaltlos gewährleisteten Grundrechte erlauben keinen unbeschränkten Freiheitsgebrauch, weil sie bei übermäßigem Freiheitsgebrauch eine Konfliktgefahr in sich bergen.[64] Die Tatsache, dass diese Grundrechte vorbehaltlos garantiert sind, heißt nicht, dass sie schrankenlos bestehen.[65] Nach dieser Ansicht sind staatliche Eingriffe in die vorbehaltlosen Grundrechte ausnahmsweise durch

---

57 *Müller*, Die Positivität der Grundrechte, S. 26 f.
58 *Müller*, Die Positivität der Grundrechte, S. 56.
59 *Müller*, Die Positivität der Grundrechte, S. 76.
60 *Müller*, Die Positivität der Grundrechte, S. 76.
61 *Müller*, Die Positivität der Grundrechte, S. 99 f.
62 *Müller*, Die Positivität der Grundrechte, S. 98 f.
63 *Pieroth/Schlink/Kingreen/Poscher*, Grundrechte Staatsrecht II, S. 79 f.; *Kniesel/Poscher*, in: Lisken/Denninger, HPolR, Kap. K Rn. 130.
64 *Zippelius/Würtenberger*, Staatsrecht, § 19 Rn. 50.
65 *Dreier*, in: Dreier, GG, Vorb. Rn. 141; *Pischel*, JA 2006, 357 (359).

die auf Verfassungsebene angesiedelten „kollidierenden Grundrechte Dritter und Verfassungsgüter“ zu rechtfertigen.[66] *Müller* sieht dies aber anders. Nach ihm haben vorbehaltlos garantierte Grundrechte „nur die Grenzen der sachlich-normativen Reichweite ihres Geltungsgehalts. (…) „In“ vorbehaltlos garantierte Grundrechte, d. h. in ihre sachspezifischen Normbereiche, darf weder durch Gesetz noch aufgrund Gesetzes verkürzend eingegriffen werden“.[67] Nach ihm sind also Eingriffsermächtigungen „im Grundgesetz abschließend und inhaltlich erschöpfend positiviert“.[68] Eingriffe in die vorbehaltlosen Grundrechte sind, nach ihrem Wortlaut, nicht gestattet. Auch *Pieroth/Schlink/Kingreen/Poscher* sind der Meinung, dass der Gesetzgeber bei dem Eingriff in die Grundrechte ohne Gesetzesvorbehalt die von der Verfassung verliehene Kompetenz nicht überschreiten soll. Der Staat ist nämchlich nur dazu ermächtigt, „die Grenze der Reichweite der Schutzbereiche der Grundrechte nachzuziehen“.[69] Schließlich ist festzustellen, dass *Müller* durch die Normbereichsanalyse den Schutzbereich des Grundrechts präzise begrenzen wollte. Er hat also die Ansicht vertreten, dass die grundrechtlichen Konflikte durch die sorgfältige Bestimmung der Normbereiche meist vermieden werden können. Trotz der Normbereichsanalyse und Ausschluss der Scheinkonflikte können aber die Grundrechte mit anderen Grundrechten konfligieren. Nicht alle Konflikte können also durch dogmatische Tatbestandsabgrenzung gelöst werden.[70] Demnach werden im Folgenden andere Konfliktlösungsmodelle vorgestellt.

b) Die Güterabwägung im Einzelfall

Befürworter der Güterabwägung sagen, dass sie bei der Konkurrenzlösung von Grundrechtsträgern ein unerlässliches Verfahren ist.[71] Auch das BVerfG löst seit dem Lüth-Urteil die grundrechtlichen Konflikte durch die Güterabwägung auf. Trotzdem wird sie gelegentlich auch als keine wirkliche Therapie, sondern nur als eine Diagnose[72] oder sogar als „Leerformel“[73] oder „Hülle“[74] bezeichnet, weil sie keine materiellen Maßstäbe für die Lösung von Konflikten enthält. Im

66 BVerfGE 28, 243 (261).

67 *Müller*, Die Positivität der Grundrechte, S. 71 f.

68 *Müller*, Die Positivität der Grundrechte, S. 71 f.

69 *Pieroth/Schlink/Kingreen/Poscher*, Grundrechte Staatsrecht II, S. 66 f.

70 *Müller*, Die Positivität der Grundrechte, S. 89.

71 *Häberle*, Die Wesensgehaltgarantie, 3. Aufl., S. 31.

72 *Lerche*, Übermass und Verfassungsrecht, S. 129.

73 *Ossenbühl*, Der Staat 10 (1971), 53 (75).

74 *Ossenbühl*, Der Staat 10 (1971), 53 (75).

Folgenden wird demnach untersucht, was die Güterabwägung ist und warum sie kritisiert wird.

Zuerst muss der Begriff der Güterabwägung genau bestimmt werden. Obwohl die Güterabwägung ihren Ursprung im Urteil des Bundesverfassungsgeirchts hat, versteht man unter dem Begriff der Güterabwägung sehr unterschiedlich. Die unterschiedlichen Bestimmungen des Begriffs führen notwendigerweise zu unterschliedlichen Beurteilungen über die Anwendung der Güterabwägung. Im Allgemeinen wird sie in Anlehung an die Auffassung des Bundesverfassungsgerichts als Güterabwägung *im Einzelfall* verstanden. Bei der Lösung von grundrechtlichen Konflikten sind also Besonderheiten der konkreten Fälle zu berücksichtigen. Andere Verfasser, wie z. B. *Schlink*, verstehen den Begriff anders.[75] Er versteht unter der Güterabwägung die im allgemeinen Sinne. Nach ihm sind Grundrechte „der Vorbehalt der Abwägung" von Rechtsgütern.[76] Ohne Abwägung von Rechtsgütern und Interessen sind also keine Grundrechte zu entfalten. Eine Gesellschaft könne also nur aufgrund der Abwägung funktionieren.[77] Er hält aber die *Güterabwägung im Einzelfall durch Gerichte*, insb. das Bundesverfassungsgericht, für unrichtig. Eine faktisch *gleiche* Meinung wie *Schlink* hat *Poscher*. Die Ausführungen von beiden Verfassern scheinen aber widerstreitend zu sein: *Poscher* hat in seinem Schrifttum ausgeführt, dass die Konflikte zwischen Grundrechtsträgern *nicht* durch Abwägung unterschiedlicher Grundrechtspositionen zu lösen sind.[78] Er hat aber dabei nur die Abwägung *im Einzelfall durch Gerichte* verneint. Dieses Beispiel zeigt deutlich, dass unterschiedliche Bestimmungen des Begriffs zu unterschiedlichen Ergebnissen führen können, obwohl die Verfasser eigentlich die gleiche Meinung vertreten. Das Bundesverfassungsgericht und die herrschende Meinung verstehen unter der Güterabwägung nicht die im allgemeinen Sinne, sondern die im Einzelfall durch das Gericht. Auch in dieser Untersuchung wird der Begriff der Güterabwägung so verstanden und zunächst das Urteil des Bundesverfassungsgerichts vorgestellt.

Das Bundesverfassungsgericht hat sich im Lüth-Urteil vom 1. Januar 1958 damit beschäftigt, wie Interessen- und Rechtskollisionen zwischen den Bürgern zu lösen sind.[79] Der Rechtsterminus „Güterabwägung" wurde durch dieses Urteil zum ersten Mal eingeführt und seitdem löst das Bundesverfassungsgericht

---

75 *Schlink*, Abwägung im Verfassungsrecht, Berlin 1976.
76 *Schlink*, Abwägung im Verfassungsrecht, S. 192.
77 *Schlink*, EuGRZ 1984, 457 (462).
78 *Poscher*, Grundrechte als Abwehrrechte, S. 408, 410.
79 BVerfGE 7, 198 ff.

das Problem aufgrund der Güterabwägung.[80] In diesem Urteil sind insb. die Meinungsfreiheit des Art. 5 Abs. 1 GG und ein durch das allgemeine Gesetz i. S. vom Art. 5 Abs. 2 GG i. V. m. § 826 BGB geschütztes Rechtsgut zusammengetroffen. Nach Art. 5 Abs. 2 GG kann also die Meinungsfreiheit insb. durch das Recht der persönlichen Ehre usw. eingeschränkt werden. Diesbezüglich hat das Bundesverfassungsgericht ausgeführt, dass die Meinungsäußerung im Grunde genommen als solche frei sei. Jedoch hat es weiter erklärt:

> „Wenn aber durch sie ein gesetzlich geschütztes Rechtsgut eines anderen beeinträchtigt wird, dessen Schutz gegenüber der Meinungsfreiheit den Vorrang verdient, so wird dieser Eingriff nicht dadurch erlaubt, daß er mittels einer Meinungsäußerung begangen wird. Es wird deshalb eine „*Güterabwägung*" erforderlich: Das Recht zur Meinungsäußerung muß *zurücktreten*, wenn schutzwürdige Interessen eines anderen von *höherem Rang* durch die Betätigung der Meinungsfreiheit verletzt würden. Ob solche überwiegenden Interessen anderer vorliegen, ist *auf Grund aller Umstände des Falles* zu ermitteln."[81]

Aufgrund dieser Ausführungen des Bundesverfassungsgerichts sind die wesentlichen Merkmale der Güterabwägung zu finden: die *Rangordnung* der Grundrechte und die Entscheidung aufgrund des *Einzelfalles*. Es setzt also beim Güterabwägungsverfahren die Wertrangordnung der Verfassung voraus und erklärt, dass innerhalb dieser Rangordnung die Abwägung zwischen den Rechtsgütern vorzunehmen sei.[82] Außerdem ist die Entscheidung nach der Güterabwägung auf der Grundlage einer „Gesamtanschauung des Einzelfalles" zu treffen.[83]

Die Güterabwägung ist, wie das Lüth-Urteil des Bundesverfassungsgerichts zeigt, Rang- und Bedeutungsermittlung. Sie setzt eine *Rangordnung der Grundrechte* voraus. In diesem Sinne hat *Schneider* die Güterabwägung als Rangermittlungsmethode bezeichnet.[84] Auch nach *Häberle* soll anhand der Güterabwägung ermittelt werden, welches Rechtsgut welchen Rang und welches Gewicht in der Verfassung haben.[85] Daraus folgt, dass Grundrechte nur zum Schutz von verfassungsrechtlich gleich- oder höherwertigen Rechtsgütern begrenzt werden sollen.[86] Nach dieser Meinung sind bei der Rangermittlung vor allem Gemeinschaftsgüter,

80 *Schneider*, Die Güterabwägung des Bundesverfassungsgerichts, S. 122 f., 243; *Häberle*, Die Wesensgehaltgarantie des Art. 19 Abs. 2 GG, S. 31 ff.

81 BVerfGE 7, 198 (210 f.), Hervorh. d. Verf.

82 BVerfGE 7, 198 (215).

83 BVerfGE 7, 198 (212).

84 *Schneider*, Die Güterabwägung des Bundesverfassungsgerichts, S. 33.

85 *Häberle*, Die Wesensgehaltgarantie, 3. Aufl., S. 33.

86 *Häberle*, Die Wesensgehaltgarantie, 3. Aufl., S. 32.

wie Volksgesundheit oder Energieversorgung wichtiger als andere Rechtsgüter.[87] Nach dem BVerfG ist auch dem Bestand der Bundesrepublik Deutschland Vorrang zu geben, weil er das „höhere Ziel" als sonstige Grundrechte, z. B. die Pressefreiheit, ist.[88] Ferner wird behauptet, dass diejenigen Grundrechte höheren Rang haben, die der Menschenwürde nahe stehen.[89] Auch das Recht auf Leben stellt in einer grundrechtlichen Ordnung einen der Höchstwerte dar, weil es „eine Voraussetzung aller anderen Grundrechte" ist.[90] Dieser Ansicht ist aber nicht ganz zuzustimmen. Es ist zwar richtig, dass die Menschenwürde des Art. 1 Abs. 1 GG nach seinem Wortlaut einen höheren Rang als andere Grundrechte besitzt.[91] Jedoch ist die generell-abstrakte Rangordnung zwischen den Grundrechten zu verneinen. Hinsichtlich der Einheit der Verfassung haben also die Grundrechtsnormen gleichen Rang.[92] Die Verfassung schreibt keine ausdrückliche Ranghierarchie der Grundrechte vor.[93] Selbst wenn die Grundrechte Werte enthalten, bedeutet das nicht, dass in der Verfassung eine Wertrangordnung besteht.[94]

Bei der Güterabwägung des Bundesverfassungsgerichts ist außerdem *die Berücksichtigung des Einzelfalles* erforderlich. Die Güterabwägung des BVerfG ist also keine rein abstrakte Güterabwägung. Es soll also ständig auf eine konkrete Ausgangslage Bezug genommen werden.[95] Die Güterabwägung ist in diesem Sinne daher an die Realität gebunden.[96] Nach *Häberle* ist das Grundrecht „eine Größe, die in der jeweiligen Konfliktsituation gleichsam „neu" entsteht und jeweils von Fall zu Fall aktualisiert und konkretisiert wird."[97] Die Güterabwägung überlässt demnach im Einzelfall den Gerichten, insb. dem Bundesverfassungsgericht, die letztendlichen Entscheidungen zu treffen.[98] Daher wird die Güterabwägung auch als „Urteilsvorbehalt" bezeichnet.[99] Die Abwägung der kollidierenden

87 *Schneider*, Die Güterabwägung des Bundesverfassungsgerichts, S. 247 ff.
88 BVerfGE 20, 162 (178).
89 *Stern*, Staatsrecht, Bd. III/2, S. 614.
90 *Schneider*, Die Güterabwägung des Bundesverfassungsgerichts, S. 228.
91 *Schlink*, Abwägung im Verfassungsrecht, S. 19.
92 *Stern*, Staatsrecht, Bd. III/2, S. 614.
93 *Sachs*, Verfassungsrecht II. Grundrechte, S. 150; *Schneider*, Die Güterabwägung des Bundesverfassungsgerichts, S. 222.
94 *Schlink*, EuGRZ 1984, 457 (462).
95 *Ossenbühl*, Der Staat 10 (1971), 53 (77); *Schneider*, Die Güterabwägung des Bundesverfassungsgerichts, S. 181.
96 *Schneider*, Die Güterabwägung des Bundesverfassungsgerichts, S. 180.
97 *Häberle*, Die Wesensgehaltgarantie, 3. Aufl., S. 34 f.
98 *Ossenbühl*, Der Staat 10 (1971), 53 (75).
99 *Müller*, Die Positivität der Grundrechte, S. 21.

Rechtsgüter führt aber notwendigerweise zur subjektiven Entscheidung der Prüfenden, in diesem Fall des BVerfG, weil Maßstäbe zur Erstellung von Präferenzordnungen fehlen.[100] Die subjektive Entscheidung darf aber grundsätzlich nicht das Gericht treffen. Das Konfiktlösungs*subjekt* wird aber im folgenden Abschnitt (1. Teil A. II. 3.) ausführlich untersucht.

An der Güterabwägung wird ferner kritisiert, dass ein Rechtsgut aufgrund der Abwägung ganz *auf Kosten des anderen* realisiert werden kann.[101] Diesbezüglich führt *Müller* aus, dass der an der Einheit der Verfassung orientierte Grundsatz praktischer Konkordanz der Güterabwägung vorzuziehen ist.[102] Dieser Kritik ist aber nicht zuzustimmen, weil die schwächeren Grundrechte auch bei der heutigen bundesverfassungsgerichtlichen Güterabwägung nur soweit zurücktreten, wie es erforderlich ist.[103] Die Grundsätze der Verhältnismäßigkeit und der praktischen Konkordanz werden auch bei Güterabwägung vom BVerfG mitberücksichtigt.[104] Durch die Heranziehung der Grundsätze von Verhältnismäßigkeit und praktischer Konkordanz haben die schwächeren Grundrechte bei der Konkurrenzlösung auch eine Chance, sich zu verwirklichen.[105] Möglichst alle kollidierenden Grundrechte zu berücksichtigen und zu ermöglichen, ist heute auch Ziel der Güterabwägung.[106]

c) Die praktische Konkordanz als Optimierungsgebot

Bei der Lösung von grundrechtlichen Konflikten ist häufig davon die Rede, dass eine praktische Konkordanz zwischen widerstreitenden Rechtsgütern hergestellt werden soll. Dieser Grundsatz praktischer Konkordanz wurde von *Hesse* eingeführt. Nach ihm fußt die praktische Konkordanz auf der Einheit der Verfassung. Daraus folgend müssen die verfassungsrechtlich geschützten Rechtsgüter in der Problemlösung einander so zugeordnet werden, dass jedes zu „optimaler Wirksamkeit" gelangen kann.[107] Demnach muss ein bestimmtes Grundrecht bei der Schlichtung der Konflikte nicht völlig aufgeopfert werden. Insbesondere ist es zur Erreichung einer optimalen Wirksamkeit wichtig, dass die Grundrechte und grundrechtsbegrenzende Rechtsgüter *verhältnismäßig* zugeordnet werden.

---

100 *Schlink*, EuGRZ 1984, 457 (462).
101 *Müller*, Die Positivität der Grundrechte, S. 89.
102 *Müller*, Die Positivität der Grundrechte, S. 24.
103 BVerfGE 2, 1 (72 f.); 28, 243 (261).
104 *Schneider*, Die Güterabwägung des Bundesverfassungsgerichts, S. 31 f.
105 *Schneider*, Die Güterabwägung des Bundesverfassungsgerichts, S. 198.
106 *Ossenbühl*, Der Staat 10 (1971), 53 (77 f.).
107 *Hesse*, Grundzüge, Rn. 72, 317 ff.

Die Grenzziehung kollidierender Grundrechte muss also verhältnismäßig sein und darf nicht weiter gehen als notwendig. Wie *Hesse* hat auch *Lerche* in seinem Schrifttum einen „nach beiden Seiten hin schonendsten Ausgleich" verlangt.[108] In seinem späteren Schrifttum hat er dies durch den Begriff *angemessener und schonender Ausgleich* näher konkretisiert.[109] Als Optimierungsgebot stimmt der schonende Ausgleich von *Lerche* mit dem Gebot praktischer Konkordanz von *Hesse* im Großen überein. In diesem Sinne hat *Jarass* den Ausdruck „ein schonender Ausgleich nach dem Grundsatz praktischer Konkordanz"[110] benutzt. Beide verfolgen also das gleiche Ziel, möglichst alle bzw. viele konkurrierende Grundrechte zu garantieren.[111] Ein verhältnismäßiger Ausgleich der gegenläufigen Interessen mit dem Ziel der Optimierung ist also zu erreichen.[112]

Aufgrund der bisherigen Ausführungen lassen sich folgende Anforderungen der praktischen Konkordanz feststellen: *Erstens* soll zur Lösung von Konflikten ein bestimmtes Grundrecht möglichst nicht ganz aufgeopfert werden. *Zweitens* ist dabei eine optimale Wirksamkeit zwischen den beteiligten Grundrechten zu erreichen. Die erste Anforderung steht inhaltlich mit dem Verhältnismäßigkeitsgrundsatz im Sinne des Übermaßverbots und das Wesensgehaltsgarantie des Art. 19 Abs. 2 GG in Einklang. Nach dem Verhältnismäßigkeitsgrundsatz darf ein Grundrecht nicht weiter als nötig eingeschränkt werden. Auch bei der Lösung von grundrechtlichen Konflikten darf ein bestimmtes Grundrecht nicht ganz beschränkt werden, soweit Konflikte durch angemessene Einschränkungen beider Grundrechte gelöst werden können. Durch die Wesensgehaltsgarantie soll ferner verhindert werden, dass ein bestimmtes Grundrecht ganz ausgehöhlt wird. Die zweite Anforderung ist als *Optimierungsgebot* zu kennzeichnen. Es ist jedoch fraglich, ob bei dem Ausgleich konfligierender Grundrechte ein Optimierungs*punkt* gefunden werden kann. *Hesse* und seine Anhänger[113] sind der Meinung, dass die Optimierung durch die verhältnismäßige Zuordnung von Grundrechten zu erreichen ist. Trotzdem wird kritisiert, dass dieses Gebot einen „Charakter von Leerformeln" hat, weil es über keine konkreten Inhalte verfügt.[114] Außerdem ist *Schlink* der Ansicht, dass die Maße jeweiliger Eingriffe in konkurrirenden Grundrechten, also der schonende Ausgleichspunkt, nicht durch die

---

108 *Lerche*, Übermaß und Verfassungsrecht, S. 152 f.

109 *Lerche*, in: Isensee/Kirchhof, Handbuch des Staatsrechts V, § 122 Rn. 3 ff.

110 *Jarass*, in: Jarass/Pieroth, GG, Vorb. vor Art. 1 Rn. 52.

111 *Stern*, Staatsrecht, Bd. III/2, S. 626.

112 *Jarass*, in: Jarass/Pieroth, GG, Vorb. vor Art. 1 Rn. 52.

113 *Müller*, Die Positivität der Grundrechte, S. 53; *Rüfner*, Grundrechtskonflikte, S. 471.

114 *Lenz/Leydecker*, DÖV 2005, 841 (847).

Optimierung der Wirksamkeit dieser Grundrechte gefunden werden können.[115] Er begreift die Abwägungsprobleme des Verfassungsrechts wie die der Wohlfahrtsökonomik als Verteilungsprobleme.[116] Demnach können und sollen Freiheiten der Einzelnen wie Güter auch verteilt werden. Anhand eines Beispiels von Pareto-Optimalität führt *Schlinkt* zudem so aus, wenn es kein anderes geeignetes Mittel, das den einen besser stellt, ohne den anderen schlechter zu stellen, gibt, ist es *als mildestes Mittel* pareto-optimiert.[117] *Alle* pareto-optimierten Entscheidungen, die *in unterschiedlichem Maße* in die jeweiligen Grundrechte eingreifen, haben die gleiche *gesamte* Wirksamkeit der beteiligten Grundrechte, weil die Lösung von Konflikten in diesem Fall, also in einer Dreieckkonstellation, ein Nullsummenspiel darstellt.[118] Wenn dem einen Freiheit eingeräumt wird, wird sie dem anderen weggenommen.[119] Dabei ist also die Summe der Wirksamkeiten von beteiligten Grundrechte immer gleich. Daraus folgt, dass der Staat, insb. der Gesetzgeber, unter pareto-optimierten Entscheidungen frei wählen kann, welcher Ausgleichspunkt zwischen konfligierenden Grundrechten zu wählen ist.[120] Bei der Ermittlung der Pareto-Optimalität ist daher die Wirksamkeit der gesamten Maßnahme ausschlaggebend. Bei der grundrechtlichen Konfliktlösung bedeutet dann die optimale Wirksamkeit die am wenigsten eingreifende Summe der gesamten Maßnahme. Die optimale Wirsamkeit der gesamten Maßnahme wird daher durch den Verhältnismäßigkeitsgrundsatz festgestellt. Jedoch werden die Maße der jeweiligen Grundrechtseingriffe, also das Verhältnis zwischen den konfligierenden Grundrechten, nicht durch die praktische Konkordanz als Optimierungsgebot festgestellt werden. Einen Ausgleichspunkt kann der Staat innerhalb der pareto-optimierten und am wenigsten eingreifenden Gesamtmaßnahme frei wählen.

Aufgrund der bisherigen Feststellungen ergibt sich, dass die praktische Konkordanz *nur teilweise* zu bejahen ist: Bei der Lösung von Konflikten darf das eine Grundrecht nicht ganz auf Kosten des anderen verwirklicht werden. Dies entspricht dem Verhältnismäßigkeitsgrundsatz und der Wesensgehaltsgarantie des

115 *Schlink*, FS 50 Jahre BVerfG, Bd. II, S. 457.

116 *Schlink*, Abwägung im Verfassungsrecht, S. 156.

117 *Schlink*, Abwägung im Verfassungsrecht, S. 171 ff.; *Schlink*, FS 50 Jahre BVerfG, Bd. II, S. 457.

118 *Poscher*, Grundrechte als Abwehrrechte, S. 319 f.

119 *Poscher*, Grundrechte als Abwehrrechte, S. 319 f.; *Schlink*, in: FS 50 Jahre BVerfG, Bd. II, 445 (457); *Bethge*, Zur Problematik von Grundrechtskollisionen, S. 257.

120 Darüber, wer diese Entscheidung trifft, wird im nächsten Abschnitt (1. Teil A. II. 3) untersucht.

Art. 19 Abs. 2 GG. In diesem Sinne hat *Rüfner* ausgeführt, dass beim Ausgleich konkurrierender Interesse von „dem Träger des einen, nur in seinem Randbereich berührten Grundrechts" die Modifizierung von Modalitäten der Grundrechtsausübung verlangt werden soll.[121] Jedoch kann das optimale Verhältnis zwischen den konfligierenden Interessen *nicht* durch das Verfahren praktischer Konkordanz bestimmt werden, weil die Optimalität nur hinsichtlich der gesamten Maßnahme herauszufinden ist. Durch diese Analyse verliert aber die praktische Konkordanz eine eigene Bedeutung, weil sie nicht anders als der Verhältnismäßigkeitsgrundsatz und die Wesensgehaltsgarantie ist. Der Grundsatz der praktischen Konkordanz ist jedoch nicht völlig zu verwerfen, weil er als verbindliche Direktive die Richtung der Auslegung weist.[122] Bei der grundrechtlichen Konfliktlösung soll sich der Staat darum bemühen, möglichst alle konfligierenden Grundrechte zu garantieren.[123] Die praktische Konkordanz bedeutet also „die Berücksichtigung des Grundrechts im Rahmen des Möglichen".[124] Manchmal kann es passieren, dass in bestimmten Situationen auf ein bestimmtes Grundrecht ganz verzichtet werden soll. Wenn aber der Staat sich um die Verwirklichung des zurücktretenden Grundrechts bemüht hat, steht es nicht der praktischen Konkordanz entgegen.

d) Der Verhältnismäßigkeitsgrundsatz

Aufgrund der bisherigen Untersuchungen ist festzustellen, dass der Grundsatz der Verhältnismäßigkeit bei der Lösung von Konflikten zwischen Grundrechtsträgern eine wichtige Rolle spielt. Das Bundesverfassungsgericht verlangt auch, dass die Konflikte zwischen Grundrechtsträgern durch einen *verhältnismäßigen* Ausgleich der gegenläufigen, gleichermaßen verfassungsrechtlich geschützten Interessen gelöst werden sollen.[125] In diesem Abschnitt ist demnach näher zu erklären, wie dieser Grundsatz bei der Konfliktlösung funktionieren kann.

aa) Bedeutung des Verhältnismäßigkeitsgrundsatzes

Nach Art. 1 Abs. 3 GG binden die Grundrechte nicht nur vollziehende Gewalt und Rechtsprechung, sondern auch Gesetzgebung. Aufgrund dieser Bindung der Gesetzgebung an Grundrechte können nur solche Gesetze, welche die Grundrechte anerkennen, bestehen bleiben. Dies bedeutet, dass der Staat nicht beliebig

---

121 *Rüfner*, Grundrechtskonflikte, S. 468.
122 *Hesse*, Grundzüge, Rn. 72.
123 *Hesse*, Grundzüge, Rn. 319, *Zippelius/Würtenberger*, Staatsrecht, § 19 Rn. 56.
124 *Hesse*, Grundzüge, Rn. 319.
125 BVerfGE 81, 278 (292).

in die Grundrechte eingreifen darf.[126] Auch bei der staatlichen Regelung der Konflikte zwischen den Grundrechtsträgern ist der Staat an die Grundrechte gebunden und demnach müssen die eingreifenden staatlichen Regelungen durch das Grundrecht gerechtfertigt werden.[127] Die Bindung der Gesetzgebung an die Grundrechte ist insb. im durch das Bundesverfassungsgericht entwickelten Verhältnismäßigkeitsgrundsatz verankert.[128] Demnach sollen die in die Grundrechte eingreifenden Gesetze auf Bedeutungen von Grundrechte Rücksicht nehmen. Es gilt also Folgendes: Gesetze schränken Grundrechte ein und dabei schränken Grundrechte wiederum Gesetze ein. In diesem Sinne fordert der Verhältnismäßigkeitsgrundsatz, dass eine Maßnahme, die in ein bestimmtes Grundrecht eingreift, zur Erreichung eines *legitimen* Zwecks *geeignet, erforderlich und angemessen* sein soll.[129] Der Vorbehalt des Gesetzes bedeutet insofern der Vorbehalt des *verhältnismäßigen* Gesetzes.[130]

bb) Unterschied zwischen den Verhältnismäßigkeitsgrundsatz und der praktischen Konkordanz?

Es soll aber erklärt werden, ob und welche Unterschiede zwischen dem Grundsatz der Verhältnismäßigkeit und dem Grundsatz der praktischen Konkordanz bestehen. Um eine optimierende Wirksamkeit konkurrierender Interessen i. S. d. praktischen Konkordant herzustellen, muss ein Eingriff in das eine Grundrecht, der den Schutz des anderen Grundrecht bezweckt, ständig zu dem verfolgten Zweck in einem angemessenen Verhältnis stehen.[131] Nach diesem Verständnis der praktischen Konkordanz ist der Verhältnismäßigkeitsgrundsatz ein Mittel zur Erreichung der praktischen Konkordanz. Anhand des Mittels vom Verhältnismäßigkeitsgrundsatz ist also eine praktische Konkordanz zu erreichen.

Dagegen wird aber gelegentlich behauptet, dass zwischen der praktischen Konkordanz und dem Verhältnismäßigkeitsgrundsatz ein wesentlicher Unterschied besteht. Nach dieser Ansicht berücksichtige nur der Grundsatz der praktischen Konkordanz *eine Wechselwirkung* zweier Variablen, das heißt, zwei konfligierender

---

126 *Schlink*, in: FS 50 Jahre BVerfG, Bd. II, 445 (448).

127 *Poscher*, Grundrechte als Abwehrrechte, S. 3.

128 *Schlink*, EuGRZ 1984, 457 (459); *Sachs*, Verfassungsrecht II. Grundrechte, S. 147 f.

129 Zum Verhältnismäßigkeitsgrunsagz, siehe u. a. *Pieroth/Schlink/Kingreen/Poscher*, Grundrechte Staatsrecht II, S. 71 ff.

130 *Schlink*, EuGRZ 1984, 457 (460).

131 *Rüfner*, Grundrechtskonflikte, S. 467; *Schneider*, Die Güterabwägung des Bundesverfassungsgerichts, S. 22.

Grundrechte.[132] Der Verhältnismäßigkeitsgrundsatz stelle aber nur die Beziehung zwischen *Konstanten* und *Variablen* dar.[133] Aus diesem Grund wird behauptet, dass der Grundsatz der praktischen Konkordanz ein „Optimierungspunkt" und der Verhältnismäßigkeitsgrundsatz eine „Erträglichkeitsgrenze" bedeuten würden, weil der erstere mehr bietet als der letztere.[134] In diesem Sinne hat *Stern* ausgeführt, dass ein praktisch konkordantes Mittel immer verhältnismäßig sei, jedoch sei ein verhältnismäßiges Mittel nicht immer praktisch konkordant.[135] Somit hat er die praktische Konkordanz als „optimale Verhältnismäßigkeit" bezeichnet.[136]

M. E ist aber fraglich, ob zwischen dem Verhältnismäßigkeitsgrundsatz und der praktischen Konkordanz wesentliche Unterschiede vorliegen. Wie schon im obigen Abschnitt ausgeführt, ist die praktische Konkordanz funktionell nicht anders als der Verhältnismäßigkeitsgrundsatz i. V. m. der Wesensgehaltsgarantie des Art. 19 Abs. 2 GG.[137] Danach ist also eine am wenigsten eingreifende Gesamtmaßnahme immer eine optimierende. Unter am wenigsten eingreifenden Alternativen kann der Gesetzgeber unter Beachtung der Wesensgehaltsgarantie einen Ausgleichspunkt zwischen konkurrierenden Grundrechten *frei* wählen. Anders als bei den hier vorgestellten Meinungen kann also ein Optimierungspunkt durch die praktische Konkordanz nicht gefunden werden. Die Vertreter der praktischen Konkordanz behaupten aber fälschlicherweise, dass durch diesen Grundsatz ein verhältnismäßiger Ausgleich konkurrierender Interessen gefunden werden kann. Diese Ansicht ist aber zu verneinen. Im Folgenden wird nähr untersucht, worin der Grund liegt.

cc) Bezugspunkte der Verhältnismäßigkeitsprüfung

(1) Gegenüberstellung konkurrierender Grundrechte?

Bei der grundrechtlichen Konfliktlösung wird der Verhältnismäßigkeitsgrundsatz insbesondere als ein allgemeines Abwägungsprinzip verstanden und so ausgeführt, dass kollidierende Interessen und Freiheiten nur dann in ein angemessenes Verhältnis zueinander gesetzt werden können, wenn das zu wahrende Rechtsgut schwerwiegender ist als das aufgeopferte.[138] Bei der Konfliktlösung werden üblicherweise das *eine* Grundrecht als Zweck, und das *andere* als Mittel

---

132 *Schneider*, Die Güterabwägung des Bundesverfassungsgerichts, S. 203, 210.
133 *Schneider*, Die Güterabwägung des Bundesverfassungsgerichts, S. 203.
134 *Jakobs*, DVBl. 1985, 97 (99).
135 *Stern*, Staatsrecht, Bd. III/2, S. 835.
136 *Stern*, Staatsrecht, Bd. III/2, S. 835.
137 Siehe oben, 1. Teil. A. II. 2. c).
138 *Zippelius*, Das Wesen des Rechts, 6. Aufl., S. 85.

gesetzt und miteinander verglichen. Angesichts der Bezugspunkte bei der Prüfung nach dem Verhältnismäßigkeitsgrundsatz liegt aber ein großer Unterschied zwischen der weit verbreiteten und der in dieser Untersuchung vertretenen Ansicht vor. Bei der Prüfung nach dem Verhältnismäßigkeitsgrundsatz ist also die Feststellung der Bezugspunkte notwendig, weil sie aufgrund des Zweck-Mittel-Verhältnisses vorzunehmen ist. Bei den grundrechtlichen Konfliktlösungen stellt die überwiegende Meinung das eine Interesse mit dem anderen kollidierenden Interesse einander gegenüber. Als Zweck der Regelung setzt sie demanch *ein zu schützendes Interesse* und als Mittel setzt sie *ein zu beschränkendes Interesse.* Nach dieser Meinung darf der Staat dabei das letztere Grundrecht nur soweit einschränken, wie es zum Schutz des ersteren Grundrechts erforderlich ist. Dadurch könne ein verhältnismäßiger Ausgleich i. S. d. praktischen Konkordanz erreicht werden. Im Einklang mit dieser Ansicht wird ferner versucht, anhand des abwehrrechtlichen *Übermaß-* und des schutzpflichtlichen *Untermaßverbotes* praktisch konkordanter Lösungen zu finden. Bei der Dreieckskonstellation, also bei dem Konflikt zwischen Grundrechtsträgern, müsse der Staat einerseits aufgrund der Schutzpflicht zu Gunsten des *einen* Grundrechts eingreifen und andererseits zu Gunsten des Abwehrrechts des *anderen* Grundrechts diesen Eingriff unterlassen.[139] Das Abwehrrecht verbietet aber nicht jeden Eingriff, sondern nur einen verfassungsrechtlich nicht gerechtfertigten Eingriff. „Wenn der Staat ohne das eingreifende Handeln gegen das Untermaßverbot verstoßen würde“[140], verlange die Schutzpflicht einen Eingriff in das konfligierende Abwehrrecht. Aus der Schutzpflicht könne also ein Hadlungsgebot, in ein anderes Grundrecht einzugreifen, entnommen werden.[141] Dabei müsse aber erklärt werden, wie weit sich die staatliche Maßnahme erstreckt. Nach den Vertretern des Übermaß- und Untermaßverbotes ist der staatliche Schutz des einen Grundrechts durch das Abwehrrecht des anderen Grundrechts begrenzt. Der Staat darf also bei der Konfliktlösung nicht *übermäßig* das *beeinträchtigende* Grundrecht beschränken. Zugleich darf er nicht *untermäßig* das *beeinträchtigte* Grundrecht schützen. Daher wird gelegentlich ausgeführt, dass sich staatliche Maßnahmen „in einem Korridor zwischen Übermaß- und Untermaßverbot“ bewegen.[142] Es wird sogar behauptet, dass sich das Übermaß- und das Untermaßverbot *in einem Punkt* treffen.[143] Ein Grund für diese Behauptung ist, dass die Schutzpflicht nur

139 *Lenz*, Vorbehaltloser Freiheitsrechte, S. 287.
140 *Lenz*, Vorbehaltloser Freiheitsrechte, S. 292.
141 *Lenz/Leydecker*, DÖV 2005, 841 (842).
142 *Zippelius / Würtenberger*, Deutsches Staatsrecht, S. 185.
143 *Hain*, DVBl. 1993, 982 (983).

den Schutz der Mindestposition zwingend verlangt.[144] Demzufolge stelle mehr Schutz als zwingend erforderlicher einen übermäßigen Eingriff in das andere Grundrecht dar.[145] Mit anderen Worten müsse der schützende Eingriff zur Erreichung des angestrebten Schutzes verhältnismäßig sein.[146]

Hinsichtlich dieser Vorgehensweise wird aber kritisiert, dass das Übermaß- und das Untermaßverbot zum Vergleichen ungeeignet sind.[147] Das im Abwehrrecht wurzelnde Übermaßverbot setzt zu Recht einen staatlichen Eingriff voraus. Das auf der Schutzpflicht fußende Untermaßverbot kann aber nicht nur durch Eingriffe, sondern auch durch staatliche Leistungen erfüllt werden.[148] Die Schutzpflicht setzt also nicht immer einen Eingriff in die anderen Grundrechte voraus. Im Einklang mit dieser Kritik begrenzt *Lenz* eine staatliche Handlungspflicht nur darauf, dass die Schutzpflicht einen Eingriff in andere konfligierende Grundrechte verlangt.[149] Nur in diesem Fall liegt eine Kollision zwischen dem Eingriffsabwehrrecht des einen Grundrechts und der Schutzpflicht des anderen Grundrechts vor.[150] Zudem wird die Kongruenz des Übermaß- und Untermaßverbotes kritisiert. Sie treffen aber nicht immer, sondern nur bei einem Konflikt zwischen einem vorbehaltlosen und einem anderen Grundrecht aufeinander. Grundsätzlich ist bei vorbehaltlosen Grundrechten kein staatlicher Eingriff gestattet, weil sie vorbehaltlos garantiert sind. Es ist aber erwiesen, dass diese Grundrechte auch mit anderen Grundrechten in Konflikt geraten können. Um ein geordnetes menschliches Leben zu ermöglichen, hat aber der Staat auch in diesen Fällen einzugreifen. Nach BVerfG und h. M. können Eingriffe in vorbehaltlos garantierte Grundrechte ausnahmsweise nur durch „kollidierende Grundrechte Dritter und Verfassungsgüter" gerechtfertigt werden.[151] Dies nennt man die *immanente Schranke*. Bei Eingriffen in die vorbehaltlosen Grundrechte ist daher nur der Schutz eines kollidierenden Grundrechts als Eingriffs*zweck* zu setzen.[152] Wenn der Staat die Schutzpflicht für das eine Grundrecht erfüllt hat, dann ist dies hinsichtlich des Abwehrrechts des

---

144 *Lenz*, Vorbehaltloser Freiheitsrechte, S. 294.

145 *Hain*, DVBl. 1993, 982 (983).

146 *Hain*, DVBl. 1993, 982 (983); auch *Sachs*, Verfassungsrecht II. Grundrechte, S. 130, A 9 Rn. 53 f.

147 *Schlink*, in: FS 50 Jahre BVerfG, Bd. II, S. 445 (464).

148 *Schlink*, in: FS 50 Jahre BVerfG, Bd. II, S. 445 (464).

149 *Lenz*, Vorbehaltloser Freiheitsrechte, S. 264; *Lenz/Leydecker*, DÖV 2005, 841 (842); *Epping*, Grundrechte, Rn. 85.

150 *Lenz/Leydecker*, DÖV 2005, 841 (850); *Epping*, Grundrechte, Rn. 94.

151 BVerfGE 28, 243 (261).

152 Vgl. *Poscher*, Grundrechte als Abwehrrechte, S. 379.

anderen, vorbehaltlosen Grundrechts eine am wenigsten eingreifende, also eine erforderliche Maßnahme i. S. d. Verhältnismäßigkeitsgrundsatzes. Mehr als das von der Schutzpflicht Geforderte ist daher übermäßig und verfassungsrechtlich nicht erlaubt. Deshalb treffen das Übermaß- und das Untermaßverbot bei vorbehaltlosen Grundrechten in einem Punkt aufeinander. Bei einem Eingriff in Grundrechte mit Gesetzesvorbehalt ist dies aber anders. Der Staat kann dabei neben dem Schutz von Grundrechten auch einen anderen Zweck verfolgen. Bei der Zielsetzung ist also der Staat frei. In diesem Fall kann die grundrechtliche Schutzpflicht erfüllende Maßnahme zur Erreichung des frei gewählten Zwecks ungeeignet sein. Der Staat kann also in diesem Fall mehr tun als das von der Schutzpflicht Verlangte. Bei Grundrechten mit Gesetzesvorbehalt konvergieren demnach das Übermaßverbot des zu eingreifenden Grundrechts und das Untermaßverbot des zu schützenden Grundrechts nicht.[153]

(2) Kritik und Stellungnahme

Jedoch ist diese Auffassung, die durch die Gegenüberstellung konkurrierender Interessen und das Übermaß- und das Untermaßverbot den Konflikt zu lösen versucht, zu verneinen. Welches Interesse ist ein *angegriffenes* und demnach durch den Staat zu *schützendes* Interesse und welches Interesse ein *angreifendes* und deswegen durch den Staat *einzugreifendes* Interesse? Je nachdem, wie der Staat auf diese Frage antwortet, werden jegliche Grundrechte unterschiedlich gewährleistet: nach der oben vorgestellten Ansicht wird also durch ein angegriffenes und demnach zu schützendes Interesse nur eine Mindestposition garantiert, weil die grundrechtliche Schutzpflicht den Staat nur dazu verpflichtet. Dagegen wird ein angreifendes und durch den Staat einzugreifendes Interesse aufgrund seines Abwehrrechts nur ein Mindestmaß eingegriffen. Dementsprechend besteht die Asymmetrie zwischen kollidierenden Interessen. Greift z. B. die Meinungsäußerungsfreiheit des Art. 5 Abs. 1 GG das Persönlichkeitsrecht des Art. 2 Abs. 1 GG an? Oder greift im Gegenteil das Persönlichkeitsrecht die Meinungsäußerungsfreiheit an? Ehrlich gesagt, kann man nicht so sagen, dass das eine Grundrecht das andere angreift. Bei Konflikten zwischen Grundrechtsträgern wirken die beiden Interessen gegenseitig aufeinander ein:[154] Die Meinungsfreiheit des einen greift das Persönlichkeitsrecht des anderen an und das Persönlichkeitsrecht greift zugleich die Meinungsfreiheit an. Es gibt also kein angegriffenes oder angreifendes und kein zu schützendes oder einzugreifendes Grundrecht. Die Verfassung

---

153 *Lenz/Leydecker*, DÖV 2005, 841 (849).

154 *Lerche*, Übermass und Verfassungsrecht, S. 126.

allein kann nicht bestimmen, wer wen beeinträchtigt. Der Verhältnismäßigkeitsgrundsatz kann demnach die Verhältnisse zwischen konkurrierenden Interessen nicht regulieren. Bei dem grundrechtlichen Konflikt sind daher die konfligierenden Grundrechte keine Bezugspunkte des Verhältnismäßigkeitsgrundsatzes.[155]

Der vornehmste Zweck der konfliktlösenden Regelung ist demnach nicht der Schutz eines bestimmten Rechtsgutes, sondern ein konfliktloser Zustand und ein dadurch zu erreichender, vom Staat frei gewählter Zweck. Um diesen konfliktlosen Zustand zu erreichen, greift der Staat durch die gesetzliche Regelung in beide bzw. in mehrere konfligierende Grundrechte normativ ein. Bei der Prüfung der Verhältnismäßigkeit sind deswegen einerseits der vom Staat verfolgte Zweck und andererseits die staatlichen normativen Eingriffe in die jeweiligen Grundrechte einander gegenüberzustellen.[156] Dabei soll ein staatlicher Eingriff angesichts der gesamten Wirksamkeit der beteiligten Grundrechte am wenigsten eingreifend, also pareto-optimal, sein. Innerhalb dieser pareto-optimalen und am wenigsten eingreifenden Alternativen bestimmt der Verhältnismäßigkeitsgrundsatz aber nicht konkret, wie der Konflikte zu lösen ist. Anders als bei der weit verbreiteten Ansicht, können daher die konfligierenden Interessen nicht durch diesen Grundsatz in ein angemessenes Verhältnis zueinander gesetzt werden. Der Verhältnismäßigkeitsgrundsatz bestimmt also nicht das Verhältnis zwischen konkurrierenden Interessen, sondern er kontrolliert nur *negativ* die staatliche Regelung von Konflikten.[157]

e) Ergebnis

Bisher wurde untersucht, wie die Konflikte zwischen Grundrechtsträgern zu lösen sind. Wie *Müller* vorgeschlagen hat, ist der grundrechtliche Konflikt zuerst durch sorgfältige Bestimmung der Normbereiche, also durch die Normbereichsanalyse, möglichst zu vermeiden.[158] Es stellt sich aber die Frage danach, wie die dennoch verbliebenen Konflikte zu lösen sind. Das Bundesverfassungsgericht hat erklärt, dass die Konflikte zwischen Grundrechtsträgern aufgrund der Güterabwägung im Einzelfall zu lösen sind. Wie oben untersucht, ist die unerläßliche Anforderung der Güterabwägung die Rangordnung der Grundrechte und die Einzelfallentscheidung. Hinsichtlich dieser Anforderung wird aber vielseitig kritisiert, dass die Verfassung keine Rangordnung der Grundrechte vorsieht. Ferner

155 *Poscher*, Grundrechte als Abwehrrechte, S. 330.
156 *Poscher*, Grundrechte als Abwehrrechte, S. 419.
157 *Poscher*, Grundrechte als Abwehrrechte, S. 203.
158 auch *Stern*, Staatsrecht, Bd. III/2, S. 622.

wird kritisiert, dass die Güterabwägung meistens ein einseitiges Zurücktreten eines bestimmten Grundrechts verlangt. Dieser Kritik ist aber nicht zu folgen, weil die Güterabwägung auch den Grundsatz der Verhältnismäßigkeit und auch den der praktischen Konkordanz berücksichtigt. Es ist aber zu kritisieren, dass das Bundesverfassungsgericht bei der Güterabwägung eine letztendliche Entscheidung trifft. Weil das Grundgesetz die Rangordnung der Grundrechte nicht regelt, können und dürfen die Gerichte nicht darüber entscheiden, wie die Konflikte zwischen den Grundrechtsträgern zu regeln sind.

Als Alternative zur Güterabwägung wird der Grundsatz praktischer Konkordanz vorgeschlagen. Die praktische Konkordanz wird als Optimierungsgebot verstanden und es wird ausgeführt, dass durch dieses Prinzip ein verhältnismäßiger Ausgleich zwischen den kollidierenden Interessen erreicht werden kann. Aufgrund dieser Untersuchung ist aber festzustellen, dass ein verhältnismäßiger Ausgleichspunkt zwischen konkurrierenden Interessen nicht durch die praktische Konkordanz gefunden werden kann. Eine Optimalität kann also nur hinsichtlich der gesamten Maßnahmen des Staates festgesetellt werden. Unter den verschiedenen pareto-optimalen Alternativen kann der Staat frei entscheiden, welchen Ausgleichspunkt er wählt. Dieser Grundsatz ist also nur als ein Leitgedanke bei der Lösung von Konflikten zu verstehen: Bei der Konfliktlösung darf daher nicht ein bestimmtes Grundrecht gänzlich aufgeopfert werden. Dieses Ergebnis ist aber nicht ganz anders als das beim Verhältnismäßigkeitsgrundsatz.[159]

Schließlich ist daher zu überprüfen, welche Rolle der Verhältnismäßigkeitsgrundsatz bei der grundrechtlichen Konfliktlösung spielt. Wie oben schon ausgeführt, gibt es einen Versuch, durch die Gegenüberstellung konkurrierender Grundrechte bzw. Interessen eine Lösung zu finden. In diesem Zusammenhang wird ausgeführt, dass ein verhältnismäßiger Ausgleich durch das Übermaß- und Untermaßverbot zu finden sei. Ein grundlegender Gedanke dieses Verständnisses ist es, dass der Staat bei Konflikten zwischen Grundrechtsträgern in ein bestimmtes Grundrecht eingreift, um ein anderes Grundrecht zu schützen. Dieses Verständnis ist aber nur teilweise zu bejahen. Es gilt nur bei vorbehaltlosen Grundrechten, weil Eingriffe in diese Grundrechte nur durch die kollidierende Grundrechte Dritter und Verfassungsgüter zu rechtfertigen sind. Bei anderen Grundrechten kann der Staat aber frei entscheiden, welche Zwecke zu verfolgen sind. Bei der Prüfung der Verhältnismäßigkeit sind deshalb einerseits der durch

159 *Schneider*, Die Güterabwägung des Bundesverfassungsgerichts, S. 211, sagt auch, dass zwischen die praktische Konkordanz und die Verhältnismäßigkeit kein großer Unterschied gibt.

den konfliktlosen Zustand zu erreichende Zweck und andererseits staatliche Eingriffe in jeweilige Grundrechte einander gegenüberzustellen. Zu beachten ist aber, dass auch der Verhältnismäßigkeitsgrundsatz das Verhältnis konkurrierender Interessen nicht umittelbar bestimmen kann. Sondern er kontrolliert nur negativ, also mittelbar, ob die gesamte Maßnahme zur Erreichung des Zwecks geeignet, erforderlich und angemessen ist. Wie bei der praktischen Konkordanz herausgefunden wurde, prüft dieser Grundsatz nur, ob die Gesamtmaßnahme am wenigsten eingreifend und pareto-optimal ist.

Zusammenfassend ist festzuhalten, dass alle bisher untersuchten Konfliktlösungsmodelle nicht konkret sagen können, wie das Verhältnis zwischen konkurrierenden Interessen bestimmt werden soll: Die Güterabwägung hat keinen konkreten Inhalt. Die praktische Konkordnaz verlangt zwar eine Optimierung konkurrierender Interessen, jedoch kann man dadurch das konkrete Verhältnis zwischen konkurrierenden Grundrechten nicht bestimmen. Auch der Verhältnismäßigkeitsgrundsatz kann das Verhältnis zwischen den Interessen nicht bestimmen. Er kann also nur negativ kontrollieren, ob die staatliche Maßnahme verfassungsmäßig ist. Um das geordnete menschliche Leben zu verwirklichen, müssen trotzdem die Konflikte der Rechtsgemeinschaft irgendwie gelöst werden. Aus den bisherigen Untersuchungen geht jedoch hervor, dass es keine objektivrechtlichen Methoden gibt, die den konkreten Ausgleichspunkt bestimmen können. Im folgenden Abschnitt wird deshalb untersucht, wer diese Entscheidung treffen darf.

3. *Konfliktlösungssubjekt*

Wie bisher untersucht, sagen die oben vorgestellten Konfliktlösungsmodelle nicht konkret, wie die grundrechtlichen Konflikte gelöst werden können. Trotzdem muss ein Ausgleichspunkt gefunden werden, um einen konfliktlosen Zustand und dadurch einen vom Staat verfolgten Zweck zu erreichen. In diesem Abschnitt wird deshalb untersucht, *wer* zur Bestimmung des Ausgleichspunktes befugt ist.

a) Judikative Entscheidung im Einzelfall?

Es wird behauptet, dass bei der Lösung von Konflikten eine judikative Entschiedung im Einzelfall, also die Entscheidung durch Gerichte, unvermeidbar ist, weil der Gesetzgeber nicht alle potenziellen Koflikte gesetzlich regeln kann.[160] Zur Lösung dieser Fälle hat also das Bundesverfassungsgericht die Güterabwägung im

160 *Stern*, Staatsrecht, Bd. III/2, S. 650.

Einzelfall eingeführt.[161] Befürworter der Güterabwägung sind der Meinung, dass eine Güterabwägung im Einzelfall unabdingbar ist, weil eine lückenlose Regelung durch den Gesetzgeber wegen der Vielfältigkeit der Konfliktsituationen fast unmöglich ist.[162] In disem Sinne wird ferner ausgeführt, dass der Konflikt zwischen den Grundrechtsträgern nicht allein aufgrund der abstrakten gesetzlichen Regelung aufgelöst werden kann, weil dieser Konflikt meistens einzelfallbezogen ist.[163] Zwar spielen die verfassungsrechtlichen Grundprinzipien, wie z. B. die Einheit der Verfassung und der Verhältnismäßigkeitsgrundsatz, bei der Lösung von Konflikten eine wichtige Rolle, jedoch bieten sie dabei nur Leitlinien.[164] Diese Leitlinien sollen bei der Umsetzung je nach den Umständen konkretisiert werden. Die grundrechtliche Konfliktlösung bedarf ferner einer Bedeutungsermittlung der Konfliktgüter. Die Bedeutung der beteiligten Rechtsgüter könne aber nur aufgrund „der wandelbaren Wirklichkeit" ermittelt werden.[165] Daher sei die Güterabwägung durch das Gericht, insb. das Bundesverfassgungsgericht, bei der Konfliktlösung unvermeidbar. Die abstrakten und legislativen Regelungen seien also bei der Lösung von Konflikten unzureichend.

b) *Legslative Regelung der Konflikte*

Lerche hat ausgeführt, dass die Konfliktschlichtung nicht dem Richter, sondern dem Gesetzgeber zu überlassen ist, weil die Verfassung für die Konfliktlösung keine Maßstäbe für die Konfliktlösung enthalte.[166] Der Gesetzgeber hat zwar den Willen der Verfassung in Rechunung zu ziehen, jedoch entscheidet er die Konflikte in eigener Verantwortung.[167] Außerdem wird behauptet, dass die Konfliktlösung durch das Bundesverfassungsgericht zu verneinen ist, weil bei der grundrechtlichen Güterabwägung „die subjektiven Urteile und Vorurteile des Prüfenden" wegen des Fehlens rationaler Maßstäbe unvermeidbar sind.[168] In diesem Sinne hat *Schlink* ausgeführt, dass es sich bei Bewertung und Abwägung nicht um eine objektive Wahrheitsfindung, sondern um eine eine *subjektive Entscheidung* handele.[169] Das

161 *Stern*, Staatsrecht, Bd. III/2, S. 650.
162 *Blaesing*, Grundrechtskollisionen, S. 43; *Bethge*, Zur Problematik von Grundrechtskollisionen, S. 316.
163 *Stern*, Staatsrecht, Bd. III/2, S. 621.
164 *Stern*, Staatsrecht, Bd. III/2, S. 635.
165 *Schneider*, Die Güterabwägung des Bundesverfassungsgerichts, S. 201 f.
166 *Lerche*, Übermass und Verfassungsrecht, S. 125 f.
167 *Lerche*, Übermass und Verfassungsrecht, S. 130 f.
168 *Pieroth/Schlink/Kingreen/Poscher*, Grundrechte Staatsrecht II, S. 74.
169 *Schlink*, in: FS 50 Jahre BVerfG, Bd. II, S. 455.

Ergebnis von Abwägung sei demnach durch Zustimmung oder Ablehnung der Bürger ständig wechselbar.[170] Unterschiedliche Leute können also unterschiedlich entscheiden. Die Entscheidung bei dem grundrechtlichen Konflikt hängt also vom subjetiven Verständnis der abwägenden Instanz ab.[171] Abwägung gegenläufiger Interessen kann nicht methodisch oder dogmatisch, sondern nur dezisionistisch erfolgen.[172] Sie ist demnach, anders als bei der Wahrheitsfindung, nicht die Aufgabe der Wissenschaft, sondern die der Politik.[173] Eine subjektive Entscheidung hat grundsätzlich der Gesetzgeber zu treffen,[174] weil nur er, also nicht das Gericht, die mehrheitlich konsensfähigen Auffassungen der Rechstgemeinschaft repräsentiert. Auch *Engisch* vertritt diese Meinung. Nach ihm löse das Recht Interessenkonflikte durch Interessenabwägung.[175] Bei der Abwägung von Interessen bevorzuge die abwägende Instanz notwendigerweise ein bestimmtes Interesse vor anderen Interessen. Das Verfahren der Abwägung solle aber nicht der Richter, sondern der Gesetzgeber durchführen. Das Gericht sei also nur an die Vorentscheidnung des Gesetzgebers gebunden und innerhalb dieser Grenze kann es entscheiden. Auch *Poscher* hat hinsichtlich des bei der grundrechtlichen Konfliktlösung maßgebenden Verhältnismäßigkeitsgrundsatzes wie folgt ausgeführt: „Der Verhältnismäßigkeitsgrundsatz determiniert in der Regel nicht die Entscheidung eines privaten Interessenkonflikts. (...) Jenseits dieser Vorgaben ist der Gesetzgeber in den Grenzen der Pareto-Optimalität vor dem Verhältnismäßigkeitsgrundsatz frei, einen Drittwirkungskonflikt zugunsten des einen oder anderen Bürgers zu entscheiden. (...) Die Zuordnung und Abgrenzung gesellschaftlicher Freiheiten kann und muß politisch entschieden und verantwortet werden."[176] Nach ihm kann der Gesetzgeber frei entscheiden, „welchen Interessen er aus welchen Gründen den Vorrang einräumt."[177] Die Grundrechte bieten aber keine konkrete Lösung gesellschaftlicher Konflikte, sondern kontrollieren nur die gesetzgeberischen Konfliktregelungen.[178] Daher ist das Bundesverfassungsgericht nicht

---

170 *Schlink*, in: FS 50 Jahre BVerfG, Bd. II, S. 455.

171 *Stern*, Staatsrecht, Bd. III/2, S. 620.

172 *Schlink*, EuGRZ 1984, 457 (462).

173 *Schlink*, in: FS 50 Jahre BVerfG, Bd. II, S. 455.

174 *Pieroth/Schlink/Kingreen/Poscher*, Grundrechte Staatsrecht II, S. 74.; *Schlink*, in: FS 50 Jahre BVerfG, Bd. II, S. 464.

175 *Engisch*, Einführung in das juristische Denken, S. 247 f.

176 *Poscher*, Grundrechte als Abwehrrechte, S. 328.

177 *Poscher*, Grundrechte als Abwehrrechte, S. 328.

178 *Poscher*, Grundrechte als Abwehrrechte, S. 408; auch *Rüfner*, Grundrechtskonflikte, S. 479.

dazu befähingt, die politische Entscheidung des Gesetzgebers zu ersetzen.[179] Die Abwägung gegenläufiger Interessen ist daher die Aufgabe des Gesetzgebers.[180]

Außerdem hat die Güterabwägung im Einzelfall den Nachteil, dass sie unberechenbar ist und deswegen die Rechtssicherheit gefährden würde. Wenn ein Konflikt eine häufig vorkommende Situtation darstellt, muss der Gesetzgeber zugunsten der Rechtssicherheit und Vorhersehbarkeit der staatlichen Entscheidung für diese Falltypen ein Entscheidungsmuster in Form eines Gesetzes einrichten.[181] Dadurch kann auf die nur ausnahmsweise zu erlaubende gerichtliche Güterabwägung möglichst verzichtet werden. Es ist aber zu beachten, dass die gesetzgeberische Gestaltung der Grundrechte durch die Bindung des Gesetzgebers an die Grundrechte (Art. 1 Abs. 3 GG) kontrolliert und dadurch eine Schranke gezogen wird.[182]

Auf der Grundlage der bisherigen Erörterung ist festzustellen, dass die Lösung des Konflikts grundsätzlich keine Aufgabe der Grundrechtsdogmatik oder des Gerichts, sondern eine „politische, einfachrechtliche Gestaltungsaufgabe" des Gesetzgebers ist.[183] Das Grundrecht ist demnach nur ein „Kontrollmaßstab politischer und einfach-rechtlicher Konfliktregelung."[184]

c) Stellungnahme

Wie bisher untersucht, ist die Lösung der grundrechtlichen Interessenkonflikte grundsätzlich eine eigenständige Aufgabe des Gesetzgebers, weil die Verfassung dafür keine Entscheidungsmaßstäbe enthält. Das Grundrecht kontrolliert jedoch nur mittelbar gesetzliche Regelungen der Konflikte. Das Bundesverfassungsgericht versucht durch die Güterabwägung im Einzelnen, das Problem der Interessenkonflikte der Grundrechtsträger zu lösen. Dies wird aber kritisiert, weil dieser Versuch zu einem verfassungsrechtlichen Dezisionismus zu führen vermag.[185] Die Güterabwägung durch das Bundesverfassungsgericht könnte also den Gesetzesvorbehalt zum Urteilsvorbehalt verleiten.[186]

---

179 *Schlink*, in: FS 50 Jahre BVerfG, Bd. II, S. 461.

180 *Lerche*, Übermass und Verfassungsrecht, S. 126; *Bethge*, Zur Problematik von Grundrechtskollisionen, S. 254, 366; *Rüfner*, Grundrechtskonflikte, S. 472; *Pischel*, JA 2006, 357 (360); *Bethge*, Zur Problematik von Grundrechtskollisionen, S. 282.

181 *Ossenbühl*, Der Staat 10 (1971), 53 (81 f.).

182 *Schneider*, Die Güterabwägung des Bundesverfassungsgerichts, S. 19 f.

183 *Poscher*, Grundrechte als Abwehrrechte, S. 333.

184 *Poscher*, Grundrechte als Abwehrrechte, S. 333.

185 *Poscher*, Grundrechte als Abwehrrechte, S. 410.

186 *Lerche*, Übermaß und Verfassungsrecht, S. 150.

Die Konflikte der Grundrechtsträger sind ferner keine spezifischen Phänomene, die einer gesonderten Lösung bedürfen, sondern unvermeidbare Epiphänomene einer Gegenseitigkeitsrechtsordnung.[187] Sie sind demnach keine Ausnahmefälle, sondern Normalfälle in der Rechtsordnung. Die Lösung der Konflikte zwischen Grundrechtsträgern ist daher durch den Gesetzgeber zu finden. Dabei hat der Gesetzgeber im Rahmen der Verfassung und unter Beachtung der zu begrenzenden Grundrechte seine Aufgabe wahrzunehmen. Wie oben erwähnt, handelt es sich bei der Frage nach der Lösung von Konflikten nicht um eine *Wahrheitsfindung*, sondern um eine *Wertentscheidung*. Die Konfliktlösungen können also nicht durch die Verfassung, sondern durch den Gesetzgeber als Repräsentant der Gesellschaft erfolgen. Der Gesetzgeber hat im Rahmen der verfassungsrechtlichen Vorgaben die volle Freiheit und Verantwortung.[188] Das Bundesverfassungsgericht kann dabei nur mittelbar die Entscheidung des Gesetzgebers kontrollieren. M. E. ist jedoch die Möglichkeit der unmittelbaren Konfliktlösung durch das Gericht nicht völlig ausgeschlossen. Es soll also danach gefragt werden, ob die Lösung von Konflikten ohne gerichtliche Güterabwägung zustande kommen kann.[189] Es kann Fälle geben, in denen die Güterabwägung durch das Gericht unvermeidbar ist. Das Gericht kann ausnahmsweise bei der Gesetzeslücke „quasi-legislatorische Ersatzvornahme" durchführen.[190] Außerdem kann das Gericht „den Anschauungen des Gesetzgebers (…) die Anerkennung (…) versagen, wenn sie offensichtlich fehlsam oder mit der Wertordnung des Grundgesetzes unvereinbar sind."[191] Nur in solchen Ausnahmefällen kann das Gericht durch Güterabwägung eine Lösung finden.

III. Ergebnis

Bisher wurde untersucht, wie der Konflikt zwischen Grundrechtsträgern gelöst werden soll. Zunächst wurde der Frage nachgegangen, ob das Phänomen, wie üblich, als Grundrechtskollision zu bezeichnen ist. Grundrechte als Abwehrrechte richten sich aber nicht gegen die Bürger, sondern gegen den Staat. Also: Obwohl ein grundrechtlich geschützter Lebensbereich des einen durch den anderen faktisch beeinträchtigt werden kann, können Grundrechte nicht miteinander kollidieren, weil sich die Grundrechte nicht gegen Private, sondern gegen den

187 *Bethge*, Zur Problematik von Grundrechtskollisionen, S. 321.
188 *Bethge*, Zur Problematik von Grundrechtskollisionen, S. 284 f.
189 *Bethge*, Zur Problematik von Grundrechtskollisionen, S. 320.
190 *Bethge*, Zur Problematik von Grundrechtskollisionen, S. 322 f.
191 BVerfGE 13, 97 (107).

Staat richten. Demzufolge kann diese Problematik nicht als Grundrechtskollision bezeichnet werden. Sondern es ist als grundrechtlicher Konflikt zwischen den Bürgern zu kennzeichnen.

Danach wurde diskutiert, aufgrund welchen Grundrechtsverständnisses der Staat in grundrechtlichen Konflikten, in denen tatsächliche, reale Konflikte zwischen Grundrechtsträgern vorkommen, eingreifen soll. Einerseits ist der Staat aufgrund der Schutzpflicht verpflichtet, Grundrechtsträger vor faktischen Beeinträchtigungen Dritter zu schützen. Andererseits wird behauptet, dass der Saat, ohne Heranziehung der Schutzpflicht, aufgrund des klassischen Abwehrrechts in Konfliktsituationen eingreifen soll. Wenn ein Konflikt zwischen Bürgern vorkommt, können die Bürger den Konflikt nicht selber lösen, weil nur der Staat aufgrund des staatlichen Gewaltmonopols zur Ausübung der Gewalt befugt ist. Wenn der Staat dabei nichts tun würde, greift er demnach in jeweilige Grundrechte durch Unterlassen ein. Die beiden Grundrechtsverständnisse führen zu differenzierten Ergebnissen. Das Abwehrrecht verlangt nur das Unterlassen des ungerechtfertigten Verhaltens. Im Gegensatz dazu bezieht sich die Schutzpflicht auf die verschiedenen Rechtsfolgen, die dem Schutz von grundrechtlich geschützten Lebensbereichen dienen. Das heißt: Die Schutzpflicht verlangt nicht nur negativ das Unterlassen staatlicher Handlung, sondern auch ein positives Verhalten vonseiten des Staats. Dadurch werden aber die politischen Gestaltungsspielräume des Gesetzgebers reduziert. Daher ist das abwehrrechtliche Verständnis bei der grundrechtlichen Konfliktlösung zu bevorzugen.

Im Anschluss daran wurde untersucht, nach welchem Modell Konflikte zwischen Grundrechtsträgern gelöst werden sollen. Unter mehreren Lösungsvorschlägen wurden in dieser Arbeit „die Normbereichsanalyse", „die Güterabwägung", „die praktische Konkordanz" und „der Verhältnismäßigkeitsgrundsatz" analysiert. Bei der Konfliktlösung sollen zuerst die Normbereiche betroffener Grundrechte sorgfältig bestimmt werden. Dadurch kann festgestellt werden, ob Konflikte von grundrechtlich geschützten Interessen tatsächlich vorliegen. Danach ist zu entscheiden, wie die vorhandenen Konflikte zu lösen sind. Das am meisten vertretene Lösungsmodell ist die vom Bundesverfassungsgericht vorgeschlagene Güterabwägung. Anhand dieses Modells können die Konflikte aber nicht konkret gelöst werden, weil die Verfassung keine Rangordnung der Grundrechte bzw. keine eindeutige Maßstäbe zur Konfliktlösung vorsieht. Der von *Hesse* vorgeschlagene Ansatz praktischer Konkordanz scheint auch nicht plausibel zu sein. Dieser Grundsatz zielt auf einen verhältnismäßigen Ausgleich kollidierender Interessen und folglich eine Optimierung der Wirksamkeit konfligierender Grundrechte ab. Bei grundrechtlichen Konflikten löst der Staat durch Eingriffe in jeweilige

Grundrechte. Daher bedeutet die Optimalität i. S. der praktischen Konkordanz die Optimalität der gesamten Wirksamkeit der beteiligten Grundrechte. Unter am wenigsten eingreifenden, demnach pareto-optimierten Maßnahmen stellen aber die Konflikte ein Nullsummenspiel dar. Unter den pareto-optimierten Maßnahmen kann der Staat frei entscheiden, in welche Grundrechte inwieweit einzugreifen ist. Es ist demnach festzustellen, dass auch die praktische Konkordanz nicht konkret entscheiden kann, wie die Konflikte zu lösen sind. Schließlich wurde untersucht, welche Rolle der Verhältnismäßigkeitsgrundsatz bei der Konfliktlösung spielt. Anders als die Ansicht vieler Verfasser suggerieren, kann ein Ausgleichspunkt konfligierender Interesse auch durch diesen Grundsatz nicht gefunden werden. Wenn die konkurrierenden Grundrechte, wie viele annehmen, bei der Prüfung der Verhältnismäßigkeit als Zweck und Mittel gegenübergestellt würden, könnte durch diesen Grundsatz ein verhältnismäßiger Ausgleich gefunden werden. Der Staat kann *aber* bei der Konfliktlösung einen von ihm zu verfolgenden Zweck frei wählen. Zur Verfolgung dieses Zwecks greift er als Mittel in alle beteiligten Grundrechte ein. Durch den Verhältnismäßigkeitsgrundsatz kann demnach nur festgestellt werden, ob die gesamten Eingriffsmaßnahmen hinsichtlich des zu verfoglenden Zwecks verhältnismäßig sind. Der Grundsatz der Verhältnismäßigkeit kontrolliert also nur, ob die *Gesamtmaßnahme* verfassungsrechtlichen Anforderungen Genüge getan hat. Innerhalb dieser pareto-optimierten, am wenigsten eingreifenden Gesamtmaßnahme kann der Gesetzgeber frei entscheiden, in welche Grundrechte inwieweit einzugreifen ist. Ergebnis: Auch durch den Verhältnismäßigkeitsgrundsatz kann nicht bestimmt werden, wie die Konflikte zu lösen sind. Demzufolge ist zu sagen, dass die *rechtliche* Bestimmung des angemessenen Ausgleichs zwischen konkurrierenden Interessen unmöglich ist.

Trotzdem soll der Ausgleichspunkt konkurrierender Interessen gefunden werden, um damit einen konfliktlosen Zustand und dadurch einen Zweck der Regelung zu erreichen. Zu beachten ist dabei, dass die Abwägung konkurriender Interessen eine subjektive Entscheidung ist und die Verfassung dafür keine Maßstäbe enthält. Bei der Lösung von Konflikten handelt es sich also nicht um eine Wahrheitsfindung, die eine Aufgabe der Wissenschaft ist, sondern um eine Wertentscheidung, die eine Aufgabe der Politik ist. Diese politische Entscheidung soll grundsätzlich der Gesetzgeber als Vertreter der Rechtsgemeinschaft treffen. Er kann unter Beachtung der verfassungsrechtlichen Vorgaben frei entscheiden, wie die Konflikte zu lösen sind. Das Bundesverfassungsgericht kann nur in Ausnahmenfällen, wie z. B. im Falle einer Gesetzeslücke, eine quasi-legislatorische Ersatzvornahme ausüben.

B. Vorhandene Regelungen zur Lösung konkurrierender Versammlungen

Bisher wurde untersucht, wie die Konflikte zwischen Grundrechtsträgern zu lösen sind. Auch bei konkurrierenden Versammlungen handelt es sich um eine Interessenkollision zwischen verschiedenden Grundrechtsträgern. Durch die Ausübung des Grundrechts der Versammlungsfreiheit des einen Bürgers wird also die des anderen Bürgers faktisch beeinträchtigt. Auf der Grundlage der bisherigen Untersuchung sind diese Konflikte grundsätzlich durch die legislative Regelung zu lösen. Wie schon anfangs ausgeführt, hat diese Untersuchung ausschließlich die Konkurrenz von Versammlungen „unter freiem Himmel" zum Gegenstand, weil nur sie nach § 14 VersG anmeldepflichtig sind und hauptsächlich diese Art von Versammlungen mit anderen Versammlungen konkurriert. Diese Versammlungen unterliegen dem Gesetzesvorbehalt des Art. 8 Abs. 2 GG. Sie sind also durch Gesetz oder auf Grund eines Gesetzes zu beschränken. Die Versammlungsbehörde kann in die jeweiligen Versammlungsfreiheiten eingreifen, um die Konflikte der Versammlungen zu lösen. Sie kann also zur Lösung der Interessenkonflikte und zur Vermeidung einer Gefahr für die öffentliche Sicherheit oder Ordnung eine präventive Maßnahme des § 15 Abs. 1 VersG erlassen. Zur Konfliktlösung soll aber festgestellt werden, *gegen wen nach welchen Kriterien* die erforderlichen Maßnahmen zu erlassen sind.

Im Folgenden wird untersucht, was das Grundrecht der Versammlungsfreiheit ist und wo ihre Grenze liegt (I). Für die Untersuchung über die Konkurrenz zwischen Versammlungen und das Erstanmelderprivileg ist es unerlässlich, den Schutzbereich und die Schranken der Versammlungsfreiheit des Art. 8 Abs. 1 GG zu erörtern. Im Anschluss daran wird untersucht, welche Norm zur Konfliktlösung zwischen Versammlungen anzuwenden ist (II). Schließlich wird festgestellt, ob diese Norm einer Ergänzung bedarf (III).

I. Die Versammlungsfreiheit und ihre Grenze (Art. 8 GG)

Nach Art. 8 Abs. 1 GG haben alle Deutschen das Recht, sich ohne Anmeldung oder Erlaubnis friedlich und ohne Waffen zu versammeln. Dieses Grundrecht dient der kollektiven Freiheitsausübung, wird jedoch mehr als ein Medium individueller Freiheitsausübung gesehen. Wie bereits Aristoteles lehrte, ist das Ganze mehr als die Summe seiner Teile. Durch die Ausübung der Versammlungsfreiheit ist also eine andere Qualität zu gewinnen.[192] Hinsichtlich der Meinungsäußerungsfreiheit hat das Grundrecht der Versammlungsfreiheit eine besondere Bedeutung: Durch die körperliche Anwesenheit mehrerer Personen, die einen gemeinsamen Zweck verfolgen, kann eine bestimmte Kundgebung eine größere und vielfältigere Wirkung entfalten als die einer einzelnen Person. Durch Versammlungen können außerdem Minderheiten in einer mittelbaren Demokratie eigene Meinungen durchsetzen und so die Mehrheitspolitik beeinflussen. Insoweit ist die Versammlungsfreiheit für eine freiheitliche demokratische Ordnung konstituierend.[193] Zur Konfliktlösung zwischen Versammlungen sollen zunächst der Schutzbereich und die Schranken des Grundrechts der Versammlungsfreiheit nähr bestimmt werden.

1. Schutzbereich des Art. 8 Abs. 1 GG

Nur unter dem Schutzbereich des Art. 8 Abs. 1 GG liegende Versammlungen werden grundrechtlich geschützt. Zur Lösung von Konflikten der Grundrechte der Versammlungsfreiheit soll also zuerst festgestellt werden, ob alle beteiligten Versammlungen unter den Schutzbereich des Art. 8 Abs. 1 GG fallen. Nur die Versammlungen i. S. d. Art. 8 Abs. 1 GG genießen grundrechtliche Privilegien.

a) Begriff der Versammlung

Versammlung ist das Zusammenkommen mehrerer Personen zur Verfolgung eines gemeinsamen Zwecks.[194] Für den Versammlungsbegriff ist demnach die Feststellung der *Teilnehmerzahl* und *Versammlungszweck* notwendig.

aa) Mindestteilnehmerzahl

Aus quantitativer Sicht soll zunächst bestimmt werden, wie viele Personen eine Versammlung ausmachen. Es besteht darin Einigkeit, dass eine Versammlung

192 *Dietel/Gintzel/Kniesel*, VersG, § 1 Rn. 29; *Kniesel/Poscher*, in: Lisken/Denninger, HPolR, Kap. K Rn. 39.

193 BVerfGE 69, 315 (345).

194 *Pieroth/Schlink/Kingreen/Poscher*, Grundrechte Staatsrecht II, S. 193 f.; *Gusy*, in: v. Mangoldt/Klein/Starck, GG, Art. 8 Rn. 15; So auch BVerfGE 104, 92 (104).

mehrere Menschen benötigt. Aber je nach Auffassung liegt die erforderliche Mindestteilnehmerzahl bei zwei[195], drei[196] oder sogar sieben[197] Personen.

Nach h. M. reichen schon zwei Personen aus. *Kniesel/Poscher* vertreten die Auffassung, dass der soziale Kontakt und das kollektive Handeln von zwei Personen auch zu schützen sind, weil dies dem liberalen Aspekt der Versammlung entspricht.[198] Nach dieser Meinung schützt die Versammlungsfreiheit den Einzelnen vor der sozialen Isolation. Dagegen führt *Gusy* aus, dass durch die weite Auslegung des Tatbestandes auch die versammlungsrechtlichen Pflichten ausgedehnt werden könnten.[199] Deshalb ist er der Meinung, dass die Versammlung mindestens drei Personen braucht. In diesem Sinne kritisiert auch *Hoffmann-Riem*, dass die Kommunikation von zwei Personen, die auch durch Art. 5 GG geschützt werden kann, unnötig über Art. 8 Abs. 2 GG beschränkt werden könne, wenn der Versammlungsbegriff zu weit interpretiert würde.[200] Wenn man der h. M. folgt, unterliege, so *Hoffmann-Riem*, schon die Kommunikation von zwei Personen einer Anmeldepflicht und allen anderen versammlungsrechtlichen Beschränkungen. Demzufolge benötigen die Regelungen des Versammlungsgesetzes wegen der weiten Interpretation des Begriffs unnötig nochmals einer verfassungskonformen Auslegung. Dies stehe dann dem Interesse der Rechtssicherheit entgegen. Früher hat *v. Münch* auch die Ansicht vertreten, dass die Versammlung, in Anlehnung an den Vereinsbegriff nach §§ 56, 73 BGB, mindestens sieben Personen benötigt.[201] Diese Auffassung ist auf Kritik gestoßen. Diese Auffassung ist jedoch heute nicht mehr zu berücksichtigen. In der neuesten Auflage beharrt der Mitautor *Kunig* nicht mehr auf der früheren Auffassung von *v. Münch*, sondern betrachtet die Teilnehmerzahl als nicht so bedeutsames Element.[202] *Depenheuer* bewertet

195 *Kniesel/Poscher*, in: Lisken/Denninger, HPolR, Kap. K Rn. 46; *Jarass*, in: Jarass/Pieroth, GG, Art. 8 Rn. 4; *Dietel/Gintzel/Kniesel*, VersG, § 1 Rn. 18; *Pieroth/Schlink/Kingreen/Poscher*, Grundrechte Staatsrecht II, S. 195; kritisch *Gusy*, in: v. Mangoldt/Klein/Starck, GG, Art. 8 Rn. 15.

196 *Hoffmann-Riem*, in: AK-GG, Art. 8 Rn. 18; *Höllein*, NVwZ 1994, 635 (635).

197 früher *v. Münch*, GG, Bd. 1, 3. Aufl., 1985, Art. 8 Rn. 9.

198 *Kniesel/Poscher*, in: Lisken/Denninger, HPolR, Kap. K Rn. 46.

199 *Gusy*, in: v. Mangoldt/Klein/Starck, GG, Art. 8 Rn. 15.

200 *Hoffmann-Riem*, in: AK-GG, Art. 8 Rn. 18.

201 *v. Münch*, GG, Bd. 1, 3. Aufl., 1985, Art. 8 Rn. 9.

202 *Kunig*, in: v. Münch/Kunig, GG, Ar. 8 Rn. 13, „Daß der Betreffende in solch einem Fall gehalten ist, eine oder zwei Begleitpersonen zu gewinnen, um erst auf diese Weise den besonderen Schutz der Versammlungsfreiheit zu erwerben, ist ein merkwürdiges Ergebnis".

ebenfalls die Auseinandersetzungen um die Teilnehmerzahl als eine Frage von geringer rechtspraktischer und nicht entscheidungserheblicher Relevanz.[203]

Trotz der verschiedenen Auffassungen benötigt m. E. die Versammlung im Sinne des Art. 8 GG eine Mindestteilnehmerzahl von zwei Personen. Einige Ansichten schließen zwar aus der Formulierung des BVerfG „mehrere Personen", dass mehr als zwei Personen verlangt würden.[204] Aber aus dem Wortlaut des BVerfG ist auch nicht ersichtlich, dass es mindestens dreier Personen verlangt. Vielmehr ist es so zu verstehen, dass schon zwei Personen eine Versammlung ausmachen, damit der grundrechtliche Schutz gemeinsamer Kommunikation möglichst weitreichend gewährleistet werden kann.

bb) Gemeinsamer Zweck

Für die Bildung einer Versammlung wird neben der Mindestteilnehmerzahl auch *ein gemeinsamer Zweck* gefordert.[205] Fehlt ein gemeinsamer Zweck, handelt es sich nur um eine bloße Ansammlung.[206] Eine Menschenmenge bei einem Verkehrsunfall, die Zuhörerschaft bei einem Konzert, wartende Leute an der Ampel, Neugierige an einem Informationsstand[207] bilden demnach keine Versammlung, sondern eine bloße Ansammlung, weil diese Personen keinen *gemeinsamen* Zweck, sondern nur einen *gleichen* Zweck verfolgen. Dabei brauchen sie also keine anderen Teilnehmer zur Erreichung des eigenen Zwecks.[208]

Umstritten ist aber, worauf sich der gemeinsame Zweck beziehen muss. Eine Ansicht vertritt die Meinung, dass der gemeinsame Zweck „eine Meinungsbildung und -äußerung in öffentlichen Angelegenheiten" betreffen soll. Dieser sog. *enge Versammlungsbegriff* wird insbesondere vom BVerfG[209] vertreten. Das BVerfG hat in seinem Beschluss ausgeführt, dass es für die Eröffnung des Schutzbereichs der Versammlungsfreiheit nicht ausreiche, „dass die Teilnehmer (...) durch einen beliebigen Zweck verbunden sind. Vorausgesetzt ist vielmehr zusätzlich, dass die Zusammenkunft auf die Teilhabe an der öffentlichen Meinungsbildung gerichtet

---

203 *Depenheuer*, in: Maunz/Dürig, GG, Art. 8 Rn. 44; ähnlich auch *Kunig*, in: v. Münch/Kunig, GG, Ar. 8 Rn. 13.

204 *Depenheuer*, in: Maunz/Dürig, GG, Art. 8 Rn. 44; *Jarass*, in: Jarass/Pieroth, GG, Art. 8 Rn. 4.

205 Über das Erfordernis des gemeinsamen Zwecks besteht die Einigkeit.

206 *Pieroth/Schlink/Kingreen/Poscher*, Grundrechte Staatsrecht II, S. 193 f.; *Kniesel/Poscher*, in: Lisken/Denninger, HPolR, Kap. K Rn. 47.

207 BVerfGE 56, 63 (69).

208 *Pieroth/Schlink/Kingreen/Poscher*, Grundrechte Staatsrecht II, S. 193 f.

209 BVerfGE 104, 92 ff.

ist."[210] Nach *Hoffmann-Riem* kann die Privilegierung der Versammlung nicht gerechtfertigt werden, wenn der Versammlungszweck „unspezifisch auf jedwede kollektive Entfaltung" bezogen wird.[211] Weiter führt er aus, dass die gemeinsame öffentliche Meinungsbildung mehrerer Personen durch Art. 8 GG besonders geschützt werde, weil sie von politischen Herrschern als gefährlich angesehen und unterdrückt werden könne. Nach ihm werde die Kommunikation über private Angelegenheiten durch Art. 5 GG, die Persönlichkeitsentfaltung in Gruppenform durch Art. 2 GG sowieso geschützt. Diese Auffassung betont die demokratische Funktion der Versammlungsfreiheit. Dagegen wird von einer teilweise vertretenen Ansicht behauptet, dass die Meinungsbildung und -äußerung nicht nur in öffentlichen, sondern auch privaten Angelegenheiten ausreicht. Diese Auffassung ist als *erweiterter Versammlungsbegriff* zu bezeichnen.[212] Demnach ist eine Versammlung die Zusammenkunft mehrerer Personen, die der Meinungsbildung und -äußerung dient. Der oben genannte Versammlungsbegriff wird aber heute von der h. M. kritisiert. Nach dem *weiten Versammlungsbegriff*[213] garantiert Art. 8 Abs. 1 GG nicht nur die gemeinsame Meinungsbildung und -äußerung, sondern auch *jede Persönlichkeitsentfaltung* in Gruppenform. Nach dieser Meinung soll durch die Versammlungsfreiheit verhindert werden, dass der Staat die Menschen vereinzelt oder voneinander isoliert.[214] Nach *Gusy* ist der Inhalt des gemeinsamen Zwecks für die Anerkennung als Versammlung gleichgültig. Der weite Versammlungsbegriff umfasst, so *Gusy*, Versammlungen zu meinungsbildenden bzw. -äußernden, religiösen Zwecken, ferner auch zu sonstigen ideellen, wirtschaftlichen oder privaten Zielen. Die meinungsbildende und -äußernde Versammlung werde z. B. durch Art. 8 in Verbindung mit Art. 5 GG und die religiöse Prozession durch Art. 4 Abs. 1 GG gewährleistet.[215] Auch *Kniesel/Poscher* vertreten unter Betonung der liberal-individuellen Aspekte der Versammlungsfreiheit die Meinung, dass „jeder beliebige gemeinsame Zweck" ausreiche, um eine

---

210 BVerfGE 104, 92 (104).

211 *Hoffmann-Riem*, in: AK-GG, Art. 8 Rn. 14.

212 *Hesse*, Grundzüge, Rn. 405; *Kunig*, in: v. Münch/Kunig, GG, Ar. 8 Rn. 14 u. 17.

213 *Dietel/Gintzel/Kniesel*, VersG, § 1 Rn. 5 ff.; *Kniesel/Poscher*, in: Lisken/Denninger, HPolR, Kap. K Rn. 48 ff.; *Gusy*, in: v. Mangoldt/Klein/Starck, GG, Art. 8 Rn. 17 ff.; *Pieroth/Schlink/Kingreen/Poscher*, Grundrechte Staatsrecht II, S. 193 ff.; *Depenheuer*, in: Maunz/Dürig, GG, Art. 8 Rn. 48 ff.; *Schulze-Fielitz*, in: Dreier, GG, Art. 8 Rn. 27 f.

214 *Gusy*, in: v. Mangoldt/Klein/Starck, GG, Art. 8 Rn. 9.

215 *Gusy*, in: v. Mangoldt/Klein/Starck, GG, Art. 8 Rn. 17; auch *Pieroth/Schlink/Kingreen/Poscher*, Grundrechte Staatsrecht II, S. 193 ff.

Versammlung zu bilden. Nach ihnen genieße jede kollektive Freiheitsausübung den Schutz der Versammlungsfreiheit.

M. E. ist dem weiten Versammlungsbegriff zuzustimmen. Wie *Kniesel/Poscher* erklärt haben, beruht auch das Versammlungsgesetz auf dem weiten Versammlungsbegriff.[216] Nach § 17 VersG sind also Gottesdienste unter freiem Himmel, kirchliche Prozessionen, Bittgänge und Wallfahrten, Leichenbegängnisse, Züge von Hochzeitsgesellschaften und Volksfeste auch eine Versammlung i. S. d. Versammlungsgesetzes. Es wäre systematisch unrichtig, wenn der verfassungsrechtliche Versammlungsbegriff enger gefasst wäre als der des Versammlungsgesetzes. Art. 8 GG schützt also jede Art von „Sich-Versammeln", vorausgesetzt, dass die Teilnehmer einen *gemeinsamen* Zweck verfolgen. Auch nach diesem weiten Versammlungsbegriff genießen Spaßveranstaltungen keinen Schutz des Grundrechts der Versammlungsfreiheit, weil solche Veranstaltungen meistens keinen gemeinsamen Zweck, sondern nur einen gleichen Zweck verfolgen.[217] Wenn aber die Zuschauer eines Konzerts miteinander verbunden sind und einen gemeinsamen Zweck verfolgen würden, z. B. „Rock gegen rechts", kann auch dies eine Versammlung sein.[218] Dieser Zweck soll aber im Vordergrund stehen.

cc) Ergebnis

Eine Versammlung ist das Zusammenkommen mehrerer Personen zu gemeinsamer Zweckverfolgung. Diese Definition ist aber zu unklar. Es bedarf also einer Konkretisierung. Als Minderheitenschutzrecht ist dabei auf den liberal-menschenrechtlichen Aspekt einzugehen. Demnach reichen für eine Versammlung schon zwei Personen aus. Hinsichtlich des gemeinsamen Zwecks schützt das Grundrecht der Versammlungsfreiheit nicht nur die gemeinsame Meinungsbildung und -äußerung in öffentlichen oder privaten Angelegenheiten, sondern auch jede Persönlichkeitsentfaltung in Gruppenform.

b) „Friedlich und ohne Waffen"

Nach Art. 8 Abs. 1 GG werden Versammlungen nur geschützt, wenn sie „friedlich und ohne Waffen" stattfinden. Unfriedliche oder bewaffnete Versammlungen

---

216 *Kniesel/Poscher*, in: Lisken/Denninger, HPolR, Kap. K Rn. 49.

217 *Kniesel/Poscher*, in: Lisken/Denninger, HPolR, Kap. K Rn. 50 ff.

218 *Dietel/Gintzel/Kniesel*, VersG, § 1 Rn. 13; *Gusy*, in: v. Mangoldt/Klein/Starck, GG, Art. 8 Rn. 19; *Pieroth/Schlink/Kingreen/Poscher*, Grundrechte Staatsrecht II, S. 195; *Kniesel/Poscher*, in: Lisken/Denninger, HPolR, Kap. K Rn. 51.

werden von vornherein vom Schutzbereich nicht erfasst.[219] Die präzise Definition von „Friedlichkeit“ und „Waffenlosigkeit“ ist besonders wichtig, weil der Staat durch seine „Definitionsmacht“ den Begriff der Friedlichkeit restriktiv auslegen kann, um die Versammlungsfreiheit zu unterdrücken.[220] Dieser Aspekt wird im Folgenden ausführlich untersucht.

aa) Friedlichkeit

Was eine unfriedliche Versammlung ausmacht, ist umstritten. Die unfriedliche Versammlung ist nicht mit einer Rechts- oder Strafrechtsverletzung gleichzusetzen. Nicht jeder Rechtsverstoß macht also die Versammlung unfriedlich.[221] Würde man dies so auslegen, interpretierte man den Gesetzesvorbehalt für Versammlungen unter freiem Himmel des Art. 8 Abs. 2 GG schon in Art. 8 Abs. 1 GG für alle Versammlungen hinein.[222] Das Grundrecht der Versammlungsfreiheit ist also weiter als die bloße Gesetzmäßigkeit. Nach h. M. ist eine Versammlung unfriedlich, wenn sie *aufrührerisch* oder *gewalttätig* verläuft.[223]

Eine Versammlung ist „aufrührerisch“, wenn sie auf einen Umsturz zielt oder mit aktivem Widerstand gegen die Obrigkeit durchgeführt wird.[224] Jedoch ist eine Versammlung nicht ohne weiteres aufrührerisch, weil sie auf einen Umsturz zielt. Art. 5 GG erlaubt auch umstürzlerische Äußerungen. Der Inhalt der Versammlung soll daher nach Maßgabe des Art. 5 GG beurteilt werden. Aus diesem Grund wäre eine Versammlung nach Art. 8 Abs. 1 GG nur aufrührerisch, wenn sie einen aktiven gewaltsamen Widerstand gegen Vollstreckungsbeamte leisten würde. Dieser Widerstand reicht aber schon mit geringfügiger Erheblichkeit aus.[225]

„Gewalttätig“ ist eine Versammlung, wenn sie *aktiv* körperlich auf Personen oder Sachen einwirkt und diese Einwirkung *erheblich* ist.[226] Gewalttätigkeit

---

219 *Hoffmann-Riem*, in: AK-GG, Art. 8 Rn. 22, mit Hinweis auf VG Hamburg, NVwZ 1987, 829 (831), hat er aber betont, dass das Versammlungsgesetz im Gegensatz zum Grundgesetz auch unfriedliche Versammlung erfasst.

220 *Hoffmann-Riem*, in: AK-GG, Art. 8 Rn. 22.

221 *Jarass*, in: Jarass/Pieroth, GG, Art. 8 Rn. 8.

222 *Pieroth/Schlink/Kingreen/Poscher*, Grundrechte Staatsrecht II, S. 195 f.; *Kniesel/Poscher*, in: Lisken/Denninger, HPolR, Kap. K Rn. 64.

223 In §§ 5 Nr. 3, 13 Abs. 1 Nr. 2 VersG ist auch so vorgeschrieben.

224 *Kniesel/Poscher*, in: Lisken/Denninger, HPolR, Kap. K Rn. 64 f.

225 *Pieroth/Schlink/Kingreen/Poscher*, Grundrechte Staatsrecht II, S. 196.

226 *Kniesel/Poscher*, in: Lisken/Denninger, HPolR, Kap. K Rn. 65; *Pieroth/Schlink/Kingreen/Poscher*, Grundrechte Staatsrecht II, S. 196.

in diesem Sinne ist enger gefasst als der weite Gewaltbegriff des § 240 StGB.[227] Das BVerfG hat in seiner Entscheidung festgestellt, dass eine Versammlung unfriedlich ist, „wenn Handlungen von einiger Gefährlichkeit wie etwa aggressive Ausschreitungen gegen Personen oder Sachen oder sonstige Gewalttätigkeiten stattfinden, nicht schon, wenn es zu Behinderungen Dritter kommt".[228] Demnach soll die verfassungsrechtliche Gewalttätigkeit auf die Gefährlichkeit bewaffneter Versammlung eingestellt werden.[229] Auf Grund des hohen Rangs der Versammlungsfreiheit werden physische Auseinandersetzungen durch Art. 8 Abs. 1 GG soweit geschützt, wie sie keine Strafnorm verletzen würden.[230]

Außerdem ist zu beachten, dass eine Versammlung nur dann im Ganzen unfriedlich ist, wenn der Versammlungsveranstalter oder -leiter bzw. die Mehrheit der Teilnehmer sich unfriedlich verhalten oder es zu Gewalttätigkeiten zwischen den Versammlungsteilnehmern kommen würde.[231] Gewalttätiges Verhalten einzelner Teilnehmer macht nicht die ganze Versammlung unfriedlich. Dabei ist der Gesamteindruck der Versammlung maßgebend.[232]

bb) Waffenlosigkeit

Nach Art. 8 Abs. 1 GG ist eine Versammlung nicht geschützt, wenn die Teilnehmer Waffen mit sich führen. Waffen sind ohne weiteren Gefährlichkeitsnachweis verboten, weil sie „eine gesteigerte Gefahr der Unfriedlichkeit" auslösen.[233] Unter Waffen fallen zum einen sog. technische Waffen und zum anderen sog. untechnische Waffen. *Technische Waffen* sind Gegenstände, die insb. in § 1 WaffG beschrieben sind.[234] Hierzu gehören Schuss-, Hieb- und Stoßwaffen. Das Mitführen von technischen Waffen ist unabhängig vom Zweck verboten, weil hier die Vermutung besteht, dass sie zur Anwendung mitgeführt werden.[235] *Untechnische Waffen* sind Gegenstände, die ihrer Art nach zur Verletzung von Personen oder zur erheblichen Beschädigung von Sachen geeignet sind und zu diesem

227 *Hoffmann-Riem*, in: AK-GG, Art. 8 Rn. 23.
228 BVerfGE 104, 92 (106); *Kniesel/Poscher*, NJW 2004, 422 (424).
229 So auch *Kniesel/Poscher*, in: Lisken/Denninger, HPolR, Kap. K Rn. 65.
230 *Pieroth/Schlink/Kniesel*, Polizei- und Ordnungsrecht, § 8 Rn. 18; *Rühl*, NVwZ 1988, 577 (582); *Tölle*, NVwZ 2001, 153 (155).
231 *Gusy*, in: v. Mangoldt/Klein/Starck, GG, Art. 8 Rn. 24.
232 *Kniesel/Poscher*, in: Lisken/Denninger, HPolR, Kap. K Rn. 69.
233 *Hoffmann-Riem*, in: AK-GG, Art. 8 Rn. 26.
234 *Jarass*, in: Jarass/Pieroth, GG, Art. 8 Rn. 9.
235 *Gusy*, in: v. Mangoldt/Klein/Starck, GG, Art. 8 Rn. 26.

Zweck mitgeführt werden.[236] Anders als technische Waffen benötigen untechnische Waffen die Anforderungen von Geeignetheit und subjektivem Zweck. Demnach können die Sachen, die normalerweise keine Personenverletzung oder keine erhebliche Sachbeschädigung verursachen können, z. B. Eier, Früchte, keine Waffen sein. Jedoch kann der Einsatz dieser Sachen unfriedlich sein, wenn die Teilnehmer mit diesen Sachen eine Personenverletzung bezwecken oder aktiven Widerstand gegen Vollstreckungsbeamte leisten wollen.[237] In diesem Sinne können Fahnenstangen Waffen im untechnischen Sinn sein, wenn sie zwecks Personenverletzung oder erheblicher Sachbeschädigung mitgeführt werden.[238] Um bestimmte Gegenstände als untechnische Waffe anzuerkennen, bedarf es jedoch zum Schutz der Versammlungsfreiheit strenger Anforderungen.[239]

cc) Ergebnis

Art. 8 Abs. 1 GG schützt nur friedliche und waffenlose Versammlungen. Wenn sich die Teilnehmer von Versammlungen unfriedlich verhalten oder Waffen mitführen, fällt diese Versammlung schon aus dem Schutzbereich heraus. „Unfriedlich" ist eine Versammlung, wenn sie aufrührerisch oder gewalttätig verläuft. Eine Versammlung ist aufrührerisch, wenn sie mit aktivem Widerstand gegen Vollstreckungsbeamte durchgeführt wird. Für den Widerstand reichen schon Einwirkungen von geringfügiger Erheblichkeit aus. Eine Versammlung ist gewalttätig, wenn sie aktiv körperlich auf Personen oder Sachen einwirkt und diese Einwirkung erheblich ist. Der strafrechtliche weite Gewaltbegriff reicht hier demnach nicht aus. Auch das Mitführen von „Waffen" in Versammlungen ist verboten. Es sind technische und untechnische Waffen zu unterscheiden. Das Mitführen von technischen Waffen, etwa Schuss- oder Stoßwaffen, ist unabhängig vom Zweck verboten. Untechnische Waffen sind die Gegenstände, die ihrer Art nach zur Verletzung von Personen oder zur erheblichen Beschädigung von Sachen geeignet und zu diesem Zweck mitgeführt werden. Hierzu gehören z. B. Fahnenstangen, Steine usw.

---

236 *Hoffmann-Riem*, in: AK-GG, Art. 8 Rn. 26; kritisch *Jarass*, in: Jarass/Pieroth, GG, Art. 8 Rn. 9.

237 *Kniesel/Poscher*, in: Lisken/Denninger, HPolR, Kap. K Rn. 66; *Pieroth/Schlink/Kingreen/Poscher*, Grundrechte Staatsrecht II, S. 196.

238 OVG Weimar, TürVBl. 2000, 14 (15).

239 *Hoffmann-Riem*, in: AK-GG, Art. 8 Rn. 26.

c) *Vor- und Nachwirkung der Versammlungsfreiheit*

Es ist zu beantworten, ob Art. 8 Abs. 1 GG nur eine bestehende Versammlung schützt oder auch Anreise und Abfahrt von Versammlung schützt.

Hinsichtlich der Vorwirkung des Art. 8 Abs. 1 GG besteht Einigkeit, dass die Versammlungsfreiheit auch die Vorbereitung der Versammlung (z. B. Planung, Einladung usw.) und die Anreise der Teilnehmer schützt.[240] Art. 8 Abs. 1 GG schützt das Recht, sich ohne Anmeldung oder Erlaubnis friedlich zu versammeln. Aus dem Wortlaut ist auch anzunehmen, dass diese Norm auch einen Prozess des Sich-Versammelns schützt. Nach *Dietel/Gintzel/Kniesel* sind behördliche Maßnahmen mit Art. 8 Abs. 1 GG nicht vereinbar, wenn sie den Zugang zu einer Versammlung durch Behinderung von Anfahrten oder exzessive Kontrollen erschweren.[241] Zugang zur Versammlung ist eine notwendige Voraussetzung für die Versammlungsfreiheit.

Es gibt aber Meinungsunterschiede darüber, ob Art. 8 Abs. 1 GG nach der Auflösungsverfügung die Nachwirkung entfaltet. *Dietel/Gintzel/Kniesel* verneint die Nachwirkung des Art. 8 Abs. 1 GG. Nach ihnen wird die Versammlung nach der Auflösungsverfügung zur Ansammlung.[242] Wenn die Versammlungsteilnehmer die Entfernungspflicht des § 13 Abs. 2 VersG missachten, kann die Behörde aufgrund des allgemeinen Polizeigesetzes Vollstreckungsmaßnahmen ergreifen. Eine privilegierte Bürgermenge nach der Auflösungsverfügung existiert also nicht. *Kniesel/Poscher* vertreten die Meinung, dass die Versammlung auch nach der Auflösungsverfügung in den Schutzbereich von Art. 8 GG fällt, soweit sie friedlich verläuft.[243] Durch die Auflösungsverfügung endet aber die Anwendbarkeit des Versammlungsgesetzes. In diesem Fall ist unter Berücksichtigung von Art. 8 GG das allgemeine Polizeigesetz anzuwenden, so dass den Versammlungsteilnehmern ein „Recht auf einen geordneten Abzug“ zusteht. Nach dieser Meinung brauchen der Schutzbereich des Art. 8 GG und der Anwendungsbereich des Versammlungsgesetzes nicht übereinzustimmen. Eine noch weiter gehende Auffassung vertritt *Hoffmann-Riem*. Nach ihm gibt es eine „Übergangsphase“ nach der Auflösungsverfügung.[244] Demnach genießen die Teilnehmer auch nach der Auflösung verfassungsrechtlichen Schutz, soweit sie sich in angemessener Zeit

240 VG Hamburg, NVwZ 1987, 829 ff.; *Hoffmann-Riem*, in: AK-GG, Art. 8 Rn. 29; *Dietel/Gintzel/Kniesel*, VersG, § 1 Rn. 70 ff.

241 *Dietel/Gintzel/Kniesel*, VersG, § 1 Rn. 71.

242 *Dietel/Gintzel/Kniesel*, VersG, § 1 Rn. 74 f.

243 *Kniesel/Poscher*, in: Lisken/Denninger, HPolR, Kap. K Rn. 61.

244 *Hoffmann-Riem*, in: AK-GG, Art. 8 Rn. 30.

entfernen. Nach dieser Übergangsphase wird die Versammlung zur Ansammlung mit der Konsequenz, dass *nun* das Polizeigesetz anwendbar sei.

M. M. nach ist der Auffassung von *Kniesel/Poscher* zu folgen. Wenn sich also die Versammlungsteilnehmer nach der Auflösungsverfügung friedlich verhalten, schützt Art. 8 Abs. 1 GG das freie Auseinanderströmen der Teilnehmer.[245] Auch *Hoffmann-Riem* hat zwar die Nachwirkung von Art. 8 Abs. 1 GG bejaht, aber die Anwendbarkeit des Polizeigesetzes während der Übergangsphase verneint. Die Verschiebung der Anwendbarkeit des Polizeigesetzes ist aber übermäßig. Das allgemeine Polizeigesetz ist grundsätzlich direkt nach der Auflösungsverfügung anwendbar. Jedoch hat es vorläufig zurückzutreten, soweit sich die Teilnehmer friedlich verhalten und sich in einer angemessenen Zeit entfernen.

2. *Schranken*

Zur Lösung von Konflikten zwichen Versammlungen ist es unerlässlich, bestimmte Versammlungen einzuschränken. Wenn ein Konflikt ohne Einschränkung bzw. das Zurücktreten bestimmter Versammlung aufzulösen ist, ist es nicht mehr ein Konflikt im strikten Sinne. In den meisten, problematischen Fällen müssen also eine oder sogar mehrere der konkurrierenden Versammlungen zurücktreten, um einen Konflikt zu lösen. Zur Lösung dieses Problems sollen deshalb die Schranken des Grundrechts der Versammlungsfreiheit untersucht werden. Im Folgenden wird also untersucht, wie und unter welchen Voraussetzungen Eingriffe in das Grundrecht der Versammlungsfreiheit gerechtfertigt werden können.

a) Versammlungen „unter freiem Himmel“

Nach Art. 8 Abs. 2 GG können Versammlungen unter freiem Himmel durch Gesetz oder auf Grund eines Gesetzes beschränkt werden. Art. 8 Abs. 2 GG enthält also einen qualifizierten Gesetzesvorbehalt, der nicht für alle, sondern nur für Versammlungen unter freiem Himmel gilt.[246] Der Verfassungsgeber hat die Einschränkbarkeit dieser Form von Versammlungen erleichtert, um Störungen für die öffentliche Sicherheit oder Ordnung zu vermeiden.[247] Auch wie das Bundesverfassungsgericht ausgeführt hat, ist die Ausübung der Versammlungsfreiheit unter freiem Himmel wegen „der Berührung mit der Außenwelt“ besonders regelungsbedürftig.[248] Wegen der besonderen Störanfälligkeit und gesteigerten

245 VG Hamburg, NVwZ 1987, 830 (833).

246 *Pieroth/Schlink/Kingreen/Poscher*, Grundrechte Staatsrecht II, S. 199 f.

247 *Depenheuer*, in: Maunz/Dürig, GG, Art. 8 Rn. 133.

248 BVerfGE 69, 315 (348).

Kollisionsmöglichkeiten unterliegen also Versammlungen unter freiem Himmel dem Gesetzesvorbehalt des Art. 8 Abs. 2 GG.[249] Es soll aber erklärt werden, was die Versammlung unter freiem Himmel ist. Zur Abgrenzung zwischen Versammlungen unter freiem Himmel und solchen in geschlossenen Räumen ist nicht die Offenheit nach oben, sondern die zur Seite maßgeblich.[250] *Hoffmann-Riem* hat in diesem Sinne ausgeführt, dass „die Offenheit der räumlichen Zugänglichkeit" bei der Abgrenzung beider Versammlungsarten entscheidend ist.[251] Ob der Versammlungsraum ein Dach hat oder nicht, ist demnach nicht entscheidend. Die Versammlung in einem Stadion oder einem Innenhof ist insoweit keine Versammlung unter freiem Himmel, als sie durch die festen Außenwände abgegrenzt und der Zugang zur Versammlung kontrollierbar und beherrschbar ist.[252] Im Gegensatz dazu ist eine Versammlung unter einem Zeltdach eine Versammlung unter freiem Himmel, wenn sie nicht durch Außenwände abgeschlossen ist.[253]

Obwohl Gesetze, insb. das Versammlungsgesetz, nach dem Gesetzesvorbehalt des Art. 8 Abs. 2 GG das Grundrecht der Versammlungsfreiheit beschränken können, können sie es aber nicht völlig aufheben.[254] Bei Anwendung eines Gesetzes ist also die Wechselwirkung des Grundrechts zu beachten.[255] Demnach soll ein grundrechtsbeschränkendes Gesetz im Lichte des Grundrechts ausgelegt werden.[256] Wie das BVerfG festgestellt hat, ist die Versammlungsfreiheit „nur zum Schutz gleichgewichtiger anderer Rechtsgüter unter strikter Wahrung des Grundsatzes der Verhältnismäßigkeit" beschränkbar.[257]

b) Versammlungen „in geschlossenen Räumen"

Diese Untersuchung beschränkt sich auf Versammlungen unter freiem Himmel, weil nur diese Versammlungen anmeldepflichtig sind und ihrer Art nach

249 *Hoffmann-Riem*, in: AK-GG, Art. 8 Rn. 56.

250 *Gusy*, in: v. Mangoldt/Klein/Starck, GG, Art. 8 Rn. 55; *Kniesel/Poscher*, in: Lisken/Denninger, HPolR, Kap. K Rn. 92.

251 *Hoffmann-Riem*, in: AK-GG, Art. 8 Rn. 56.

252 *Depenheuer*, in: Maunz/Dürig, GG, Art. 8 Rn. 133.

253 *Gusy*, in: v. Mangoldt/Klein/Starck, GG, Art. 8 Rn. 55.

254 *Gusy*, in: v. Mangoldt/Klein/Starck, GG, Art. 8 Rn. 56.

255 *Depenheuer*, in: Maunz/Dürig, GG, Art. 8 Rn. 135.

256 So auch, BVerfGE 87, 399 (407).

257 BVerfGE 69, 315 (348 f.); so auch, *Kniesel/Poscher*, in: Lisken/Denninger, HPolR, Kap. K Rn. 94; *Gusy*, in: v. Mangoldt/Klein/Starck, GG, Art. 8 Rn. 56; *Depenheuer*, in: Maunz/Dürig, GG, Art. 8 Rn. 132; *Jarass*, in: Jarass/Pieroth, GG, Art. 8 Rn. 19.

mit anderen Versammlungen häufig konkurrieren. Deswegen werden hier die Schranken von Versammlungen in geschlossenen Räumen nur kurz erläutert.

Versammlungen in geschlossenen Räumen sind solche Versammlungen, bei denen die Teilnehmer nur durch besondere Eingänge Zugang finden.[258] Der Personenzugang solle demnach kontrollierbar und beherrschbar sein. Diese Anforderungen seien notwendig, da Versammlungen in geschlossenen Räumen wegen ihrer Geschlossenheit zur Seite und daraus folgender niedriger Störanfälligkeit nicht dem Gesetzesvorbehalt des Art. 8 Abs. 2 GG unterliegen. Diese Versammlungen sind anders als die unter freiem Himmel vorbehaltlos garantiert.[259] Demzufolge erstreckt sich der Gesetzesvorbehalt des Art. 8 Abs. 2 GG nicht auf Versammlungen in geschlossenen Räumen. Dies bedeutet aber nicht, dass sie in keinem Fall unbeschränkbar sind. Wenn sie „mit den Grundrechten Dritter oder mit verfassungsrechtlich geschützten Rechtsgütern" kollidieren, können sie auch durch den Saat beschränkt werden.[260] Versammlungen in geschlossenen Räumen haben also sog. *immanente Schranken*. Diese Schranken ergeben sich unmittelbar aus der Verfassung.[261] Jedoch gilt bei der Beschränkung von Versammlungen in geschlossenen Räumen auch der Vorbehalt des Gesetzes. Ohne Rechtsgrundlage ist kein Grundrecht einzuschränken.

c) Schranken-Schranken

Trotz der Eingriffsmöglichkeiten aufgrund des Gesetzesvorbehalts und der immanenten Schranken haben staatliche Eingriffsbefugnisse ihre Grenzen. Die Grenzziehungsfunktion nehmen die Schranken-Schranken wahr. Sie wenden insbesondere die beliebige Aushöhlung von Grundrechten durch den Staat ab.[262] Hierzu zählen *das Verbot des Einzelfallgesetzes* des Art. 19 Abs. 1 S. 1 GG, *das Zitiergebot* des Art. 19 Abs. 1 S. 2 GG, *die Wesensgehaltsgarantie* nach Art. 19 Abs. 2 GG und der durch die Rechtsprechung des BVerfG entwickelte *Verhältnismäßigkeitsgrundsatz*.[263] Außerdem enthält Art. 8 Abs. 1 GG selbst eine eigene Schranken-Schranke: das

---

258 *Depenheuer*, in: Maunz/Dürig, GG, Art. 8 Rn. 134.

259 *Depenheuer*, in: Maunz/Dürig, GG, Art. 8 Rn. 132.

260 *Kniesel/Poscher*, in: Lisken/Denninger, HPolR, Kap. K Rn. 90; *Jarass*, in: Jarass/Pieroth, GG, Art. 8 Rn. 20.

261 *Zippelius/Würtenberger*, Staatsrecht, § 19 Rn. 51.

262 *Zippelius/Würtenberger*, Staatsrecht, § 19 Rn. 60.

263 Dazu näher *Pieroth/Schlink/Kingreen/Poscher*, Grundrechte Staatsrecht II, S. 70 ff.; *Zippelius/Würtenberger*, Staatsrecht, § 19 Rn. 60 ff.; *Kniesel/Poscher*, in: Lisken/Denninger, HPolR, Kap. K Rn. 134 ff.

Verbot von Anmelde- und Erlaubnispflicht.[264] Nach *Wege* fordert das Verbot von Anmelde- und Erlaubnispflicht nicht, was der Grundrechtsträger tun darf, sondern was der Staat nicht tun darf.[265] Es definiere demnach nicht den Schutzbereich, sondern beschränke die staatliche Eingriffe und demzufolge stellt dieses Verbot eine Schranken-Schranke für staatliche Eingriffe in Versammlungsfreiheit dar. Als Schranken-Schranke ist das Verbot von Anmelde- und Erlaubnispflicht ein nicht zu relativierendes, zentrales Gewährleistungselement des Art. 8 Abs. 1 GG.[266]

d) Ergebnis

Das Grundrecht der Versammlungsfreiheit ist nach Art. 8 Abs. 1 GG ohne Anmeldung oder Erlaubnis zu gewährleisten. Jedoch können Versammlungen unter freiem Himmel nach Art. 8 Abs. 2 GG durch Gesetz oder auf Grund eines Gesetzes beschränkt werden. Wegen der besonderen Störanfälligkeit und gesteigerten Kollisionsmöglichkeiten unterliegen diese Versammlungen dem Gesetzesvorbehalt. Ein zentrales Vorbehaltsgesetz hinsichtlich Versammlungen unter freiem Himmel stellt das Versammlungsgesetz dar. Durch den Gesetzesvorbehalt kann das Grundrecht der Versammlungsfreiheit aber nicht völlig aufgehoben werden. Die Versammlungsfreiheit kann auch bei der Beschränkung aufgrund eines Gesetzes nur zum Schutz gleichgewichtiger anderer Rechtsgüter unter strikter Wahrung des Verhältnismäßigkeitsgrundsatzes beschränkt werden. Im Gegensatz dazu gilt der Gesetzesvorbehalt nicht bei Versammlungen in geschlossenen Räumen. Auch diese Versammlungen werden jedoch nicht grenzenlos gewährleistet. Wenn sie mit den Grundrechten Dritter oder mit verfassungsrechtlich geschützten Rechtsgütern kollidieren, sind sie zu beschränken. Kollidierende Grundrechte Dritter stellt hier eine verfassungsimmanente Schranke der Versammlungsfreiheit dar. Die staatlichen Eingriffe in die Versammlungsfreiheit haben aber ihre Grenze. Die sog. Schranken-Schranken, wie z. B. die Wesensgehaltsgarantie und der Verhältnismäßigkeitsgrundsatz, nehmen die Grenzziehungsfunktion von staatlichen Eingriffen wahr. Bei der Versammlungsfreiheit des Art. 8 Abs. 1 GG ist insb. ein Verbot der Anmelde- und Erlaubnispflicht eine Schranken-Schranke.

---

264 *Pieroth/Schlink/Kingreen/Poscher*, Grundrechte Staatsrecht II, S. 200; *Wege*, NVwZ 2005, 900 ff.

265 *Wege*, NVwZ 2005, 900 (901).

266 *Kniesel/Poscher*, in: Lisken/Denninger, HPolR, Kap. K Rn. 135.

II. § 15 Abs. 1 VersG als primäre Regelung zur Lösung konkurrierender Versammlungen *unter freiem Himmel*

§ 15 Abs. 1 VersG lautet: „Die zuständige Behörde kann die Versammlung oder den Aufzug verbieten oder von bestimmten Auflagen abhängig machen, wenn nach den zur Zeit des Erlasses der Verfügung erkennbaren Umständen die öffentliche Sicherheit oder Ordnung bei Durchführung der Versammlung oder des Aufzuges unmittelbar gefährdet ist." Hinsichtlich konkurrierender Versammlungen kann also die Versammlungsbehörde zur Auflösung der Konfliktlage anhand dieser Vorschrift bestimmte Versammlungen verbieten oder beschränkende Verfügungen erlassen, wenn die öffentliche Sicherheit oder Ordnung durch diese Versammlungen unmittelbar gefährdet ist. Im Folgenden werden versammlungsrechtliche präventive Maßnahmen und deren Voraussetzungen untersucht.

1. Präventive Maßnahmen nach § 15 Abs. 1 VersG

a) Voraussetzung: Gefahr für die öffentliche Sicherheit oder Ordnung

Die Gewährleistung der Versammlungsfreiheit um jeden Preis ist im Rechtsstaat undenkbar.[267] Auch hinsichtlich konkurrierender Versammlungen kann die Behörde gemäß § 15 Abs. 1 VersG gegen diese Versammlungen präventive Maßnahmen ergreifen, wenn durch diese die öffentliche Sicherheit oder Ordnung gefährdet wird. Die Maßnahmen des § 15 Abs. 1 VersG beschränken also die Versammlungfreiheit, um eine Gefahr abzuwehren. Der Zweck dieser Maßnahmen ist aber nicht nur die Beschränkung der Versammlungsfreiheit. Sondern sie dienen auch der Ermöglichung der Versammlungsfreiheit. Durch diese Maßnahmen kann also verhindert werden, dass bestimmte Versammlungen z. B. wegen einer Störung durch Dritte oder andere Versammlungen umkippen.[268]

Schutzgüter des § 15 Abs. 1 VersG sind die öffentliche Sicherheit oder Ordnung. Nach dem BVerfG umfasst der Begriff der öffentlichen Sicherheit „den Schutz zentraler Rechtsgüter wie Leben, Gesundheit, Freiheit, Ehre, Eigentum und Vermögen des Einzelnen sowie die Unversehrtheit der Rechtsordnung und der staatlichen Einrichtungen".[269] Die öffentliche Ordnung ist „die Gesamtheit der ungeschriebenen Regeln, deren Befolgung nach den jeweils herrschenden und mit dem Wertgehalt des Grundgesetzes zu vereinbarenden sozialen und ethischen

267 *Knape*, Die Polizei 2007, 151 (152).
268 *Hobbeling*, Präventives Einschreiten gegen Demonstrationen, S. 4.
269 BVerfG, NJW 2001, 2072 (2073); BVerfGE 69, 315 (352).

Anschauungen als unerlässliche Voraussetzung eines geordneten menschlichen Zusammenlebens innerhalb eines bestimmten Gebietes angesehen wird".[270]

b) Versammlungsrechtliche Auflagen

Versammlungsrechtliche Auflagen des § 15 Abs. 1 VersG sind keine verwaltungsrechtlichen Auflagen i. S. d. § 36 Abs. 2 Nr. 4 VwVfG, weil sie keine von einem Grundverwaltungsakt abhängige Nebenbestimmungen darstellen. Sie sind eigenständige *beschränkende Verfügungen*.[271] Durch die beschränkende Verfügung kann eine unmittelbare Gefahr für die öffentliche Sicherheit oder Ordnung abgewehrt werden.[272] Insbesondere kann die Versammlungsbehörde dadurch die Versammlungsfreiheit mit den Rechten Dritter in Ausgleich bringen.[273] Voraussetzung für ihre Rechtsmäßigkeit ist dabei, dass sie zur Gefahrenabwehr geeignet, erforderlich und angemessen sind.[274] Im Hinblick auf den Verhältnismäßigkeitsgrundsatz können Auflagen nicht nur als vorherige Maßnahmen, sondern auch während der Veranstaltung als Minusmaßnahmen zur Auflösung erlassen werden.[275]

Versammlungsrechtliche Auflagen können an Ort, Zeit und die Art und Weise der Versammlung anknüpfen.[276] Durch Auflagen wird also die Gestaltungsfreiheit des Veranstalters beschränkt.[277] Nach der Auffassung des BVerfG werde aber dadurch das Selbstbestimmungsrecht des Veranstalters nicht gehindert, weil dieses Recht nur bedeutet, dass der Veranstalter sein Demonstrationsinteresse eigenständig konkretisieren darf.[278] Kollidiert also seine Versammlungsfreiheit mit anderen Rechtsgütern, steht ihm kein Bestimmungsrecht darüber zu, wie die Interessenkollision rechtlich bewältigt werden soll. Es stehe also im Ermessen der Versammlungsbehörde, den Veranstalter auf einen anderen Versammlungsort oder eine andere Zeit zu verweisen, um eine möglichst störungsfreie Durchführung der Versammlung zu ermöglichen.[279] Allerdings ist zu beachten, dass eine

---

270 BVerfG, NJW 2001, 2072 (2074); BVerfGE 69, 315 (352).

271 *Kniesel/Poscher*, in: Lisken/Denninger, HPolR, Kap. K Rn. 349.

272 *Kniesel/Poscher*, in: Lisken/Denninger, HPolR, Kap. K Rn. 349.

273 *Kniesel/Poscher*, in: Lisken/Denninger, HPolR, Kap. K Rn. 349.

274 *Hoffmann-Riem*, NVwZ 2002, 257 (264).

275 *Dietel/Gintzel/Kniesel*, VersG, § 15 Rn. 138.

276 *Dietel/Gintzel/Kniesel*, VersG, § 15 Rn. 43; *Kniesel/Poscher*, in: Lisken/Denninger, HPolR, Kap. K Rn. 351.

277 *Dietel/Gintzel/Kniesel*, VersG, § 15 Rn. 47.

278 BVerfG, NJW 2001, 1409 (1410).

279 *Dietel/Gintzel/Kniesel*, VersG, § 15 Rn. 47.

Auflage einem faktischen Verbot gleichkommen kann, wenn die Versammlung durch die Verschiebung des Zeitpunktes oder Verlegung des Ortes ihren Sinn verliert.[280] Wenn Versammlungsleiter die versammlungsrechtlichen Auflagen nicht einhalten, sind sie nach § 25 Nr. 2 VersG strafbar. Versammlungsteilnehmer handeln dabei nach § 29 Abs. 1 Nr. 3 VersG ordnungswidrig.

c) Verbote als Ultima Ratio

Während die Auflage ein Teilverbot bezeichnet, stellt das Verbot einer Versammlung ein Vollverbot dar.[281] Das Verbot einer Versammlung setzt als Ultima Ratio voraus, dass mildere Mittel, hier die Auflagen, ausgeschöpft sind.[282] Der Verhältnismäßigkeitsgrundsatz stellt an die Gefahrenprognose für das Verbot strenge Anforderungen, weil nach der Durchführung einer Versammlung auch die Möglichkeit der Auflösung verbleibt.[283]

Aus dem Wortlaut des § 15 Abs. 1 VersG ergibt sich, dass Verbote nicht nur bei einer Gefährdung der öffentlichen Sicherheit, sondern auch bei einer Gefährdung der öffentlichen Ordnung erlassen werden können. Jedoch war es umstritten, ob die öffentliche Ordnung auch ein Schutzgut der Verbotsverfügung sein kann. Das Bundesverfassungsgericht hat im Brokdorf-Beschluss von 1985 erklärt, dass „Verbote und Auflösungen im wesentlichen nur zum Schutz elementarer Rechtsgüter in Betracht kommen können, während eine bloße Gefährdung der öffentlichen Ordnung im allgemeinen nicht genügen wird."[284] Nach dieser Rechtsprechung rechtfertigt eine Gefährdung der öffentlichen Ordnung ein Versammlungsverbot *grundsätzlich* nicht.[285] In Einklang mit dieser Aussage hat das Bundesverfassungsgericht in der späteren Rechtsprechung von 2001 ausgeführt, dass die öffentliche Ordnung als Schutzgut des Versammlungsrechts für eine Beschränkung „unterhalb der Schwelle eines Versammlungsverbots" grundsätzlich nicht ausscheidet.[286] Im Einklang mit diesen Rechtsprechungen wird dies in mehreren Literaturen so verstanden, dass Versammlungsverbote nur zulässig sind, wenn eine Gefährdung der öffentlichen Sicherheit besteht.[287] In der jüngeren Rechtsprechung von 2005 hat das BVerfG aber deutlich gemacht, dass

---

280 *Kniesel/Poscher*, in: Lisken/Denninger, HPolR, Kap. K Rn. 361 f.
281 *Pieroth/Schlink/Kniesel*, Polizei- und Ordnungsrecht, § 21 Rn. 32.
282 BVerfGE 69, 315 (353).
283 *Roth*, VBlBW 2003, 41 (45).
284 BVerfGE 69, 315 (353).
285 *Schoch*, Jura 2006, 27 (28).
286 BVerfG, NJW 2001, 1409 (1410).
287 *Tölle*, NVwZ 2001, 153 (154); *Knape*, Die Polizei 2007, 151 (151).

das Verbot auch bei der Gefährdung der öffentlichen Ordnung erlassen werden kann,[288] vorausgesetzt, dass die Gefahrenabwehr durch Auflagen nicht ausreicht und die Beschränkung nicht auf dem Inhalt der Äußerung sondern auf der provokativen, aggressiven Art und Weise der Durchführung beruht.[289] Demnach ist die grundsätzliche Ausführung des Brokdorf-Beschlusses so interpretiert werden, dass Versammlungsverbote *im Allgemeinen* nicht aufgrund der Gefährdung der öffentlichen Ordnung erlassen werden, aber *in bestimmten Fällen* als Ultima Ratio zur Anwendung kommen können.[290] Bei Nichtbeachtung von Verbotsverfügungen wird nach §§ 23, 26 Nr. 1 und 29 Abs. 1 Nr. 1 VersG sanktioniert.

2. Anwendung der Vorschrift bei konkurrierenden Versammlungen

Bei Konflikten zwischen Versammlungen, z. B. bei mehreren Anmeldungen, die am gleichen Ort und zur gleichen Zeit erfolgt sind, soll die Behörde anhand der beschränkenden Verfügungen bzw. Verbotsverfügungen nach § 15 Abs. 1 VersG die Konflikte auflösen, soweit diese Konflikte ohne Eingriff in die Versammlungsfreiheit, z. B. durch das Kooperationsgespräch,[291] unlösbar sind. § 15 Abs. 1 VersG setzt aber voraus, dass die öffentliche Sicherheit oder Ordnung durch die zu beschränkenden Versammlungen unmittelbar gefährdet wird. Zum behördlichen Eingriff soll also zuerst festgestellt werden, ob durch einen Konflikt zwischen Versammlungen die öffentliche Sicherheit oder Ordnung gefährdet ist.

Wenn z. B. eine gewalttätige Auseinandersetzung zwischen Versammlungen zu erwarten ist, liegt eine Gefahr für die öffentliche Sicherheit vor, weil die Versammlungen gegen die Strafnorm verstoßen würden. Die Behörde kann in diesem Fall nach § 15 Abs. 1 VersG Auflagen oder Verbote erlassen. Es gibt aber auch die Fälle, in denen voneinander unabhängige, friedliche Versammlungen an einem gleichen Ort gleichzeitig zusammentreffen und wegen der konkurrierenden Nutzungswünsche die Durchführung beider oder aller Versammlungen faktisch unmöglich ist. Es ist deswegen zu klären, ob *die ungehinderte Ausübung der Versammlungsfreiheit* ein Schutzgut der öffentlichen Sicherheit ist, weil der Staat nur bei Vorliegen einer Gefahr für die öffentliche Sicherheit oder Ordnung eine präventive Maßnahme nach § 15 Abs. 1 VersG erlassen kann.

Das Schutzgut der öffentlichen Sicherheit kann in drei Teilschutzgüter, etwa (1) Unverletzlichkeit der Rechtsordnung, (2) Unverletzlichkeit der subjektiven Rechte

---

288 BVerfGE 111, 147 (157).

289 *Pieroth/Schlink/Kniesel*, Polizei- und Ordnungsrecht, § 21 Rn. 37.

290 *Sander*, NVwZ 2002, 831 (832), FN 23.

291 VG Stuttgart, Urteil vom 09.11.2004–5 K 4608/03.

und Rechtsgüter des Einzelnen (individuelle Teilschutzgüter) und (3) Bestand des Staates und der Einrichtungen und Veranstaltungen des Staates und sonstiger Träger der Hoheitsgewalt (öffentliche Teilschutzgüter), unterteilt werden.[292] In der Regel ist aber das Teilschutzgut „Unverletzlichkeit der Rechtsordnung“ maßgebend, weil die Verletzung der anderen Teilschutzgüter „durch Personen“ aufgrund der umfassenden Regulierung schon im Straf- oder Ordnungsrecht vorgeschrieben ist.[293] Demnach finden individuelle und öffentliche Teilschutzgüter nur dort Anwendung, wo die Gefahr nicht von Menschen, sondern von Naturereignissen ausgeht.[294]

Nach § 2 Abs. 2 VersG ist jedermann verpflichtet, die ordnungsmäßige Durchführung einer öffentlichen Versammlung nicht zu verhindern. Entsprechend dieser Norm ist die Strafvorschrift des § 21 VersG geregelt.[295] *Dietel/Gintzel/Kniesel* sind der Auffassung, dass dieses Verbot nur Störungen innerhalb einer Versammlung erfasst und nur für die in einer Versammlung Anwesenden gilt,[296] d. h. nicht für externe Störer. Hinsichtlich der externen Störungen haben sie ausgeführt, dass die Störung der ungehinderten Ausübung der Versammlungsfreiheit eine Beeinträchtigung der öffentlichen Sicherheit ist.[297] Sie haben aber nicht weiter erklärt, warum die ungehinderte Ausübung der Versammlungsfreiheit ein Schutzgut der öffentlichen Sicherheit sein kann. Dagegen ist der VGH Mannheim der Auffassung, dass das Verbot des § 2 Abs. 2 VersG *eine jedermann obliegende Pflicht* darstellt und ein drohender Verstoß gegen diese Pflicht eine Gefahr für die öffentliche Sicherheit bedeutet.[298] Diese Auffassung ist zuzustimmen. Nach dem Wortlaut des § 2 Abs. 2 VersG ist nicht anzunehmen, dass sie sich nur gegen die in der Versammlung Anwesenden richtet. Vielmehr richtet sich dieses Verbot, m. E., an jedermann. Diese Norm ist zwar keine Befugnisnorm hinsichtlich externer Störungen, regelt jedoch das Verhalten von externen Störern.[299] Im Einklang

292 *Pieroth/Schlink/Kniesel*, Polizei- und Ordnungsrecht, § 8 Rn. 3.

293 *Dietel/Gintzel/Kniesel*, VersG, § 15 Rn. 169; *Pieroth/Schlink/Kniesel*, Polizei- und Ordnungsrecht, § 8 Rn. 7.

294 *Pieroth/Schlink/Kniesel*, Polizei- und Ordnungsrecht, § 8 Rn. 7.

295 VGH Mannheim, NVwZ-RR 1990, 602 (603).

296 *Dietel/Gintzel/Kniesel*, VersG, § 2 Rn. 8.

297 *Dietel/Gintzel/Kniesel*, VersG, § 2 Rn. 9.

298 VGH Mannheim, NVwZ-RR 1990, 602 (603), Nach ihm ist aber die Polizei gegen externe Störungen aufgrund der polizeilichen Generalklausel einschreiten, weil das Versammlungsgesetzt keine Ermächtigung zu Maßnahmen gegen Nichtteilnehmer enthält.

299 *Geis*, Die Polizei 1993, 293 (298).

mit diesen Auffassungen können nicht nur die Versammlungsteilnehmer, sondern auch außenstehende Dritte ein Täter der entsprechenden Strafvorschrift, § 21 VersG, sein.[300] Aufgrund dieser Normen ist demnach die ordnungsmäßige Durchführung der öffentlichen Versammlung auch ein Schutzgut der öffentlichen Sicherheit.

Zu beachten ist aber, dass §§ 2 Abs. 2, 21 VersG eine Verhinderungsabsicht verlangt. Im Falle des Zusammentreffens voneinander unabhängiger, friedlicher Versammlungen liegt aber meistens keine Verhinderungsabsicht vor. Jedoch ist bei der Gefährdung des Teilschutzgutes der Unverletzlichkeit der Rechtsordnung, insb. des Straf- und Ordnungswidrigkeitenrechts, nur maßgebend, ob objektiv „eine Gefährdung des durch die Norm geschützten Rechtsgutes" vorliegt.[301] Demnach ist das Vorliegen eines subjektiven Tatbestands, wie z. B. Vorsatz für die Maßnahmen der versammlungsrechtlichen Gefahrenabwehr nicht erforderlich. Die durch §§ 2 Abs. 2, 21 VersG geschützten Rechtsgüter sind die ordnungsmäßige Durchführung der öffentlichen Versammlung bzw. die ungehinderte Ausübung der Versammlungsfreiheit. Wenn die ordnungsmäßige Durchführung der öffentlichen Versammlung durch andere konkurrierende Versammlungen, egal, ob sie mit Verhinderungsabsicht erfolgt oder nicht, gefährdet wird, liegt darin eine Gefahr für die öffentliche Sicherheit. Die Versammlungsbehörde kann dann Auflagen oder Verbotsverfügungen nach § 15 Abs. 1 VersG erlassen, wenn die Ausübung der Versammlungsfreiheit wegen einer Kollision mehrerer Versammlungen tatsächlich unmöglich ist.

III. Notwendigkeit rangbestimmender Kriterien

Aufgrund der bisherigen Untersuchungen ist festzustellen, dass die Konflikte der Versammlungen durch bechränkende oder Verbotsverfügungen nach § 15 Abs. 1 VersG gelöst werden können. Zur Lösung der Konflikte soll aber der Staat darüber entscheiden, welche Versammlungen inwieweit einzuschränken sind. Diese Entscheidungen sind aber unter der jetzigen Rechtslage dem behördlichen pflichtgemäßen Ermessen überlassen.[302] Wenn bestimmte konkurrierende Versammlungen eine unmittelbare Gefahr für die öffentlichen Sicherheit oder Ordnung auslösen, ist die Behörde dazu angehalten, diese Versammlung einzuschränken. Ist aber beiden konkurrierenden Versammlungen eine Gefahr gleichmäßig zuzurechnen, ist es

300 *Dietel/Gintzel/Kniesel*, VersG, § 21 Rn. 1.

301 *Denninger*, in: Lisken/Denninger, HPolR, Kap. D Rn. 17 f.; auch *Pieroth/Schlink/Kniesel*, Polizei- und Ordnungsrecht, § 8 Rn. 12.

302 *Dietel/Gintzel/Kniesel*, VersG, § 15 Rn. 47.

nicht einfach zu entscheiden, welche Versammlungen sie einschränkt. Auch dabei soll die Behörde keine willkürliche, sondern eine gerechte Entscheidung treffen. Die behördliche Konfliktlösung bedarf also gerechter, ranbestimmender Kriterien. Anhand dieser Kriterien trifft die Behörde also eine konfliktlösende Entscheidung. Eines dieser Kriterien ist das in dieser Arbeit zu untersuchende Erstanmelderprivileg und im folgenden Teil wird dieses ausführlich untersucht.

IV. Ergebnis

In diesem Abschnitt wird untersucht, welche Regelungen bei der Konfliktlösung zwischen Versammlungen zur Anwendung kommen können. Bei den Koflikten zwischen Versammlungen wird die Ausübung des Grundrechts der Versammlungsfreiheit des einen Bürgers durch die des anderen Bürgers faktisch beeinträchtigt. Um Konflikte zu lösen, greift der Staat in die konkurrierenden Versammlungsfreiheiten ein. Weil nur unter dem Schutzbereich des Art. 8 Abs. 1 GG liegende Versammlungen grundrechtlich geschützt werden, ist zunächst zu klären, was das Grundrecht der Versammlungsfreiheit des Art. 8 Abs. 1 GG ist und unter welchen Bedingungen dieses Grundrecht eingeschränkt werden kann. Nach den bereits gewonnenen Erkenntnissen ist die Versammlung das Zusammenkommen mehrerer Personen zu einer gemeinsamen Zweckverfolgung. Sie muss außerdem friedlich sein, um den grundrechtlichen Schutz zu verlangen. Gemäß Art. 8 Abs. 2 GG sind insb. Versammlungen unter freiem Himmel durch das Gesetz oder auf Grund eines Gesetzes zu beschränken. Nach h. M. unterliegen sie wegen der besonderen Störanfälligkeit und gesteigerten Kollisionsmöglichkeiten dem Gesetzesvorbehalt. Bei einer Beschränkung durch Gesetz ist aber der Verhältnismäßigkeitsgrundsatz strikt zu beachten.

Als Vorbehaltsgesetz hinsichtlich des Grundrechts der Versammlungsfreiheit fungiert das Versammlungsgesetz. Nach § 15 Abs. 1 VersG kann die Behörde bei Vorliegen unmittelbarer Gefahr beschränkende oder Verbotsverfügungen erlassen. Zur Lösung von Konflikten zwischen Versammlungen kann die Behörde auch nach dieser Norm konfliktlösende Maßnahmen ergreifen. Dabei soll sie aber entscheiden, bei welchen Versammlungen inwieweit einzugreifen sind. Diese Entscheidung unterliegt unter der jetzigen Rechtslage dem pflichtgemäßen Ermessen der Behörde. Jedoch kann sie nicht willkürlich entscheiden, in welche Versammlung einzugreifen ist. Zur Lösung der Konflikte sind also gerechte rangbestimmende Kriterien unerlässlich.

C. Resümee: Leitlinie für die gesamte Untersuchung

Bis hierher wurde untersucht, wie die Konflikte zwischen Versammlungen verfassungsrechtlich und versammlungsrechtlich zu lösen sind. Wie anfangs erklärt wurde, handelt es sich bei einem Konflikt zwischen Versammlungen um einen faktischen Konflikt zwischen verschiedenen Grundrechtsträgern. Diese Problematik wird aber im Allgemein fälschlicherweise als Grundrechtskollision bezeichnet. In dieser Arbeit wurde aber auf diese weit verbreitete Terminologie verzichtet, weil sich die Grundrechte als Abwehrrechte gegen den Staat richten und demzufolge nicht miteinander kollidieren können. Grundrechtlich geschützte Lebensbereiche der Grundrechtsträger können also nur *faktisch* kollidieren. Auch bei der Lösung von grundrechtlichen Konflikten ist das abwehrrechtliche Grundrechtsverständnis wichtig. Grundrechte als Abwehrrechte kontrollieren also nur negativ, mittelbar die staatliche Regelung der Konfllikte. Deswegen kann der angemessene, gerechte Ausgleich zwischen kollidierenden Interessen nicht durch die Güterabwägung oder praktische Konkordanz erreicht werden. Die Verfassung und die Grundrechte geben nicht konkrete, sondern nur negative Angaben für die staatliche Entscheidung. Weil die Abwägung zwischen kollidierenden Interessen eine subjektive Entscheidung bzw. ein Werturteil ist, ist sie grundsätzlich dem Gesetzgeber als Repräsentant der Gemeinschaft zu überlassen. Konflikte zwischen Grundrechtsträgern sind also nicht durch die einzelfallbezogene Güterabwägung von Gerichten, sondern durch die Gesetzgebung zu lösen.

Auf der Basis dieser Grundlinie wurde danach untersucht, wie die Konflikte zwischen Versammlungen auf der jetzigen Rechtsgrundlage zu lösen sind. Zuerst ist zu bestimmen, ob die beteiligten, konkurrierenden Versammlungen unter den Schutzbereich des Art. 8 Abs. 1 GG fallen. Zur Lösung der Konflikte der in dieser Arbeit zu untersuchenden Versammlungen unter freiem Himmel kann der Staat durch Gesetz oder auf Grund eines Gesetzes in diese Grundrechte eingreifen, weil sie gem. Art. 8 Abs. 2 unter dem Gesetzesvorbehalt liegen. Diese Rolle unternimmt insb. § 15 Abs. 1 VersG. Nach dieser Vorschrift kann die Behörde beschränkende oder Verbotsverfügungen erlassen, wenn eine unmittelbare Gefahr für die öffentliche Sicherheit oder Ordnung vorliegt. Konflikte zwischen Versammlungen unter freiem Himmel sind also hauptsächlich aufgrund dieser Norm zu lösen. Dabei obliegt es aber der Behörde, zu entscheiden, in welche Versammlungen inwieweit einzugreifen ist. Im Rahmen der jetzigen Rechtslage steht die Entscheidung im Ermessen der Versammlungsbehörde, aber dies bedeutet nicht, dass sie beliebige, willkürliche Entscheidungen treffen kann. Sie soll nach gerechten und neutralen Kriterien über die Konflikte zwischen Versammlungen entscheiden. Bei der behördlichen Konfliktlösung sind demnach rangbestimmende Kriterien erforderlich.

2. Teil: Begriff und Ursprung des Erstanmelderprivilegs

Bereits in früheren Untersuchungen wurde festgestellt, dass der Staat bei der Lösung von Konflikten zwischen Versammlungen rangbestimmender Kriterien bedarf. Wie schon geschrieben, wird in dieser Untersuchung hauptsächlich das Erstanmelderprivileg untersucht, weil dessen Anwendbarkeit im Versammlungsrecht bisher unklar geblieben ist. Dieser Grundsatz wird als „Windhundprinzip" kritisiert[303] und es wird ausgeführt, dass die Verwirklichung der Versammlungsfreiheit nicht von diesem irrationalen Grundsatz abhängig gemacht werden soll. Jedoch scheint das Erstanmelderprivileg für viele in der Rechtsgemeinschaft gerecht zu sein, da es dem Prinzip „Wer zuerst kommt, mahlt also zuerst" entspricht.[304] Es soll deswegen untersucht werden, ob das Erstanmelderprivileg überhaupt im Versammlungsrecht anwendbar ist, und wenn ja, wann es anzuwenden ist. Für die Durchführung der weiteren Untersuchung ist es unerlässlich, zu ermitteln, was das Erstanmelderprivileg ist (A) und wo es seinen Ursprung hat (B).

A. Der Begriff des Erstanmelderprivilegs

Wenn mehrere Versammlungen an einem gleichen Ort zu einer gleichen Zeit angemeldet werden, welche Versammlungsfreiheit soll die Behörde gewährleisten und welche beschränken? Diese Problematik wirft eine Frage auf, die nicht ganz leicht zu beantworten ist, aber für die Lösung von Konflikten unbedingt gelöst werden soll. Hinsichtlich dieser Konflikte wird diskutiert, ob die konkurrierenden Nutzungswünsche nach dem Erstanmelderprivileg ausgeglichen werden können. Nach dem in dieser Arbeit näher zu untersuchenden Erstanmelderprivileg hätte diejenige Versammlung einen Vorrang, die zeitlich früher als andere angemeldet wurde. Nach diesem Grundsatz entscheidet also die Reihenfolge des Anmeldeeingangs über das Rangverhältnis zwischen konkurrierenden Versammlungen.

Es ist aber umstritten, ob die Verwirklichung der Versammlungsfreiheit von der Reihenfolge des Anmeldeeingangs abhängig gemacht werden soll. Nach der Auffassung des BVerfG kann die Behörde bei Vorliegen hinreichend gewichtiger Gründe vom Erstanmelderprivileg abweichen.[305] Das BVerfG hat also in dieser

303 *Voßkuhle*, Die Verwaltung 32 (1999), 21 (22).

304 Im polizeirechtlichen Sinne, vgl. auch *Jellinek*, Verwaltungsrecht, S. 443.

305 BVerfG, NVwZ 2005, 1055 (1057).

Entscheidung betont, dass Konflikte zwischen Versammlungen nicht ausschließlich anhand des Erstanmelderprivilegs gelöst werden sollen. Es ist aber noch unklar, ob und wann das Erstanmelderprivileg im Versammlungsrecht überhaupt Anwendung finden kann.

B. Der Ursprung des Erstanmelderprivilegs

I. Das Prioritätsprinzip

Zur weiteren, näheren Untersuchung des Erstanmelderprivilegs soll geklärt werden, wo dieser Grundsatz seinen Ursprung hat. Aufgrund der oben ausgeführten Begriffsbestimmung ist anzunehmen, dass das Erstanmelderprivileg auf das (zeitliche) Prioritätsprinzip zurückzuführen ist. Dieser Grundsatz richtet sich also nach der zeitlichen Reihenfolge der erfolgten Anmeldungen. Das Erstanmelderprivileg ist also das *versammlungsrechtliche* Prioritätsprinzip.

1. Begriff

Nach dem Prioritätsprinzip soll die Interessenverwirklichung der zeitlichen Reihenfolge der Interessenten entsprechen.[306] In der Literatur wird das Prioritätsprinzip als ein objektives Kriterium hinsichtlich der Verteilung von begrenzten Ressourcen verstanden.[307] Insbesondere hinsichtlich des Verwaltungsverfahrensgesetzes wird das Prioritätsprinzip in Zusammenhang mit der Reihenfolge von Anträgen diskutiert. Fehlt es also an anderen sachgemäßen Auswahlkriterien, werden die sich gegenseitig ausschließenden, konkurrierenden Anträge grundsätzlich nach dem Prioritätsprinzip beschieden.[308] Dieses Prinzip gilt jedoch nur dann, wenn durch Gesetz oder Verordnungen keine andersartige Regelung vorgesehen ist.[309] Das Prioritätsprinzip spielt im Verwaltungsrecht insb. bei der Lösung staatlicher Verteilungskonflikte eine wichtige Rolle.[310] Es wird aber vielseitig diskutiert, ob dieses Prinzip ein allgemein anerkannter und gerechter Maßstab ist.

---

306 *Becker*, First in time, first in right, S. 27.

307 *Ullrich*, DVBl 2012, 666 (667); *Voßkuhle*, Die Verwaltung 32 (1999), 21 f.

308 *Kopp/Ramsauer*, VwVfG, § 22, Rn. 34.; *Knack/Hennecke*, VwVfG, § 22, Rn. 26; *Stelkens/Bonk/Sachs*, VwVfG, § 22, Rn. 60.

309 *Rolshoven*, NVwZ 2006, 516 (520).

310 *Voßkuhle*, Die Verwaltung 32 (1999), 21 (21).

2. *Geschichte des Prioritätsprinzips*

a) *Bis zum Mittelalter*

Wo liegen eigentlich die Wurzeln des Prioritätsprinzips, das manchmal auch als „jedem Kind einleuchtendes Ordnungsprinzip“[311] bezeichnet wird? Seine Ursprünge finden sich im *Gemeinen Recht* des Mittelalters. Der Grundsatz „früher in der Zeit, stärker im Recht (prior tempore potior iure)“ ist sogar schon dem *Römischen Recht* bekannt.[312] Auch im *Kanonischen Recht* ist „qui prior est tempore, iure potior esse videtur“[313] vorgeschrieben.

Im altgermanischen Recht, insbesondere dem *Sachsenspiegel* von 1230 und dem *Schwabenspiegel* von 1275, ist „Wer zuerst kommt, mahlt zuerst.“ als ein Ausdruck des Prioritätsprinzips geregelt. Für den Wagenverkehr wird angeordnet: „Welcher Wagen zuerst zur Brücke kommt, der darf zuerst überfahren.“[314] Das Mühlenrecht ist auch im *Freisinger Rechtsbuch* von 1328 und *Zwickauer Rechtsbuch* von 1348 zu finden[315] und setzt sich bis in die Mühlordnungen des 17. Jahrhunderts fort.[316]

b) *Im heutigen Recht*

Auch das heutige Zivilrecht kennt an vielen Stellen das Prioritätsprinzip. In Bezug auf eine Auslobung nach § 659 BGB gebührt demjenigen die Belohnung, der die Handlung zuerst vorgenommen hat. Nach § 958 BGB erwirbt das Eigentum an einer herrenlosen beweglichen Sache, wer sie als Erster in Eigenbesitz nimmt. Auch ist nach § 1209 BGB der Zeitpunkt der Bestellung für den Rang des Pfandrechts maßgebend. Ferner steht demjenigen das Patentrecht zu, der die Erfindung zuerst beim Patentamt angemeldet hat, § 6 PatG.

Im Verwaltungsrecht gilt ebenfalls das Prioritätsprinzip. Bezüglich konkurrierender Anträge findet grundsätzlich es Anwendung, wenn sich keine anderen sachgemäßen Auswahlkriterien aus einer Norm ergeben. Auch bei der Vergabe von Studienplätzen wird die Wartezeit im Auswahlverfahren berücksichtigt, § 32 Abs. 3 Nr. 2 HRG. Taxi-Konzessionen werden ebenfalls gemäß § 13 Abs. 5 S. 2 PBefG nach der zeitlichen Reihenfolge des Eingangs der Anträge vergeben.

---

311 *Wacke*, JA 1981, 94 (94).
312 *Foth*, Römisch-kanonisches Recht, S. 186 f.; *Rolshoven*, NVwZ 2006, 516 (520).
313 *Foth*, Römisch-kanonisches Recht, S. 187.
314 *Foth*, Römisch-kanonisches Recht, S. 187; *Wacke*, JA 1981, 94 (94).
315 *Foth*, Römisch-kanonisches Recht, S. 187 f.
316 *Wacke*, JA 1981, 94 (94).

Auch im Strafverfahrensrecht gilt das Prioritätsprinzip. Wenn mehrere Gerichte die Eröffnung des Hauptverfahrens beschlossen haben, ist demjenigen der Vorzug zu geben, das die Untersuchung zuerst eröffnet hat.

3. *Ergebnis*

Wie oben untersucht, ist das Prioritätsprinzip seit langem im deutschen Recht bekannt. Schon im römisch-kanonischen Recht und auch im altgermanischen Recht finden sich die Ursprünge dieses Prinzips. Im heutigen Zivilrecht und Verwaltungsrecht werden Konflikte häufig mithilfe dieses Prinzips gelöst. Besonders im Verwaltungsverfahrensrecht werden konkurrierende Anträge nach Maßgabe des Prioritätsprinzips beschieden, wenn und soweit sich keine anderen sachlichen Auswahlkriterien aus dem Gesetz ergeben. Aufgrund der bisherigen Untersuchungen ist anzunehmen, dass der Prioritätsgedanke nicht nur gewohnheitsrechtlich anerkannt, sondern auch gesetzlich im deutschen Recht verankert ist. Jedoch ist noch fraglich, ob dieses Prinzip ein gerechtes Auswahlkriterium ist.

II. Das Gefahrenverursacherprinzip als Ursprung des Erstanmelderprivilegs?

Es wird gelegentlich behauptet, dass das Erstanmelderprivileg sich auf das polizeirechtliche Verursacherprinzip stützt.[317] Nach dieser Auffassung gilt beim Konflikt zwischen Versammlungen grundsätzlich das Erstanmelderprivileg, weil eine Gefahr meistens von der zeitlich später angemeldeten Versammlung ausgeht. In der Tat gibt es mehrere Fälle, in denen diese Auffassung bejaht werden kann. Trotzdem ist sie nicht allgemein anzuerkennen. Es kann auch Fälle geben, in denen eine zuerst angemeldete Versammlung eine Verhinderung einer anderen Versammlung beabsichtigt oder konkurrierend angemeldete Versammlungen voneinander unabhängig sind. Bei genauerem Hinsehen hat das Erstanmelderprivileg

317 *Gusy*, JuS 1993, 555 (558), führt aus: „Bei der Abgrenzung von Demonstration und Gegendemonstration gilt das Prioritätsprinzip: Die zuerst angekündigte Versammlung ist die zulässige, die zweite hingegen die störende. Polizeirechtlich gesprochen bedeutet dies: Die störende Versammlung ist polizeirechtlich verantwortlich; die gestörte hingegen nicht-verantwortlich." In diesem Sinne führt *Tölle*, NVwZ 2001, 153 (155), aus: „Dies bedeutet, dass regelmäßig der zuerst angemeldeten Veranstaltung (...) der Vorrang einzuräumen ist. Dies folgt aus dem polizeirechtlichen Störerverständnis, nach dem derjenige polizeipflichtig ist, der durch sein Verhalten eine Gefahr unmittelbar verursacht." Vgl. auch *Dahm/Peters*, LKV 2012, 443 (448).

mit dem polizeirechtlichen Verursacherprinzip nichts zu tun, sondern richtet sich allein nach der zeitlichen Reihenfolge der erfolgten Anmeldungen.

Infolge dieses Missverständnisses über den Ursprung des Erstanmelderprivilegs wird häufig behauptet, dass *grundsätzlich* der zuerst angemeldeten Versammlung der Vorrang gegeben werden soll. Zwar geht das Bundesverfassungsgericht nicht vom Verursacherprinzip als Ursprung des Erstanmelderprivilegs aus, jedoch ist es auch der Meinung, dass das Erstanmelderprivileg bei räumlichen Konflikten von Versammlungen *grundsätzlich* gilt, wenn keine besonderen Umstände vorliegen.[318] Im Verwaltungsverfahren ist aber das Prioritätsprinzip meistens dort anwendbar, wo keine anderen sachgerechten, materiellen Kriterien zur Anwendung kommen. Das Beharren auf dem Erstanmelderprivileg kann außerdem zu unerwarteten Nebenwirkungen führen, wie z. B. frühzeitige oder flächendeckende Anmeldungen zur Reservierung öffentlicher Plätze. Trotzdem führen viele, so auch das BVerfG, aus, dass das Erstanmelderprivileg bei Versammlungskonflikten grundsätzlich gilt.

Warum also halten viele Verfasser und auch die Rechtsprechung am umstrittenen Erstanmelderprivileg fest? M. M. nach hat dies auch mit einer Verwechselung des Erstanmelderprivilegs mit dem Verursacherprinzip zu tun. In *vielen* Fällen ist die zuerst angemeldete Versammlung die friedliche und die zeitlich nachrangig angemeldete Gegenversammlung die, die eine Gefahr verursacht. Der Gedanke der grundsätzlichen Anwendbarkeit des Erstanmelderprivilegs kann also *bewusst und unbewusst* auf dem polizeirechtlichen Verursacherprinzip beruhen. Empirisch kann festgestellt werden, dass die zuerst angemeldete Versammlung meistens die friedliche und die später angemeldete die die erste Versammlung verhindernde ist. Aber dies soll nicht dazu führen, dass das Erstanmelderprivileg *grundsätzlich* gilt. Die beiden Prinzipien, also das Erstanmelderprinzip und das Verursacherprinzip, sind voneinander streng zu unterscheiden. Die Verwechselung des Ursprungs des Erstanmelderprinzips kann folglich zu einem falschen Ergebnis und einem Missverständnis über seine Anwendbarkeit führen. Also: Das Erstanmelderprivileg richtet sich allein nach der zeitlichen Priorität, nicht dem polizeirechtlichen Verursacherprinzip.

---

318 BVerfG, NVwZ 2005, 1055 (1056).

C. Resümee

Bei der Lösung von Konflikten zwischen Versammlungen wird diskutiert, ob das Erstanmelderprivileg in diesen Fällen angewendet werden kann. Nach diesem Prinzip hat diejenige Versammlung einen Vorrang, die zeitlich früher als andere, konkurrierende Versammlungen angemeldet wurde. Das Erstanmelderprivileg schlichtet also einen Konflikt durch die zeitliche Reihenfolge des Anmeldeeingangs.

Aufgrund seines Wortlauts und der Begriffsbestimmung ist anzunehmen, dass dieses Prinzip auf das (zeitliche) Prioritätsprinzip zurückzuführen ist. Im Verwaltungsverfahrensrecht wird das Prinzip hinsichtlich der Verteilung von begrenzten Ressourcen als ein objektives Kriterium eingesetzt, soweit keine anderen Regelungen bzw. Kriterien vorhanden sind. Dieses Prinzip hat im deutschen Recht eine lange Geschichte, z. B. im Römischen Recht, „prior tempore potior iure" und im Sachsenspiegel, „Wer zuerst kommt, mahlt zuerst." Auch im heutigen Recht ist das Prioritätsprinzip zu finden: Nach § 958 BGB erwirbt das Eigentum an einer herrenlosen beweglichen Sache, wer die Sache als Erster in Eigenbesitz nimmt. Bei der Vergabe von Studienplätzen wird auch die Wartezeit im Auswahlverfahren berücksichtigt (§ 32 Abs. 3 Nr. 2 HRG). Gelegentlich wird jedoch behauptet, dass das Erstanmelderprivileg im polizeirechtlichen Verursacherprinzip seinen Ursprung hat. Nach dieser Auffassung hat die zuerst angemeldete Versammlung einen Vorrang, weil eine Gefahr meistens von der zeitlich nachrangig angemeldeten Versammlung verursacht wird. Diese unterschiedlichen Verständnisse über den Ursprung des Erstanmelderprivilegs führen zu unterschiedlichen Ergebnissen über dessen Anwendbarkeit im Versammlungsrecht. Diejenigen, die das Prioritätsprinzip als Ursprung ansehen, denken, dass das Erstanmelderprivileg subsidiär anwendbar ist. Dagegen führen diejenigen, die das Verursacherprinzip als Ursprung annehmen, aus, dass das Prinzip grundsätzlich gilt. Der Wortlaut und die Anwendung in verschiedenen Rechtsgebieten zeigen aber, dass das Erstanmelderprivileg sich allein nach der zeitlichen Reihenfolge der Anmeldungen richtet. Das Erstanmelderprivileg ist also das versammlungsrechtliche Prioritätsprinzip und vom Verursacherprinzip streng zu unterscheiden.

3. Teil: Die Anwendbarkeit des Erstanmelderprivilegs im Versammlungsrecht

In diesem Teil wird untersucht, ob das Prioritätsprinzip auf das Versammlungsrecht als Erstanmelderprivileg anwendbar ist. Dafür ist es zunächst erforderlich, die Bedeutung der versammlungsrechtlichen Anmeldung zu erläutern (A). Auf Basis dieser Feststellung wird untersucht, ob das Erstanmelderprivileg verfassungsrechtlich gerechtfertigt werden kann (B). Danach werden Diskussionen in Rechtsprechung, Schrifttum und aus dem Bundestag und den Landestagen gezeigt (C). Im Anschluss daran wird untersucht, unter welchen Voraussetzungen das Erstanmelderprivileg anzuwenden ist (D). Dann wird die Kritik an diesem Prinzip dargestellt und es werden Ergänzungen zum Erstanmelderprivileg vorgeschlagen (E).

A. Die versammlungsrechtliche Anmeldung

Um das Erstanmelderprivileg zu untersuchen, soll zunächst erklärt werden, was die versammlungsrechtliche Anmeldung ist und welche Rechtswirkung dem Erst-*Anmelder* einzuräumen ist. Demzufolge werden in diesem Abschnitt Begriff, Zweck, Geschichte, Verfassungsmäßigkeit und schließlich Rechtswirkung der versammlungsrechtlichen Anmeldung untersucht.

I. Begriff und Zweck der versammlungsrechtlichen Anmeldepflicht

Nach § 14 Abs. 1 VersG muss der Veranstalter oder Leiter einer öffentlichen Versammlung unter freiem Himmel diese bei der Versammlungsbehörde anmelden. Er soll dabei Zeit, Ort, Thema und Leiter der Versammlung mitteilen.[319] Gemäß § 10 VwVfG ist das Anmeldungsverfahren nichtförmlich durchzuführen. Die Anmeldung kann also schriftlich, mündlich, telefonisch oder auch per Fax oder E-Mail erfolgen.[320]

Aufgrund der Anmeldepflicht erhalten die zuständigen Behörden Informationen, die notwendig sind, um einen störungsfreien Verlauf der Versammlung zu garantieren und um Maßnahmen zum Schutz der Interessen Dritter bzw. der

319 *Pieroth/Schlink/Kniesel*, Polizei- und Ordnungsrecht, § 21 Rn. 1.
320 *Kniesel/Poscher*, in: Lisken/Denninger, HPolR, Kap. K Rn. 242 ff.

öffentlichen Sicherheit oder Ordnung zu ergreifen.[321] Die Versammlungsbehörde kann also anhand dieser Pflichtangaben eine Gefahrenprognose erstellen. Wenn eine Versammlung nicht angemeldet ist oder von den Angaben der Anmeldung abweicht, kann die Versammlungsbehörde sie nach § 15 Abs. 3 VersG auflösen. Außerdem macht sich der Veranstalter oder Leiter bei Durchführung einer unangemeldeten Versammlung nach § 26 Nr. 2 VersG strafbar.[322]

II. Geschichtliche Entwicklung

a) Von der „Frankfurter Reichsverfassung" von 1848 bis zum „Reichsvereinsgesetz" von 1908

Als die erste demokratische Verfassung Deutschlands enthielt die nie in Kraft getretene „Frankfurter Reichsverfassung" vom 28. März 1848 die Versammlungsfreiheit. Nach § 161 Abs. 1 FRV hatten die Deutschen „das Recht, sich friedlich und ohne Waffen zu versammeln; einer besonderen *Erlaubniß* dazu bedarf es nicht."[323] Volksversammlungen *unter freiem Himmel* konnten aber nach § 161 Abs. 2 „bei dringender Gefahr für die öffentliche Ordnung und Sicherheit verboten werden". In der Frankfurter Reichsverfassung war die Auferlegung der Erlaubnispflicht für alle Art von Versammlungen verboten. Nach dem Wortlaut war aber die Auferlegung der Anmeldepflicht möglich.

Obwohl durch die Frankfurter Reichsverfassung eine Grundlage für die liberale Versammlungsfreiheit geschaffen worden war, wurde sie von einzelnen Ländern nicht völlig angenommen, sondern eingeschränkt.[324] Die „Preußische Verfassung" vom 31. Januar 1850 regelte in Art. 29:

> „Alle Preußen sind berechtigt, sich ohne vorgängige obrigkeitliche Erlaubniß friedlich und ohne Waffen in geschlossenen Räumen zu versammeln.
> Diese Bestimmung bezieht sich nicht auf Versammlungen unter freiem Himmel, welche auch in Bezug auf vorgängige obrigkeitliche Erlaubniß der Verfügung des Gesetzes unterworfen sind."

Nach dieser Norm war nur für Versammlungen in geschlossenen Räumen keine Erlaubnis durch die Behörde erforderlich. Versammlungen unter freiem Himmel bedurften dagegen einer vorgängigen behördlichen Erlaubnis.

---

321 BVerfGE 69, 315 (358 f.); *Hettich*, Versammlungsrecht, Rn. 109 f.

322 Über die Sanktionen ausführlich unten, B. I. 3.

323 Hervorh. d. Verf.

324 *Küchenhoff*, Die geistesgeschichtliche Entwicklung der Vereins- und Versammlungsfreiheit, S. 28 f.

Aufgrund dieser Preußischen Verfassung wurde das „Preußische Vereingesetz (PVG)" vom 11. März 1850 geschaffen. Es hat die Versammlungsfreiheit der Frankfurter Reichsverfassung nicht völlig aufgehoben, aber wesentlich eingeschränkt.[325] Obwohl Versammlungen in geschlossenen Räumen keiner Erlaubnis bedurften,[326] hat das Gesetz *politische Versammlungen in geschlossenen Räumen anzeigepflichtig* gemacht.[327] Zu beachten ist, dass bei der Anmeldung von Versammlungen eine sofortige Bescheinigung zu erteilen war. Dagegen unterlagen alle *öffentlichen Versammlungen unter freiem Himmel*, egal, ob sie politisch waren oder nicht, der *Genehmigung* der Polizeibehörde mit einer Frist von 48 Stunden (§ 9 PVG).[328]

Das „Bayerische Vereinsgesetz" vom 26. Februar 1850 war im Großen und Ganzen nicht anders als das Preußische Vereinsgesetz von 1850. Nach Art. 2 des Gesetzes waren Versammlungen, in welchen öffentliche Angelegenheiten erörtert werden sollen, anzeigepflichtig.[329] Alle Versammlungen auf öffentlichen Plätzen und Straßen unterlagen einer Zustimmung der Gemeindeverwaltung und einer Genehmigung der Distriktspolizeibehörde.[330] Eine Besonderheit des bayerischen

---

325 *Küchenhoff*, Die geistesgeschichtliche Entwicklung der Vereins- und Versammlungsfreiheit, S. 29.

326 *Delius*, Das öffentliche Vereins- und Versammlungsrecht, S. 4.

327 § 1 PVG: „Von allen Versammlungen, in welchen öffentliche Angelegenheiten erörtert oder berathen werden sollen, hat der Unternehmer mindestens *vier und zwanzig Stunden vor dem Beginne der Versammlung*, unter Angabe des Ortes und der Zeit derselben, *Anzeige* bei der Ortspolizeibehörde zu machen. Diese Behörde hat darüber sofort eine *Bescheinigung* zu ertheilen." (Hervorh. d. Verf.).

328 § 9 PVG: „Oeffentliche Versammlungen *unter freiem Himmel* bedürfen der vorgängigen schriftlichen *Genehmigung* der Ortspolizeibehörde.
Die Genehmigung ist von dem Unternehmer, Vorsteher, Ordner oder Leiter derselben mindestens *acht und vierzig Stunden vor der Zusammenkunft* nachzusuchen, und darf nur versagt werden, wenn aus Abhaltung der Versammlung Gefahr für die öffentliche Sicherheit oder Ordnung zu befürchten ist. (...)" (Hervorh. d. Verf.).

329 Art. 2 des Bayerischen Vereinsgesetzes: „Wer zu einer Versammlung, in welcher *öffentliche Angelegenheiten* erörtert werden sollen, öffentliche oder allgemeine Einladungen erläßt, und wer den Platz zu deren Abhaltung einräumt, ist verpflichtet, mindestens *24 Stunden vor dem Beginne der Versammlung* unter Angabe des Ortes, der Zeit und des Zwecks derselben *Anzeige* bei der Ortspolizeibehörde zu machen, welche darüber sofort eine Bescheinigung zu ertheilen und ohne Säumniß der königlichen Distriktspolizeibehörde Nachricht zu geben hat. (...)" (Hervorh. d. Verf.).

330 Art. 4 des Bayerischen Vereinsgesetzes: „Zu Versammlungen, welche *auf öffentlichen Plätzen und Straßen* in Städten und Ortschaften stattfinden sollen, sowie zu öffentlichen Aufzügen in Städten und Ortschaften hat der Unternehmer, Leiter oder Ordner die *Zustimmung der betreffenden Gemeindeverwaltung* zu erholen und

Vereinsgesetzes war, dass die Behörde einen Genehmigungsbescheid möglichst schleunig und spätestens am folgenden Tag zu erteilen hatte. Durch diese Bestimmung wollte der damalige Gesetzgeber die Rechtssicherheit der Bürger gewährleisten.

Auch das „Reichsvereinsgesetz (RVG)" vom 19. April 1908 konnte die volle Versammlungsfreiheit der Frankfurter Verfassung nicht herstellen.[331] Die Anzeigepflicht für politische Versammlungen, insb. in geschlossenen Räumen,[332] ist fast unverändert geblieben (§ 5 RVG).[333] Ein Unterschied zwischen diesem und dem früheren Gesetz liegt darin, dass das Reichsvereinsgesetz nur *öffentliche* politische Versammlungen in geschlossenen Räumen zum Gegenstand hat. Nach früheren Gesetzen sollten auch nichtöffentliche, also sog. geschlossene Versammlungen in geschlossenen Räumen der Behörde angezeigt werden. Dies ist als Fortschritt zu bewerten. Für eine Anzeige sollte eine Bescheinigung ohne inhaltliche, materielle Prüfung erteilt werden, weil sie keine Erlaubnis ist. Sie war also „bei rechtzeitigem Eingang sofort, auch außerhalb der Dienststunden", zu erteilen.[334] Wenn der Beamte dies nicht tat, konnte er wegen des Missbrauchs der Amtsgewalt nach §§ 339 und 358 des damaligen StGB strafbar sein.[335] Öffentliche Versammlungen unter freiem Himmel bedurften der Genehmigung durch die Polizeibehörde.[336] Welchen

---

sodann die *Genehmigung der Distriktspolizeibehörde* nachzusuchen, welche den *Bescheid möglichst schleunig und spätestens am folgenden Tage* schriftlich zu ertheilen hat. (...)" (Hervorh. d. Verf.).

331 *Küchenhoff*, Die geistesgeschichtliche Entwicklung der Vereins- und Versammlungsfreiheit, S. 33.

332 *Delius*, Das öffentliche Vereins- und Versammlungsrecht, S. 250.

333 § 5 RVG: „Wer eine *öffentliche* Versammlung zur Erörterung *politischer Angelegenheiten* (politische Versammlung) veranstalten will, hat hiervon mindestens 24 Stunden vor dem Beginne der Versammlung unter Angabe des Ortes und der Zeit bei der Polizeibehörde *Anzeige* zu erstatten. Ueber die Anzeige ist von der Polizeibehörde sofort eine kostenfreie Bescheinigung zu erteilen." (Hervorh. d. Verf.).

334 *Delius*, Das öffentliche Vereins- und Versammlungsrecht, S. 278.

335 *Delius*, Das öffentliche Vereins- und Versammlungsrecht, S. 279.

336 § 7 RVG: „Öffentliche Versammlungen *unter freiem Himmel* und Aufzüge auf öffentlichen Straßen oder Plätzen bedürfen der *Genehmigung* der Polizeibehörde.
Die Genehmigung ist von dem Veranstalter mindestens *24 Stunden vor dem Beginn* der Versammlung oder des Aufzugs unter Angabe des Ortes und der Zeit nachzusuchen. Sie ist schriftlich zu erteilen und darf nur versagt werden, wenn aus der Abhaltung der Versammlung oder der Veranstaltung des Aufzugs Gefahr für die öffentliche Sicherheit zu befürchten ist. Im Falle der Verweigerung ist dem Veranstalter sofort ein kostenfreier Bescheid mit Angabe der Gründe zu erteilen." (Hervorh. d. Verf.).

Zweck die öffentliche Versammlung verfolgte, war unwesentlich.[337] Öffentliche Versammlungen unter freiem Himmel waren deswegen genehmigungspflichtig, weil „durch die Möglichkeit des Zusammenströmens unbegrenzter Menschenmengen bei öffentlichen Versammlungen unter freiem Himmel (...) in besonderem Maß eine Gefährdung der öffentlichen Ordnung und Sicherheit hervorgerufen werden [kann]".[338] Nach dem RVG waren nichtöffentliche Versammlungen unter freiem Himmel bzw. in geschlossenen Räumen keine Gegenstände des Vereinsgesetzes.[339]

Fazit: Zwischen 1848 und 1908 bedürften Versammlungen in geschlossenen Räumen, in welchen öffentliche Angelegenheiten erörtert werden sollten, einer Anmeldung bzw. Anzeige bei der Polizeibehörde. Dabei erteilte die Behörde eine sofortige Bescheinigung. Öffentliche Versammlungen unter freiem Himmel unterlagen der behördlichen Genehmigung. Besonders in Bayern war geregelt, dass der Bescheid über eine Genehmigung möglichst schleunig, spätestens am folgenden Tag zu erteilen hat. Dadurch wollte der Staat dem Bürger die Rechtssicherheit gewährleisten.

b) „Weimarer Reichsverfassung" von 1919

Art. 123 der Weimarer Reichsverfassung WRV vom 11. August 1919 lautete:

> (1) Alle Deutschen haben das Recht, sich ohne Anmeldung oder besondere Erlaubnis friedlich und unbewaffnet zu versammeln.
> (2) Versammlungen unter freiem Himmel können durch Reichsgesetz anmeldepflichtig gemacht und bei unmittelbarer Gefahr für die öffentliche Sicherheit verboten werden.

Durch diese Bestimmung war das „Reichsvereinsgesetz" von 1908 nur gültig, soweit es ihr entspricht.[340] In Art. 123 Abs. 1 wurde eindeutig geregelt, dass sich alle Deutschen *ohne Anmeldung oder besondere Erlaubnis* friedlich versammeln können. In Art. 123 Abs. 2 war jedoch vorgeschrieben, dass *Versammlungen unter freiem Himmel anmeldepflichtig* gemacht werden können. Aufgrund dieser Norm war für alle Versammlungen in geschlossenen Räumen, gleichgültig, ob sie politisch waren oder nicht, die Anmelde- bzw. Anzeigepflicht entfallen. Für Versammlungen unter freiem Himmel war nur die Auferlegung der Anmeldepflicht möglich. Demnach ist die Versammlungsfreiheit der Weimarer Reichsverfassung von 1919 als Fortschritt im Vergleich zur Frankfurter Reichsverfassung von 1948

---

337 *Müller/Schmid*, Vereinsgesetz vom 19. April 1908, S. 101.
338 *Müller/Schmid*, Vereinsgesetz vom 19. April 1908, S. 102.
339 *Delius*, Das öffentliche Vereins- und Versammlungsrecht, S. 7 f.
340 *Küchenhoff*, Die geistesgeschichtliche Entwicklung der Vereins- und Versammlungsfreiheit, S. 35.

zu bewerten, weil die FRV nur die Erlaubnispflicht verboten hat und deswegen die Auferlegung der Anmeldepflicht für politische Versammlungen in geschlossenen Räumen möglich war. Nach WRV konnten dagegen Versammlungen in geschlossenen Räumen in keinem Fall anmeldepflichtig gemacht werden.

Wegen der politischen Unruhe nach dem Ersten Weltkrieg suspendierte jedoch der Reichspräsident mit Hilfe der aufgrund des Art. 48 Abs. 2 WRV erlassenen „Verordnung gegen politische Ausschreitungen" vom 28. März 1931 die Grundrechte.[341] Danach wurden öffentliche politische Versammlungen in geschlossenen Räumen wieder anmeldepflichtig gemacht.[342] Durch diese Verordnung wurde also die Versammlungsfreiheit der Weimarer Verfassung wieder zurückgenommen.

c) Die Versammlungsfreiheit in der NS-Zeit

In der NS-Zeit wurde die Versammlungsfreiheit durch die „Verordnung des Reichspräsidenten zum Schutze des Deutschen Volkes" vom 4. Februar 1933 erheblich eingeschränkt. Nach § 1 dieser Verordnung sollten öffentliche politische Versammlungen und alle Versammlungen unter freiem Himmel spätestens 48 Stunden vorher der Polizeibehörde angemeldet werden. Sie konnten nach § 2 „im Einzelfall verboten werden, wenn nach den Umständen eine unmittelbare Gefahr für die öffentliche Sicherheit zu besorgen ist". Bei der Durchsetzung kam aber die Anmeldepflicht faktisch der Erlaubnispflicht gleich.

Alle Grundrechte, einschließlich der Versammlungsfreiheit, wurden dann durch die „Verordnung des Reichspräsidenten zum Schutz von Volk und Staat" vom 28. Februar 1933 völlig aufgehoben.[343]

---

341 *Küchenhoff*, Die geistesgeschichtliche Entwicklung der Vereins- und Versammlungsfreiheit, S. 36.

342 § 1 der Verordnung gegen politische Ausschreitungen: „(1) Öffentliche politische Versammlungen sowie alle Versammlungen und Aufzüge unter freiem Himmel müssen spätestens vierundzwanzig Stunden vorher unter Angabe des Ortes, der Zeit und des Verhandlungsgegenstandes der Ortspolizeibehörde angemeldet werden. Sie können verboten werden, wenn nach den Umständen zu besorgen ist, (...)".

343 § 1 der Verordnung des Reichspräsidenten zum Schutz von Volk und Staat: „Die Artikel 114, 115, 117, 118, 123, 124 und 153 der Verfassung des Deutschen Reichs werden bis auf weiteres außer Kraft gesetzt.".

d) *Ergebnis*

In § 161 Abs. 1 der Frankfurter Reichsverfassung wurde nur das Verbot der Erlaubnispflicht geregelt. Dieses Verbot galt nach ihrem Wortlaut für alle Versammlungen, also auch die unter freiem Himmel. Diese Verfassung konnte aber ihre Wirksamkeit nicht entfalten. In einzelnen Ländern, wie z. B. Preußen und Bayern, bedurften Versammlungen unter freiem Himmel einer behördlichen Genehmigung. Politische Versammlungen in geschlossenen Räumen unterlagen der Anmelde- bzw. Anzeigepflicht. Durch die Weimarer Reichsverfassung wurde aber der Erlaubnisvorbehalt für alle Arten von Versammlungen verboten. Für die Versammlungen unter freiem Himmel galt also nur die Anmeldepflicht. In den 1930er Jahren wurden aber die Grundrechte durch das NS-Regime erheblich eingeschränkt. Demzufolge unterlagen öffentliche politische Versammlungen in geschlossenen Räumen wieder der Anmeldepflicht. Für Versammlungen unter freiem Himmel wurde zwar keine Erlaubnispflicht eingeführt, also die Anmeldepflicht unverändert beibehalten, jedoch entsprach die Anmeldepflicht in dieser Zeit faktisch einer Erlaubnispflicht.

III. Verfassungsmäßigkeit der Anmeldepflicht des § 14 VersG

Hinsichtlich der versammlungsrechtlichen Anmeldepflicht ist fraglich, ob sie verfassungsmäßig ist, weil Art. 8 Abs. 1 GG eine Anmeldepflicht ausdrücklich verbietet. Aus diesem Grund wird die Verfassungsmäßigkeit der Anmeldepflicht des § 14 VersG viel diskutiert. Insbesondere der bayerische Gesetzgeber wollte dieser Kritik dadurch entkommen, dass er das Wort von *Anmeldung* durch *Anzeige* ersetzte.[344] Ob diese Problematik aber durch die einfache Ersetzung eines Wortes gelöst werden kann, ist fraglich.

1. *Rechtsprechung*

Das BVerfG ist der Auffassung, dass das Verbot einer Anmelde- und Erlaubnispflicht des Art. 8 Abs. 1 GG *grundsätzlich* bei allen Versammlungen gilt.[345] *Ausnahmsweise* könne aber diese Freiheit nach Art. 8 Abs. 2 GG für Versammlungen unter freiem Himmel wegen ihrer Außenwirkung durch das Versammlungsgesetz beschränkt werden. Durch die Anmeldung können die Behörden die notwendigen Informationen bekommen, um einen möglichst störungsfreien Verlauf der Versammlung zu ermöglichen und um Interessen Dritter bzw. Gemeinschaftsinteressen zu schützen. Demnach ist die Anmeldepflicht des § 14 Abs. 1 VersG

344 Bay. LT Drs. 15/10181, S. 19.
345 BVerfGE 69, 315 (350 f.).

verfassungsmäßig, wenn bei der Anwendung berücksichtigt wird, dass die Anmeldepflicht nicht ausnahmslos gilt und die Verletzung dieser Pflicht nicht schematisch zu einem Verbot oder zu einer Auflösung der Versammlung führt.[346] Bei der Anwendung und Auslegung des § 14 Abs. 1 VersG soll demnach die grundsätzliche Bedeutung der Versammlungsfreiheit immer berücksichtigt werden.[347] In diesem Zusammenhang hat das Gericht ausgeführt, dass bei Spontanversammlungen auf die Anmeldepflicht zu verzichten[348] und die Anmeldefrist bei Eilversammlungen zu modifizieren ist,[349] wenn die Erreichung des Versammlungszwecks bei der Einhaltung der Anmeldepflicht nicht zu erreichen ist.

M. E. ist dieser Rechtfertigung des BVerfG nicht ganz zuzustimmen. Das BVerfG wollte mit der verfassungskonformen Auslegung die versammlungsrechtliche Anmeldepflicht rechtfertigen, aber es ist vom Kern der Frage abgewichen. Zu Recht können Versammlungen unter freiem Himmel nach Art. 8 Abs. 2 GG beschränkt werden, und bei der Auslegung des Versammlungsgesetzes soll die Bedeutung der Versammlungsfreiheit berücksichtigt werden. Vor der Heranziehung des Art. 8 Abs. 2 GG zur Rechtfertigung der Anmeldepflicht muss aber zuerst der Geltungsbereich des Verbots von Anmelde- und Erlaubnispflicht des Art. 8 Abs. 1 GG erklärt werden. Nach dem ausdrücklichen Wortlaut der Norm gilt dieses Verbot für alle Versammlungen. Die Einführung einer Anmeldepflicht ist somit auch für Versammlungen unter freiem Himmel verboten. Zu dieser Frage hat das BVerfG geschwiegen. Andere Begründungen aufgrund des Art. 8 Abs. 2 GG können daher erst nach Beantwortung dieser Kernfrage erwartet werden.

2. *Meinungsstand*

Zur Rechtfertigung der Anmeldepflicht des § 14 VersG haben verschiedene Verfasser verschiedene Ansichten vertreten. Hier werden deswegen einige wichtige Argumente vorgestellt und auf ihre Überzeugungskraft geprüft.

Nach *Dietel, Gintzel u. Kniesel* widerspricht die Anmeldepflicht des § 14 VersG der Anmeldefreiheit des Art. 8 Abs. 1 GG und kann durch den Gesetzesvorbehalt des Art. 8 Abs. 2 GG nicht gerechtfertigt werden.[350] Diese Pflicht ließe sich nur aus verfassungsimmanenten Schranken ableiten. Weil Versammlungen unter freiem Himmel häufig mit anderen Interessen kollidierten, könne

---

346 BVerfGE 69, 315 (350).
347 BVerfGE 69, 315 (348).
348 BVerfGE 69, 315 (351).
349 BVerfGE 85, 69 (75).
350 *Dietel/Gintzel/Kniesel*, VersG, § 14 Rn. 8 f.

die Versammlungsbehörde durch die Einführung der Anmeldepflicht des § 14 VersG bei Kollisionen zwischen Versammlungsfreiheit und Drittinteressen einen angemessenen Interessenausgleich vornehmen. Die Anmeldepflicht ist also nur entsprechend diesem Normzweck anzuwenden. Diese Ansicht scheint plausibel zu sein. Jedoch ist sie nicht ganz überzeugend, weil das Anmeldeverbot des Art. 8 GG als Schranken-Schranke ein absolutes Verbot darstellt.

Dagegen vertritt *Depenheuer* die Meinung, dass der Gesetzgeber mit der Anmeldepflicht die Grundrechtsschranke des Art. 8 Abs. 2 GG „nicht überschritten", sondern nur „vollständig ausgeschöpft" habe.[351] Die Verfassungsmäßigkeit der Rechtsnorm sei vornehmlich am Wortlaut des Grundgesetzes zu messen. Die Anmeldepflicht des § 14 VersG verstoße außerdem nicht gegen die Wesensgehaltsgarantie des Art. 19 Abs. 2 GG, weil sie sich nur auf öffentliche Versammlungen unter freiem Himmel beziehe und anders als ein Erlaubnisvorbehalt keine materiell-rechtlichen Beschränkungen enthalte. Diese Auffassung überzeugt ebenfalls nicht. Zwar führt sie zu Recht aus, dass der Wortlaut des Grundgesetzes maßgebend ist, um die Verfassungsmäßigkeit einer Rechtsnorm zu beurteilen. Um die Verfassungsmäßigkeit der Anmeldepflicht des § 14 VersG festzustellen, ist aber nicht Art. 8 Abs. 2 GG, sondern Art. 8 Abs. 1 GG maßgebend. Nach dessen Wortlaut gilt das Verbot einer Anmeldepflicht für alle Versammlungen. Den weiteren Argumenten von *Depenheuer* ist zwar zuzustimmen, aber den ersten und wichtigsten Schritt der Rechtfertigung hat er unzutreffend vorgenommen.

Nach *Gusy* schließt das Verbot einer Anmeldepflicht in Art. 8 Abs. 1 GG aus, eine Anmeldepflicht „für alle Versammlungen" einzuführen.[352] Eine Anmeldepflicht könne daher nicht für „alle", sondern für „bestimmte" Versammlungen, etwa die unter freiem Himmel, gemäß Art. 8 Abs. 1 und 2 GG eingeführt werden. Diese Interpretation stimme, seiner Meinung nach, mit dem Verfassungstext überein. Dieser Auffassung ist aber nicht zuzustimmen, weil sie den Wortlaut des Art. 8 Abs. 1 GG falsch interpretiert. Zwar hat *Gusy* zu Recht ausgeführt, dass die Einführung solcher Pflichten für alle Versammlungen verboten ist.[353] Dennoch ist seine Lesart unrichtig. Mit der Einführung des Art. 8 Abs. 1 GG wollte der Verfassungsgeber, dass „alle Versammlungen", nämlich unter Einschluss von bestimmten Versammlungen, wie denen unter freiem Himmel, ohne Anmeldung oder Erlaubnis durchzuführen sind. Nach dem klaren Wortlaut des Grundgesetzes

351 *Depenheuer*, in: Maunz/Dürig, GG, Art. 8 Rn. 167.

352 *Gusy*, in: v. Mangoldt/Klein/Starck, GG, Art. 8 Rn. 35 f.; so auch *Werner*, Formelle und materielle Versammlungsrechtswidrigkeit, S. 45.

353 *Gusy*, in: v. Mangoldt/Klein/Starck, GG, Art. 8 Rn. 36.

sind also die Anmeldungs- und die Erlaubnispflicht für jede Versammlung ausgeschlossen.[354]

Wege vertritt die Meinung, dass die Gewährleistung des Art. 8 Abs. 1 GG eine Schranken-Schranke der Versammlungsfreiheit sei.[355] Als Schranken-Schranke gelte das Verbot von Anmelde- und Erlaubnispflicht absolut. Aber um notwendige staatliche Maßnahmen im Vorfeld zu ergreifen, sei das Tatbestandsmerkmal „ohne Anmeldung oder Erlaubnis" einschränkend auszulegen. Art. 8 Abs. 1 GG verbiete also den staatlichen Eingriff in den Inhalt der Meinungskundgabe, jedoch nicht in die Art und Weise von Veranstaltungen. Seine Auffassung, dass es sich bei dem Anmelde- und Erlaubnisverbot um eine Schranken-Schranke handelt, ist zutreffend. Diese Auffassung ist aber zu kritisieren, weil er die auf den Inhalt der Meinung bezogene Schranke nicht von Art. 5 GG, sondern von Art. 8 GG abgeleitet hat.[356] Das Anmeldeverbot im Art. 8 Abs. 1 GG bezieht sich jedoch nicht auf die Meinungs-, sondern auf die Versammlungsfreiheit.

Pieroth/Schlink/Kingreen/Poscher verstehen das Verbot der Anmelde- und Erlaubnispflicht des Art. 8 Abs. 1 GG auch als Schranken-Schranke. Sie führen entsprechend aus, dass das Versammlungsgesetz die Anmeldung nicht zur Pflicht, sondern zur Obliegenheit mache und ihre Nichterfüllung nicht sanktionieren solle.[357] Sie halten aber § 14 VersG nicht für verfassungswidrig, verlangen jedoch eine Modifizierung des Versammlungsgesetzes.

3. *Stellungnahme*

Die gesetzlichen Regelungen über den grundrechtlichen Schutzbereich sollen dazu dienen, nicht nur den Umfang der Freiheitsausübung zu begrenzen, sondern auch die grundrechtliche Freiheitsgarantie gesetzlich zu entfalten.[358] Hinsichtlich der Versammlungsfreiheit soll das Versammlungsgesetz auch so ausgelegt werden. Außerdem ist bei der Auslegung um der Verlässlichkeit willen die Positivität der Grundrechtsnorm zu beachten.[359] „Der Primat und die unverbrüchliche

354 So auch *Geis*, NVwZ 1992, 1025 (1027); nach ihm ist Anmeldefreiheit ein wesentliches Merkmal des Versammlungsgrundrechts.

355 *Wege*, NVwZ 2005, 900 (903).

356 *Hoffmann-Riem*, NVwZ 2002, 257 (260); *Kniesel/Poscher*, NJW 2004, 422 (424).

357 *Pieroth/Schlink/Kingreen/Poscher*, Grundrechte Staatsrecht II, S. 200.

358 *Depenheuer*, in: Maunz/Dürig, GG, Art. 8 Rn. 131; *Müller*, Die Positivität der Grundrechte, S. 86.

359 *Müller*, Die Positivität der Grundrechte, S. 103.

Geltung der geschriebenen Verfassung“ sind also auch bei der Rechtfertigung der Anmeldepflicht des § 14 VersG zu bewahren.[360]

Nach dem klaren Wortlaut des Art. 8 Abs. 1 GG ist das Verbot von Anmelde- und Erlaubnispflicht eine Schranken-Schranke[361] und gilt damit für alle Arten von Versammlungen absolut.[362] Zu beachten ist, dass die Schranken-Schranke eine Grenze für staatliche Grundrechts*beschränkungen* darstellt.[363] Schranken-Schranken, z. B. der Verhältnisgrundsatz, die Wesensgehaltsgarantie usw., gelten also nicht für grundrechtfördernde, sondern nur für grundrechtsbeschränkende Maßnahmen.[364] Demnach ist die in Art. 8 Abs. 1 GG verbotene Anmeldepflicht als *grundrechtsbeschränkende* Anmeldepflicht zu verstehen. Aufgrund dieses Gedankens ist festzustellen, welchen Charakter die Anmeldepflicht des § 14 VersG hat. Nach h. M. dient die Anmeldepflicht des § 14 VersG nicht der Beschränkung der Versammlungsfreiheit, sondern primär ihrer Entfaltung.[365] Auch nach dem BVerfG hat § 14 VersG den Zweck, einerseits den störungsfreien Verlauf der Veranstaltung zu ermöglichen und andererseits Interessen Dritter oder der Allgemeinheit zu schützen.[366] Die Anmeldepflicht hat also einen *primär grundrechtsfördernden und teilweise grundrechtsbeschränkenden* Charakter. Das Versammlungsgesetz ist also nicht nur ein Vorbehaltsgesetz oder Schrankengesetz nach Art. 8 Abs. 2 GG, sondern auch ein *Ausführungsgesetz* zu Art. 8 Abs. 1 GG.[367] Dies ist daran zu erkennen, dass die Durchführung der meisten Versammlungen ohne Anmeldung faktisch unmöglich ist.

Die Anmeldepflicht des § 14 VersG kann aber gegebenenfalls die Versammlungsfreiheit unzulässig beschränken. Bezüglich der Spontan- und Eilversammlung hat die Anmeldepflicht hauptsächlich einen die Versammlungsfreiheit beschränkenden Charakter, weil deren Ausübung bei Einhaltung dieser Pflicht faktisch unmöglich ist. Aus diesem Grund ist die versammlungsgesetzliche Anmeldepflicht bezüglich der Spontan- und Eilversammlung mit Art. 8 Abs. 1 GG

360 *Müller*, Die Positivität der Grundrechte, S. 86.

361 Vgl. oben 1. Teil. B. I. 2. c).

362 Wenn die Anmeldepflicht für Versammlungen unter freiem Himmel aufgrund des Art. 8 Abs. 2 GG eingeführt werden könnte, sollte dies wie bei der Weimarer Reichsverfassung von 1919 in der Verfassungsnorm eindeutig geregelt sein. Dies hat der Verfassungsgeber wohl bewusst unterlassen.

363 Vgl. *Pieroth/Schlink/Kingreen/Poscher*, Grundrechte Staatsrecht II, S. 70 ff.

364 Vgl. *Müller*, Die Positivität der Grundrechte, S. 78.

365 *Enders/Hoffmann-Riem/Kniesel/Poscher/Schulze-Fielitz*, ME VersG, S. 33.

366 BVerfGE 69, 315 (350).

367 *Dietel/Gintzel/Kniesel*, VersG, § 1 Rn. 193 f.

unvereinbar. Wenn also die Anmeldepflicht auch bei Spontanversammlungen, die sich aus einem aktuellen Anlass ungeplant entwickeln und bei denen die Anmeldung faktisch unmöglich ist, verlangt wird, führt dies zur generellen Unzulässigkeit dieser Art von Versammlungen.[368] Somit entfällt die Anmeldepflicht, wie die Auffassung des BVerfG, bei Spontanversammlungen. Bei Eilversammlung, die ohne Gefährdung des Versammlungszwecks nicht unter Einhaltung der Anmeldefrist des § 14 VersG angemeldet werden können, wird hingegen die Anmeldefrist verkürzt. Dabei muss der Veranstalter oder Leiter die Versammlung bei der Behörde sofort dann anmelden, wenn die Möglichkeit dazu besteht.[369] Wird aber die Anmeldefrist bei Eilversammlungen nicht modifiziert, beschränkt dies die Versammlungsfreiheit in unzulässiger Weise und ist mit dem Anmeldeverbot des Art. 8 Abs. 1 GG unvereinbar.

Also: Das Anmeldeverbot des Art. 8 Abs. 1 GG gilt nach seinem Wortlaut für alle Arten von Versammlungen und wirkt als Schranken-Schranke absolut. Als Schranken-Schranke gilt dieses Verbot aber nur für grundrechtsbeschränkende Maßnahmen. Die Anmeldepflicht des § 14 VersG hat einen primär grundrechtsfördernden und nur teilweise grundrechtsbeschränkenden Charakter. Ohne diese Pflicht ist die Durchführung der meisten Versammlungen von heute faktisch unmöglich. Deshalb gilt das Anmeldeverbot des Art. 8 Abs. 1 GG nur für die grundrechtsbeschränkende Anmeldepflicht, wie bei Spontan- oder Eilversammlungen.

IV. Rechtswirkung der Anmeldung

Es ist wichtig zu beantworten, welche Rechtswirkung die versammlungsrechtliche Anmeldung hat. Denn erst nach Bejahung irgendeiner Rechtswirkung kann dem Erstanmelder ein Vorrang eingeräumt werden. Wenn also eine Versammlungsanmeldung gar keine Wirkung hat, gibt es keinen Grund, dem Erstanmelder ein Privileg zuzusprechen.

1. Unterscheidung zwischen Erlaubnis und Anmeldung

Um die Rechtswirkung der Anmeldung zu erläutern, soll zunächst zwischen der Erlaubnis und der Anmeldung begrifflich unterschieden werden.

Durch die Erlaubnis, oder anders ausgedrückt: das (präventive) Verbot mit Erlaubnisvorbehalt, verbietet der Gesetzgeber eine bestimmte Tätigkeit, weil vorher geprüft werden soll, ob sie im Einzelfall gegen materiellrechtliche Vorschriften

368 BVerfGE 85, 69 (75).
369 BVerfGE 85, 69 (75).

verstößt.[370] Sie ist aber nicht generell eine verbotene Tätigkeit. Durch das Erlaubnisverfahren erhält die Behörde nur die Möglichkeit, zu prüfen, ob „der Bewerber Voraussetzungen für die Durchführung eines bestimmten Vorhabens oder für die Ausübung einer bestimmten Tätigkeit erfüllt."[371] Deswegen soll die Behörde die Genehmigung erteilen, soweit keine Versagungsgründe vorliegen. Die Erlaubnis ist formell ein begünstigender rechtsgestaltender Verwaltungsakt, obwohl sie materiell keinen Rechtskreis des Bürgers erweitert, weil sie lediglich verfassungsrechtlich nicht Verbotenes erlaubt.[372] Wichtig ist, dass hier das Verbot durch *die behördliche Willenserklärung* aufgehoben wird. Wenn es keine Erlaubnis durch eine Behörde gibt, ist eine erlaubnispflichtige Tätigkeit unzulässig, also verboten.[373]

Davon zu unterscheiden ist das Verbot mit Anzeige- bzw. Anmeldevorbehalt. Die beiden Begriffe, nämlich die Anzeige und die Anmeldung, sind nicht streng zu unterscheiden, sondern gleichbedeutend. Die anmeldepflichtige Tätigkeit ist nur zulässig, wenn sie der Behörde vor der Durchführung angemeldet wird.[374] Durch die Anmeldung erhält die Behörde die Chance, zu kontrollieren, ob die Voraussetzungen für die Durchführung erfüllt sind. Versammlungen unter freiem Himmel sind z. B. nach § 14 anmeldepflichtig. Aufgrund der Anmeldung prüft die Versammlungsbehörde, ob eine Versammlung die öffentliche Sicherheit oder Ordnung unmittelbar gefährden würde. Die Anmeldung ist jedoch kein Antrag auf Erlaubnis, sondern nur ein „kontrolliertes Geschehenlassen".[375] Erlaubnispflichtige Tätigkeiten sind verboten, solange die Behörde keine Erlaubnis erteilt. Dagegen wird bei anmeldepflichtigen Tätigkeiten das Verbot nicht durch eine *Willenserklärung einer Behörde*, also eine Erlaubnis, sondern durch eine *Willenserklärung eines Bürgers selbst* aufgehoben.[376] Bei der Erlaubnis hebt die Behörde die „Schranke", bei der Anmeldung hebt die „Schranke" der Bürger selbst.[377] Hier ist aber zu beachten, dass diese Tätigkeiten mit Verbotsvorbehalt zugelassen sind. Obwohl die Durchführung einer bestimmten Tätigkeit durch die Anmeldung bzw. Anzeige zugelassen ist, kann sie nach der behördlichen

---

370 *Maurer*, Allgemeines Verwaltungsrecht, 18. Aufl., § 9 Rn. 51; *Rupp*, NJW 1966, 2037 (2039).

371 *Schick*, BayVBl. 1967, 341.

372 *Maurer*, Allgemeines Verwaltungsrecht, 18. Aufl., § 9 Rn. 52.

373 *Maurer*, Allgemeines Verwaltungsrecht, 18. Aufl., § 9 Rn. 54.

374 *Maurer*, Allgemeines Verwaltungsrecht, 18. Aufl., § 9 Rn. 54.

375 *Kniesel/Poscher*, in: Lisken/Denninger, HPolR, Kap. K Rn. 227.

376 Nach *Martinez*, in: Pielow, GewO, § 14 Rn. 6, ist die Anzeige bzw. Anmeldung eine einseitige empfangsbedürftige Willenserklärung.

377 *Schick*, BayVBl. 1967, 341.

Kontrolle verboten oder beschränkt werden, wenn Versagungs- oder Beschränkungsgründe vorliegen.

2. Rechtswirkung der Anmeldung

Bei anmeldepflichtigen Tätigkeiten kann der Bürger ohne Abwarten behördlicher Entscheidung bzw. Kontrolle ein beabsichtigtes Vorhaben durchführen. Jedoch kann ein Vorhaben nachträglich durch die Behörde verboten oder beschränkt werden. Dies kann auch so formuliert werden, dass die Anmeldung einen vorläufigen Charakter hat. Dagegen kann der Bürger bei erlaubnispflichtigen Tätigkeiten erst nach einer behördlichen Entscheidung sein geplantes Vorhaben durchführen. Ein großer Unterschied zwischen der Anmeldung und der Erlaubnis ist also das *die Schranke anhebende Subjekt*. Bei anmeldepflichtigen Tätigkeiten hebt der Bürger die Schranke (vorläufig) an. Bei erlaubnispflichtigen Tätigkeiten hebt die Behörde die Schranke an. Die beiden Rechtsfiguren haben als Eröffnungskontrolle die gleiche Funktion.[378] Der Staat wollte aber durch das Anmeldeverfahren die Grundrechte des Bürgers weniger beeinträchtigen, als es mit dem präventiven Verbot eines Erlaubnisvorbehalts der Fall gewesen wäre.[379]

Dem ursprünglichen Zweck entgegen kann jedoch der Bürger aufgrund des Anmeldeverfahrens in Unsicherheit geraten, weil die Anmeldung keinen Verwaltungsakt darstellt. Die Erlaubnis als Verwaltungsakt hat Bestandskraft. Sie ist also für den betroffenen Bürger wie auch für die Behörde verbindlich.[380] Dadurch können Rechtssicherheit und Vertrauensschutz gewährleistet werden. Die Anmeldung ist aber nur eine schlichte Informationsmitteilung durch den Bürger. Sie begründet also keine Rechte oder Pflichten und hat folglich keine konstitutive Wirkung.[381] Auch die Empfangsbescheinigung ist nur ein Nachweis über die erfolgte Anmeldung und deswegen als Realakt zu bewerten.[382] Sie gibt also dem Bürger nur die Gewissheit, dass die Anmeldung der Behörde zugegangen ist.[383] Sie ist jedoch keine Erlaubnis für geplante Tätigkeit.

Jedoch ist zu beachten, dass das Verbot mit Anmeldevorbehalt im Vergleich zum Verbot mit Erlaubnisvorbehalt ursprünglich eine grundrechtsfreundlichere

---

378 *Breuer*, in: Schmidt-Aßmann/Schoch, Besonderes Verwaltungsrecht, 14. Aufl., 5. Kap. Rn. 71.

379 *Schick*, BayVBl. 1967, 341.

380 *Maurer*, Allgemeines Verwaltungsrecht, 18. Aufl., § 11 Rn. 2 ff.

381 *Martinez*, in: Pielow, GewO, § 14 Rn. 6.; *Marcks*, in: Landmann/Rohmer, GewO, § 14 Rn. 9.

382 *Martinez*, in: Pielow, GewO, § 15 Rn. 1 f.

383 *Marcks*, in: Landmann/Rohmer, GewO, § 15 Rn. 2.

Maßnahme darstellt. Obwohl die anmeldepflichtige Tätigkeit nachträglich verboten oder beschränkt werden kann, ist sie allein aufgrund der Anmeldung des Bürgers ohne Abwarten behördlicher Entscheidung zulässig. Das Anmeldeverfahren soll also grundsätzlich grundrechtsförderlicher sein als das Erlaubnisverfahren. Daraus folgt: Wenn gar keine Rechtswirkung der Anmeldung eingeräumt wird, wird der Bürger mit hoher Wahrscheinlichkeit in Unsicherheit geraten. Obwohl die Anmeldung kein Verwaltungsakt ist, ist ihr eine *gewisse* Bindungswirkung einzuräumen. Nur der behördlichen Willenserklärung die Bindungswirkung einzuräumen, entspräche nicht dem Zweck des Anmeldeverfahrens. Bei den anmeldepflichtigen Tätigkeiten haben also der Staat und der Bürger miteinander vereinbart, dass sie nur auf der Grundlage der privaten Willenserklärung, zwar mit dem Vorbehalt des Verbots oder einer Beschränkungen, zulässig gemacht werden können. Dieser Vereinbarung, durch die Anmeldung seitens des Bürgers eine Schranke anzuheben, ist um des Vertrauensschutzes willen eine gewisse Bindungswirkung einzuräumen. Der Sinn des Verbots mit Anmeldevorbehalt ist es, die grundrechtliche Freiheit besser zu garantieren.

Was bedeutet dann die in dieser Arbeit vorgeschlagene „gewisse" Bindungswirkung? Um dies festzustellen, wird das Verbot mit Erlaubnisvorbehalt zum Vergleich herangezogen. Wie schon erklärt, ist der Zweck des Anmeldevorbehalts eine Besserstellung im Vergleich zur Erlaubnis. Dies zeigt auch die geschichtliche Entwicklung. Bis zum Reichsvereinsgesetz vom 19. April 1908 benötigten öffentliche Versammlungen unter freiem Himmel eine Erlaubnis der Behörde.[384] Die Erlaubnispflicht wurde aber mit der Weimarer Reichsverfassung von 1919 durch die Anmeldepflicht ersetzt. Ziel dieser Änderung war es, die Versammlungsfreiheit des Bürgers besser zu gewährleisten. Durch diese Änderung konnte der damalige Bürger nur durch die Anmeldung bei der Behörde seine Versammlungsfreiheit entfalten, soweit die Behörde nachträglich keine Verbots- bzw. beschränkende Verfügungen erlassen hat. Aufgrund der geschichtlichen Entwicklung der Eröffnungskontrolle über Versammlungen ist anzunehmen, dass der Bürger bei der Anmeldepflicht mindestens *nicht schlechter* gestellt werden soll, als bei der Erlaubnispflicht. Wenn ein Antrag auf die Erteilung der Erlaubnis gestellt wird, soll die Behörde in angemessener Zeit diesen prüfen und darüber entscheiden. Auch nach Art. 4 des bayerischen Vereinsgesetzes von 1850 sollte die Polizei einen Genehmigungsbescheid möglichst *schleunig* und *spätestens am folgenden Tag* erteilen. Dadurch konnte die Rechtssicherheit des Bürgers gewährleistet werden. Auch bei der Anmeldepflicht ist *mindestens* dieses Niveau der Rechtssicherheit zu garantieren. Wenn also Versammlungen unter freiem

384 Siehe oben, 3. Teil. A. II.

Himmel bis heute unter Erlaubnisvorbehalt fallen würden, sollte die Versammlungsbehörde möglichst schnell bzw. spätestens am folgenden Tag nach dem Eingang eines Antrags eine Erlaubnis zur Durchführung einer Versammlung erteilen, soweit aus diesen Versammlungen keine Gefahr für die öffentliche Sicherheit oder Ordnung entsteht. Durch diese behördliche Erlaubnis konnte die Rechtslage des Bürgers klargestellt werden. Wenn aber der Anmeldung gar keine Rechtswirkung eingeräumt wird, kann der Bürger bis zur Durchführung einer Versammlung in Unsicherheit geraten, weil er nicht weiß, ob die Behörde gegen ihn eine Verbots- oder eine beschränkende Maßnahme erlässt oder nicht. Unter dem Anmeldevorbehalt kann also der Bürger noch schlechter stellt sein als unter dem Erlaubnisvorbehalt. Natürlich kann die anmeldepflichtige Tätigkeit, also hier die Versammlung, nachträglich durch die behördliche Maßnahme verboten oder eingeschränkt werden, soweit daraus eine Gefahr für die öffentliche Sicherheit oder Ordnung entsteht. Diese Entscheidung soll die Behörde aber möglichst schnell, *innerhalb angemessener Zeit* treffen.[385] Der Bürger soll also nicht ohne weiteres in einer unsicheren Situation gehalten werden. Wenn etwa die für eine Erlaubnis benötigte Zeit vergangen ist, soll der Bürger annehmen können, dass die Behörde gegen ihn keine Maßnahme erlässt, soweit keine besonderen Umstände auftreten. Durch die Anmeldung ist zwar keine abschließende, unanfechtbare Bestandskraft zu vermuten. Jedoch ist dem Bürger die „gewisse", also Quasi-Bindungswirkung der Anmeldung einzuräumen,[386] wenn die Behörde innerhalb angemessener Zeit keine Maßnahme getroffen hat und danach auftretende, unerwartete besondere Umstände nicht allein durch die schon angemeldete Tätigkeit, also hier durch die angemeldete Versammlung, verursacht werden.[387]

Durch diese Argumentation kann eine Grundlage dafür geschaffen werden, zu diskutieren, ob bei konkurrierenden Anmeldungen von Versammlungen einer zuerst angemeldeten Versammlung der Vorrang gegeben werden soll oder nicht. Ohne Einräumung einer gewissen Bindungswirkung der Anmeldung ist es unnötig bzw. unmöglich, dem Erstanmelder einen Vorrang einzuräumen. Außerdem steht die Nicht-Einräumung einer gewissen Bindungswirkung dem Sinn und Zweck des Anmeldeverfahrens entgegen, weil es grundsätzlich bezweckt, nur

---

385 *Otto*, Der Anspruch auf ein Verfahren innerhalb angemessener Zeit, S. 167, führt aus, dass Verzögerungen nicht auf sachwidrigen Gründen beruhen dürfen. Dies sei auch bei der behördlichen Bearbeitung von Anmeldungen oder Erlaubnissen zu berücksichtigen.

386 *Martinez*, in: Pielow, GewO, § 14 Rn. 6, führt aus, dass der Anmeldung eine „gewisse Indizwirkung" zukomme.

387 Nach *Kopp/Ramsauer*, VwVfG, § 35 Rn. 41, entfaltet aber die bloße verwaltungsrechtliche Willenserklärung anders als der Verwaltungsakt keine Verbindlichkeit.

aufgrund der Willenserklärung des Bürgers eine bestimmte Tätigkeit zulässig zu machen. Die Anmeldung soll deswegen so ausgelegt werden, dass dadurch ein schutzwürdiges Interesse des Bürgers entstanden ist, soweit keine besonderen Umstände auftreten. In diesem Sinne wird eine zwar nicht im Gesetz vorgeschriebene, aber empfehlenswerte Anmeldebestätigung dem Bürger ausgehändigt, um ihm eine klare Rechtslage und Rechtssicherheit zu gewähren.[388]

V. Ergebnis

Die Anmeldepflicht des § 14 VersG verfolgt die Zwecke, aufgrund der durch die Anmeldung erhaltenen Informationen einen störungsfreien Verlauf der Versammlung zu ermöglichen und eine Gefahr für die öffentliche Sicherheit oder Ordnung abzuwehren. Die Anmeldung ist also eine Art Eröffnungskontrolle für Versammlungen. Geschichtlich gesehen waren Versammlungen unter freiem Himmel bis zur Weimarer Reichsverfassung von 1919 erlaubnispflichtig. Die Erlaubnispflicht für Versammlungen unter freiem Himmel wurde aber seit der Weimarer Reichsverfassung durch die Anmeldepflicht ersetzt. Dies war ein Schritt, die Versammlungsfreiheit besser zu garantieren. Grundsätzlich konnte also der Bürger ohne Erlaubnis der Behörde Versammlungen durchführen, solange die Behörde keine Verbots- oder beschränkende Verfügungen erließ. In den 1930er Jahren wurden aber die Grundrechte der Bürger völlig aufgehoben, und der Anmeldevorbehalt für Versammlungen funktionierte faktisch gleich wie der Erlaubnisvorbehalt. Unter dem Grundgesetz wird die Anmeldepflicht des § 14 VersG vielseitig kritisiert, weil sie gegen das Anmelde- und Erlaubnisverbot des Art. 8 Abs. 1 GG verstößt. M. M. nach verstößt die versammlungsrechtliche Anmeldepflicht nicht gegen das grundgesetzliche Anmeldeverbot. Der Zweck des Anmeldeverbots ist es, die Beschränkung der Versammlungsfreiheit durch eine Anmeldepflicht zu unterbinden. Es ist also als Schranken-Schranke zu verstehen. Der primäre Zweck der Anmeldepflicht des § 14 VersG ist es aber, die Versammlungsfreiheit zu ermöglichen. In einer komplizierten modernen Gesellschaft ist es fast unmöglich, Versammlungen ohne Anmeldung bei der Behörde und ohne Koordinierung durch die Behörde durchzuführen. Die heutige, grundrechtsfördernde Anmeldepflicht sind also kein Gegenstand des Verbotes des Art. 8 Abs. 1 GG. Bei richtiger Anwendung ist deshalb § 14 VersG verfassungskonform.

Schließlich wurde in diesem Abschnitt untersucht, welche Rechtswirkung die versammlungsrechtliche Anmeldung hat, denn erst nach der Bejahung

---

388 *Kniesel/Poscher*, in: Lisken/Denninger, HPolR, Kap. K Rn. 256; *Gadesmann*, Rechtssicherheit im Versammlungsrecht durch die Anmeldebestätigung?, S. 2 ff., 183 ff.

irgendeiner Rechtswirkung kann dem Erstanmelder überhaupt ein Vorrang gegeben werden. Wenn die Anmeldung keine Bedeutung hätte, bräuchte man kein Erstanmelderprivileg anzuerkennen. Hierbei ist die Rechtswirkung der Erlaubnis in Betracht zu ziehen, obwohl die Anmeldung anders als die Erlaubnis kein Verwaltungsakt ist. Der Anmeldevorbehalt bezweckt, nur durch die bürgerliche Willenserklärung eine Schranke, also das präventive Verbot, anzuheben, obwohl diese Tätigkeiten nachträglich durch die Behörde verboten oder beschränkt werden können. Ferner stellt der Anmeldevorbehalt eine weniger als der Erlaubnisvorbehalt in die Grundrechte eingreifende Maßnahme dar. Dies ist eine Vereinbarung zwischen Staat und Bürger und Sinn und Zweck des Anmeldevorbehalts. Obwohl die Anmeldung kein Verwaltungsakt ist, ist ihr demnach eine etwaige Bindungskraft einzuräumen und das Vertrauen des Bürgers zu schützen. Diese Auslegung entspricht auch der geschichtlichen Betrachtung des Anmelde- und Erlaubnisvorbehalts von Versammlungen. Vor der Weimarer Reichsverfassung von 1919 waren Versammlungen unter freiem Himmel erlaubnispflichtig. Zur Förderung der Versammlungsfreiheit wurde die Erlaubnispflicht durch die Anmeldepflicht ersetzt. Bemerkenswert ist, dass schon vorher zur Gewährleistung der Rechtssicherheit und zum Schutz des Vertrauens des Bürgers ein Genehmigungsbescheid möglichst schleunig und spätestens am folgenden Tag zu erteilen war. Unter dem Erlaubnisvorbehalt konnte der Bürger schnell und innerhalb angemessener Zeit seine Rechte sicherstellen. Auch der Anmeldung ist zwar keine abschließende, unanfechtbare Bestandskraft, jedoch eine gewisse Bindungswirkung einzuräumen, wenn die Behörde nach dem Eingang der Anmeldung innerhalb angemessener Zeit keine Maßnahme getroffen hat und danach auftretende unerwartete besondere Umstände nicht allein durch die schon angemeldete Versammlung verursacht werden. Beim Anmeldevorbehalt darf also der Bürger nicht schlechtergestellt werden als beim Erlaubnisvorbehalt.

B. Verfassungsrechtliche Rechtfertigung des Erstanmelderprivilegs

In diesem Abschnitt wird untersucht, ob die Anwendung des Erstanmelderprivilegs verfassungsrechtlich gerechtfertigt werden kann. An dem Prinzip wird vielfach seine objektive Ausrichtung kritisiert. Es berücksichtigt also bei der Verteilung begrenzter Ressourcen keine wesentlichen Merkmale des Bewerbers, sondern nur die zeitliche Reihenfolge der Antragstellung. Vor diesem Hintergrund soll also zunächst geklärt werden, ob das Prioritätsprinzip ein gerechtes Auswahlkriterium ist und verfassungsrechtlich gerechtfertigt werden kann.

I. Vereinbarkeit mit dem Gleichheitssatz des Art. 3 Abs. 1 GG

1. Der Gleichheitssatz des Art. 3 Abs. 1 GG

Aufgrund des Erstanmelderprivilegs, das auf das Prioritätsprinzip beruht, werden zwei oder mehrere Versammlungen durch den Staat unterschiedlich behandelt: Die zuerst angemeldete Versammlung wird unbeschränkt durchgeführt, die später angemeldete Versammlung beschränkt bzw. sogar verboten. Hier liegt also eine staatliche Ungleichbehandlung zwischen konkurrierenden Versammlungen wegen der zeitlichen Reihenfolge der Anmeldungen vor. Bei einer Ungleichbehandlung durch den Staat ist der allgemeine Gleichheitssatz des Art. 3 Abs. 1 GG maßgeblich und die staatliche Entscheidung bzw. Regelung soll dessen Anforderungen erfüllen. Dieser Grundsatz ist bei der Ausübung der Grundrechte, auch bei der Versammlungsfreiheit, deshalb besonders wichtig, weil die rechtliche Gleichstellung der Menschen die Voraussetzung ihrer Freiheit ist.[389]

a) Wesentliche Gleichheit und Ungleichbehandlung

Nach Art. 3 Abs. 1 GG sind alle Menschen vor dem Gesetz gleich. An diesen Grundsatz sind alle staatlichen Gewalten, nämlich die Legislative, die Exekutive und die Judikative, gebunden. Nach diesem Grundsatz hat der Staat *wesentlich Gleiches* gleich, wesentlich Ungleiches ungleich zu behandeln. Mit wesentlicher Gleichheit ist aber nicht Identität gemeint.[390] In der Wirklichkeit kann es keine Menschen oder Situationen geben, die mit anderen vollständig identisch sind. Deshalb heißt wesentliche Gleichheit nur Vergleichbarkeit.[391] Wenn aber ein Unterschied zwischen Vergleichsgegenständen zu groß ist, sind sie nicht mehr wesentlich gleich. In diesem Sinne erfordert das Vergleichen einen gemeinsamen Oberbegriff.[392] Dieser gemeinsame Oberbegriff soll möglichst eng gewählt werden, damit das rechtlich relevante Differenzierungskriterium, das heißt, der Grund für die Ungleichbehandlung, deutlich sichtbar wird.[393] Der Gleichheitssatz des Art. 3 Abs. 1 GG verbietet aber nicht die völlig gleiche Behandlung von wesentlich Gleichem, sondern er verbietet nur grundlose, ungerechtfertigte Ungleichbehandlung.[394] Eine Verletzung des Gleichheitssatzes liegt demnach nur vor, wenn Ungleichbehandlungen zwischen wesentlich Gleichem vorhanden ist und sie verfassungsrechtlich nicht

---

389 *Starck*, in: v. Mangoldt/Klein/Starck, GG, 6. Aufl., Art. 3 Rn. 3.
390 *Epping*, Grundrechte, Rn. 780.
391 *Pieroth/Schlink/Kingreen/Poscher*, Grundrechte Staatsrecht II, S. 115 f.
392 *Pieroth/Schlink/Kingreen/Poscher*, Grundrechte Staatsrecht II, S. 116.
393 *Epping*, Grundrechte, Rn. 783.
394 *Pieroth/Schlink/Kingreen/Poscher*, Grundrechte Staatsrecht II, S. 114 f.

gerechtfertigt werden kann.[395] Demnach darf der Gesetzgeber ohne zureichenden Grund keine Ungleichbehandlung vornehmen.[396]

b) Rechtfertigung der Ungleichbehandlung nach dem BVerfG

Daran anschließend stellt sich die Frage, wie Ungleichbehandlungen gerechtfertigt werden können. Das Bundesverfassungsgericht hat *früher* zwischen Ungleichbehandlungen mit geringerer Intensität und solchen mit größerer Intensität unterschieden. Je nach Regelungsgegenstand und Differenzierungsmerkmalen ergeben sich also „unterschiedliche Grenzen für den Gesetzgeber, die vom bloßen Willkürverbot bis zu einer strengen Bindung an Verhältnismäßigkeitserfordernisse reichen“[397].

Bei Ungleichbehandlung geringerer Intensität gilt das „Willkürverbot“. Danach ist der Gleichheitssatz nur dann verletzt, „wenn sich ein vernünftiger, sich aus der Natur der Sache ergebender oder sonstwie sachlich einleuchtender Grund für die gesetzliche Differenzierung oder Gleichbehandlung nicht finden läßt, kurzum, wenn die Bestimmung als willkürlich bezeichnet werden muß“[398]. In diesem Fall beschränkt sich die gerichtliche Kontrolle auf eine Evidenzkontrolle, und der Gesetzgeber hat einen weiteren Gestaltungsspielraum.[399] Ein gesetzgeberischer Gestaltungsspielraum endet aber dort, wo die Ungleichbehandlung mit einer „am Gerechtigkeitsgedanken orientierten Betrachtungsweise“ nicht vereinbar ist.[400] Dabei können die Gerichte „nur die Einhaltung dieser äußersten Grenzen der gesetzgeberischen Freiheit (Willkürverbot) nachprüfen, nicht aber, ob der Gesetzgeber im Einzelfall die zweckmäßigste, vernünftigste oder gerechteste Lösung gefunden hat“[401]. Diese Rechtsprechungen des Bundesverfassungsgerichts sind auf die Lehre von *Leibholz* zurückzuführen.[402] Auch nach ihm bedeutet Willkür keine reine Ungerechtigkeit. Vielmehr bedeutet sie *offenbar* Unrichtiges, *völlig* Zweckwidriges oder *absolut* Ungeeignetes.[403]

Bei Ungleichbehandlung größerer Intensität wird der Gestaltungsspielraum des Gesetzgebers reduziert und unterliegt dadurch einer strikteren Prüfung nach

---

395 *Pieroth/Schlink/Kingreen/Poscher*, Grundrechte Staatsrecht II, S. 115.

396 *Podlech*, Gehalt und Funktionen des allgemeinen verfassungsrechtlichen Gleichheitssatzes, S. 77.

397 BVerfGE 105, 73 (110); 88, 5 (12); 88, 87 (96); 101, 54 (101).

398 BVerfGE 1, 14 (52).

399 *Zippelius/Würtenberger*, Deutsches Staatsrecht, S. 249.

400 BVerfGE 1, 264 (276); 2, 118 (119); 9, 124 (130).

401 BVerfGE 50, 57 (77); 66, 84 (95).

402 *Leibholz*, Die Gleichheit vor dem Gesetz, 1925.

403 *Leibholz*, Die Gleichheit vor dem Gesetz, S. 82.

dem Verhältnismäßigkeitsgrundsatz. Demnach ist der Gleichheitssatz dann verletzt, wenn zwischen ungleichbehandelten Gruppen „keine Unterschiede von solcher Art und solchem Gewicht bestehen, dass sie die ungleiche Behandlung rechtfertigen könnten."[404] Nach dieser sog. „neuen Formel" kann also eine Ungleichbehandlung nur bei Vorliegen eines gewichtigen sachlichen Grundes gerechtfertigt werden.[405] Dabei steigert sich die Intensität der Ungleichbehandlung, wenn das Kriterium der Differenzierung einem der in Art. 3 Abs. 3 GG genannten Kriterien, wie z. B Geschlecht, Herkunft oder Glauben ähnelt, wenn der Betroffene das Kriterium der Differenzierung selbst nicht beeinflussen kann oder wenn die Ausübung einer grundrechtlich geschützten Freiheit durch die Ungleichbehandlung erschwert wird.[406] Bei dieser Ungleichbehandlung ist zu prüfen, ob sie einen *legitimen Zweck* verfolgt, zur Erreichung des Zwecks *geeignet* und *erforderlich* ist und *in angemessenem Verhältnis* zum verfolgten Zweck steht.

Heute unterscheidet aber das Bundesverfassungsgericht zwischen Willkürverbot und sog. neuer Formel nicht so streng. In seinem Beschluss vom 21.6.2011 hat es ausgeführt: „Aus dem allgemeinen Gleichheitssatz ergeben sich je nach Regelungsgegenstand und Differenzierungsmerkmalen unterschiedliche Grenzen für den Gesetzgeber, die stufenlos von gelockerten, auf das Willkürverbot beschränkten Bindungen bis hin zu strengen Verhältnismäßigkeitsanforderungen reichen können."[407] Nach dieser sog. „Stufenlos-Formel"[408] erfolgt die Prüfung des Gleichheitssatzes hauptsächlich anhand Verhältnismäßigkeitsüberlegungen. Das Willkürverbot lässt sich dabei in der Verhältnismäßigkeitsüberlegung integrieren.[409] Das Bundesverfassungsgericht habe sich damit von einer „binären Maßstabsbildung" verabschiedet.[410] Es ist aber zu bemerken, dass auch dieser Prüfungsmaßstab keine gerechteste und zweckmäßigste Regelung verlangen.[411] Hier hat der Gesetzgeber stets weite Gestaltungsspielräume.

---

404 BVerfGE 55, 72 (88).

405 *Pieroth/Schlink/Kingreen/Poscher*, Grundrechte Staatsrecht II, S. 118.

406 BVerfGE 88, 87 (96); *Pieroth/Schlink/Kingreen/Poscher*, Grundrechte Staatsrecht II, S. 117; *Zippelius/Würtenberger*, Deutsches Staatsrecht, S. 250.

407 BverfGE 129, 49 Ls. 1., Hervorh. d. Verf.

408 *Kischel*, in: Epping/Hillgruber, BeckOK GG, Art. 3 Rn. 28.

409 *Britz*, NJW 2014, 346 (347); *Kischel*, in: Epping/Hillgruber, BeckOK GG, Art. 3 Rn. 29.

410 *Britz*, NJW 2014, 346 (347).

411 *Pieroth/Schlink/Kingreen/Poscher*, Grundrechte Staatsrecht II, S. 119 f.

2. *Prüfung der aus dem Erstanmelderprivileg resultierenden Ungleichbehandlung nach dem allgemeinen Gleichheitssatz*

a) *Rechtfertigung der Ungleichbehandlung, insbesondere hinsichtlich ihres Zwecks*

Wie oben ausgeführt ist das Erstanmelderprivileg nach dem Gleichheitssatz des Art. 3 Abs. 1 GG zu prüfen, weil der Staat aufgrund dieses Kriteriums, also der zeitlichen Reihenfolge von Anmeldungen, konkurrierende Versammlungen unterschiedlich behandelt. Eine Vergleichsgruppe bilden die zeitlich früher und die später angemeldete Versammlung. Soweit es sich bei diesen konkurrierenden Versammlungen um rechtmäßige handelt, sind sie *wesentlich gleich*. Sie können also unter einen gemeinsamen Oberbegriff fallen. Diese Versammlungen sind demnach vergleichbar. Wenn der Staat diese Versammlungen nach der zeitlichen Reihenfolge der Anmeldungen unterschiedlich behandelt, liegt hier eine staatliche Ungleichbehandlung vor und ist verfassungsrechtlich zu rechtfertigen. Bei dem Erstanmelderprivileg handelt es sich um eine Ungleichbehandlung größerer Intensität, weil die Ausübung einer grundrechtlich geschützten Freiheit der Betroffenen ungleich behandelt wird. Insoweit gilt dabei nicht nur das Willkürverbot, sondern es besteht auch das Erfordernis einer Verhältnismäßigkeitsprüfung.

Muss zunächst die staatliche Regelung einen legitimen Zweck verfolgen. Ein Zweck des Erstanmelderprivilegs ist es, durch die Lösung von Konflikten die Ausübung der Versammlungsfreiheit zu ermöglichen und Gefahren für die öffentliche Sicherheit oder Ordnung abzuwehren. Diese Zwecke sind legitim. Des Weiteren muss das Erstanmelderprivileg zur Erreichung des Zwecks geeignet und erforderlich sein. Es ist ein geeignetes Mittel, weil dadurch mindestens *eine* der konkurrierenden Versammlungen verwirklicht und die Gefahr für die öffentliche Sicherheit oder Ordnung abgewehrt werden kann. Durch die Entscheidung nach Maßgabe des Erstanmelderprivilegs kann also die Konkurrenz zwischen Versammlungen immerhin gelöst werden. Hinsichtlich der Erforderlichkeit bedarf es einer Ergänzung bzw. Flexibilisierung bei der Anwendung dieses Grundsatzes. Das Erstanmelderprivileg soll demnach nur dann anwendbar sein, wenn es keine anderen geeigneten Kriterien gibt, die den Zweck der Regelung besser verwirklichen bzw. mehrere konkurrierende Versammlungen gleichzeitig ermöglichen können. Es ist auch zu beachten, dass bei der Anwendung des Erstanmelderprivilegs die spätere Versammlung nicht ohne weiteres verboten werden darf. Nach Möglichkeit soll die zeitlich nachrangige Versammlung nicht verboten, sondern nur beschränkt werden. Erst dann kann die Ungleichbehandlung des Erstanmelderprivilegs als ein erforderliches Mittel festgestellt werden. Schließlich muss die Ungleichbehandlung, das heißt die Beschränkung der Versammlungsfreiheit nach § 15

Abs. 1 VersG, in einem angemessenen Verhältnis zu den verfolgenden Zwecken, also zur Verwirklichung der Versammlungsfreiheit und zur Gefahrenabwehr, stehen. Wenn eine Konkurrenz zwischen Versammlungen durch den Staat nicht gelöst würde, wäre die Ausübung aller konkurrierenden Versammlungsfreiheiten unmöglich. Durch das Zurücktreten der später angemeldeten Versammlung kann aber mindestens eine, und ggf. auch die spätere Versammlung durchgeführt werden. Somit ist die Ungleichbehandlung aufgrund des Erstanmelderprivilegs ein angemessenes Mittel.

b) *Zulässigkeit des Differenzierungskriteriums der zeitlichen Reihenfolge von Anmeldungen*

Darf der Gesetzgeber bzw. die Behörde bei der Lösung eines Konflikts von Versammlungen unter vielen anderen möglichen Kriterien auf die zeitliche Reihenfolge der Anmeldungen abstellen? Es ist also jetzt zu beantworten, auf welche Unterschiede, also Differenzierungskriterien, der Gesetzgeber abstellen darf. Nach Art. 3 Abs. 3 GG ist dem Gesetzgeber z. B. die Ungleichbehandlung wegen des Geschlechtes, der Herkunft usw. nicht erlaubt. Zur Feststellung der Zulässigkeit des Differenzierungskriteriums ist insbesondere der Gesetzes- bzw. Regelungszweck maßgeblich. Der Gesetzgeber darf also ein Kriterium wählen, das aus dem Differenzierungsziel, nämlich dem Gesetzeszweck, begründbar ist.[412] Außerdem soll das Differenzierungskriterium eine Konkretisierung des Gerechtigkeitsgebots sein.[413] Es soll demnach am Gerechtigkeitsgedanken der Rechtsgemeinschaft orientiert sein. Jedoch ist die Bestimmung von Kriterien primär eine schöpferische Aufgabe des Gesetzgebers. Er kann deswegen unter den verschiedenen gerechten Kriterien eines auswählen.[414]

Beim Erstanmelderprivileg ist das Differenzierungskriterium *die zeitliche Reihenfolge der Anmeldungen*. Die Differenzierungsziele sind *die Verwirklichung der Versammlungsfreiheit* und *die Gefahrenabwehr* für die öffentliche Sicherheit oder Ordnung durch die Lösung von Konflikten zwischen Versammlungen. Diese Differenzierungsziele sind durch dieses Kriterium zu erreichen, weil durch die Anwendung des Erstanmelderprivilegs eine Konkurrenz gelöst werden kann. Jedoch ist fraglich, ob ein sachlicher Zusammenhang zwischen beiden Faktoren, also dem Zweck und dem Kriterium, zu finden ist und ob dieses Kriterium ein gerechtes ist. Bei der Auswahl des Kriteriums verlangt die Verfassung aber nicht

412 *Gusy*, NJW 1988, 2505 (2507).
413 Vgl. *Kloepfer/Reinert*, in: Gethmann/Kloepfer/Reinert (Hrsg.), S. 65.
414 *Kaufmann*, VVDStL Heft 3, 2 (21).

die zweckmäßigste, gerechteste, vernünftigste Lösung. Der Gleichheitssatz verlangt vom Gesetzgeber nur, ein Mindestmaß an Gerechtigkeit herzustellen.[415] Demnach genügt es, dass es irgendeinen einleuchtenden Grund gibt, der für das Erstanmelderprivileg spricht.[416] Dann kann festgestellt werden, dass die Auswahl dieses Kriteriums und die daraus folgende Ungleichbehandlung nicht willkürlich, und folglich mit dem Gleichheitssatz vereinbar sind. Im Folgenden wird demnach untersucht, ob das Erstanmelderprivileg ein zweckmäßiges und hinsichtlich der Verwirklichung der Versammlungsfreiheit ein gerechtes Kriterium ist.

aa) Zweckmäßigkeit des Erstanmelderprivilegs

Die staatliche Differenzierung der Grundrechtsträger soll stets zur Erreichung des Zwecks geeignet, also zweckmäßig sein. Bei der Lösung einer Konkurrenz zwischen Versammlungen sind die Verwirklichung der Versammlungsfreiheit und die Gefahrenabwehr die zu erreichenden Zwecke. Obwohl es andere zur Erreichung des Zwecks noch geeignetere Kriterien gibt, wie z. B. die Bedeutung des Ortes und Zeitpunktes für die Verfolgung der jeweiligen Versammlungszwecke, ist auch das Erstanmelderprivileg ein zweckmäßiges Kriterium, weil dadurch ein Konflikt von Versammlungen immerhin gelöst und mindestens eine Versammlungsfreiheit verwirklicht werden kann. Dieses Differenzierungskriterium ist zwar nicht das zweckmäßigste, jedoch ist es auch ein zweckmäßiges Kriterium. Zu beachten ist aber, dass die Anwendung des Erstanmelderprivilegs immer mit dem Gesetzeszweck, also der Verwirklichung der Versammlungsfreiheit, im Einklang stehen soll. Wenn es nicht so ist, ist auf die Anwendung dieses Kriteriums zu verzichten.

bb) Leistung und Bedürfnis des Erstanmelders

Eine der ältesten und berühmtesten Gerechtigkeitsformeln ist „Jedem das Seine".[417] Gerechtigkeit ist demnach „der stetige und fortwährende Wille, jedem das Seine zu geben."[418] Diese Formel kann je nach den Umständen unterschiedlich interpretiert werden, etwa: „Jedem nach seiner Leistung", „Jedem nach seinem Bedürfnis".[419]

415 *Martini*, Der Markt als Instrument hoheitlicher Verteilungslenkung, S. 54 f.

416 *Siebert*, Das Prioritätsprinzip in der Einzelzwangsvollstreckung, S. 79.

417 *Dreier*, Was ist Gerechtigkeit?, JuS 1996, 580 (580).

418 Ulpian, Corpus Iuris Civilis, Digesten 1, 1, 10: „Iustitia est perpetua et constans voluntas ius suum cuique tribuendi".

419 *Dreier*, Was ist Gerechtigkeit?, JuS 1996, 580 (582).

Das auf dem Prioritätsprinzip fußende Erstanmelderprivileg soll auch diesem Gerechtigkeitsgedanken genügen, zumindest nicht entgegenstehen.

Das Erstanmelderprivileg kann Ausdruck eines Leistungsprinzips sein.[420] Das Privileg des Erstanmelders ist dann eine Erfolgsprämie für die schnellere Handlung und die sorgfältige Wahrnehmung eigener Interessen.[421] Dieser Aspekt wird im Zivilrecht, insb. hinsichtlich des vollstreckungsrechtlichen Prioritätsprinzips, berücksichtigt. Danach soll „der aufmerksame Gläubiger, der Kredit sorgsam überwache und rechtzeitig beitreibe" eine Privilegierung verdienen.[422] Diese Auffassung kann auch im Versammlungsrecht gelten. Wenn mehrere Versammlungen für einen bestimmten Ort konkurrieren und es keine anderen sachlichen, zum Zweck der Regelung besser beitragenden Kriterien gibt, ist es gerecht, den schnelleren Anmelder für seine Mühe und Wachsamkeit zu belohnen. Dies ist ein Grund dafür, warum viele Bürger, trotz vielseitiger Kritik, das Erstanmelderprivileg als gerecht ansehen. Sie halten es entsprechend dem bereits genannten Prinzip „Wer zuerst kommt, mahlt zuerst" für richtig. Am Prioritätsprinzip als Belohnung für eine Leistung wird aber gelegentlich kritisiert, dass es kein gerechtes Kriterium sein könne, wenn nicht für alle Betroffenen die gleichen Bedingungen zum rechtzeitigen Handeln, also zur Anmeldung, bestehen.[423] Diese Frage wird im folgenden Abschnitt „Vereinbarkeit mit der Chancengleichheit" näher diskutiert.[424] Vorläufig ist aber zu sagen, dass die gleichen Startbedingungen auch bei der Anwendung des Erstanmelderprivilegs sichergestellt werden müssen. Nur unter dieser Voraussetzung kann das Erstanmelderprivileg ein gerechtes Kriterium sein.

Ferner kann die frühzeitige Anmeldung von Versammlungen das Bedürfnis des Anmelders, also des Versammlungsveranstalters, widerspiegeln. Bei einer frühzeitigen Anmeldung kann man vermuten, dass derjenige, der am schnellsten eine Versammlung anmeldet, hinsichtlich ihrer Durchführung am bedürftigsten ist.[425] Es kann jedoch kritisiert werden, dass jemand auch nur zur Verhinderung anderer Versammlungen oder zur Reservierung eines bestimmen Ortes eine Versammlung anmelden kann. Diese beiden Absichten des Anmelders sind, soweit diese Versammlungen unter den Schutzbereich des Art. 8 Abs. 1 GG fallen, auch als Ausdruck eines Bedürfnisses zu bewerten. Der Anmelder hat in diesen Fällen

420 *Becker*, First in time, first in right, S. 43.

421 *Schlosser*, ZZP 97 (1984), 121 (128); *Siebert*, Das Prioritätsprinzip in der Einzelzwangsvollstreckung, S. 80 f.

422 *Stürner*, ZZP 99 (1986), 291 (324).

423 *Siebert*, Das Prioritätsprinzip in der Einzelzwangsvollstreckung, S. 80.

424 Siehe unten, 3. Teil. B. II.

425 Vgl. *Neuner*, Der Prioritätsgrundsatz im Privatrecht, AcP 203 (2003), 46 (72 f.).

also deswegen eine Versammlung früh angemeldet, weil er begehrt, eine andere Versammlung zu verhindern oder eine eigene Versammlung durchzuführen. Im Einzelfall soll daher geprüft werden, ob es sich bei der frühzeitig angemeldeten Versammlung um eine rechtmäßige oder rechtswidrige Versammlung handelt.

cc) Praktikabilität, Klarheit und staatliche Neutralität

Das Erstanmelderprivileg kann auch zur Verfahrensökonomie beitragen.[426] Seine formelle Klarheit dient der Berechenbarkeit und der Praktikabilität, weil klare Verhältnisse zwischen den Beteiligten durch die zeitliche Reihenfolge geschaffen werden können.[427] Diese Aspekte sind deshalb wichtig, weil die Kalkulierbarkeit auch „die Gerechtigkeit des Prozessrechts" ist.[428] Diese Aspekte sind zwar im versammlungsrechtlichen Verfahrensrecht kein oberstes Erfordernis, jedoch sollen sie beim versammlungsrechtlichen Verfahren auch berücksichtigt werden. Dieses formale, transparente Kriterium dient ferner der Neutralität der staatlichen Entscheidungen, weil es auf individuelle Besonderheiten des Einzelfalls keine Rücksicht nimmt.[429] Bezüglich des Versammlungswesens ist die staatliche Neutralität besonders wichtig, weil der Staat bei der Konkurrenzlösung zwischen Versammlungen unabhängig von Inhalten der jeweiligen Versammlungen eine unparteiische Entscheidung zu treffen hat. Das Grundrecht der Versammlungsfreiheit ist grundsätzlich auf eine staatsfreie Meinungsbildung gerichtet.[430]

dd) Versammlungsautonomie

Das Erstanmelderprivileg, das auf dem zeitlichen Prioritätsprinzip beruht, kann auch Ausdruck einer Versammlungsautonomie sein. Bei der Anwendung des Erstanmelderprivilegs greift der Staat in einen Konflikt zwischen Versammlungen weniger ein, als andere wertende Kriterien. Vielmehr vertraut er den Privaten, also den Versammlungsveranstaltern, die Lösung des Konflikts an. Nach diesem Prinzip

---

426 *Welbers*, Vollstreckungsrechtliches Prioritätsprinzip und verfassungsrechtlicher Gleichheitssatz, S. 150.

427 *Kloepfer/Reinert*, in: Gethmann/Kloepfer/Reinert (Hrsg.), S. 69; *Stürner*, ZZP 99 (1986), 291 (328); *Becker*, First in time, first in right, S. 40; *Scholler*, Die Interpretation des Gleichheitssatzes als Willkürverbot oder als Gebot der Chancengleichheit, S. 87; *Welbers*, Vollstreckungsrechtliches Prioritätsprinzip und verfassungsrechtlicher Gleichheitssatz, S. 149.

428 *Welbers*, Vollstreckungsrechtliches Prioritätsprinzip und verfassungsrechtlicher Gleichheitssatz, S. 150 f.

429 *Martini*, Der Markt als Instrument hoheitlicher Verteilungslenkung, S. 111.

430 *Martini*, Der Markt als Instrument hoheitlicher Verteilungslenkung, S. 109 f.

können die Beteiligten ihr Schicksal durch eigene Bemühungen beeinflussen. Dieser Grundsatz entspricht der individualistisch-liberalen Rechtsauffassung.[431] Durch diesen Grundsatz kann also die Versammlungsautonomie sichergestellt werden, weil der Staat die Entscheidung von Konflikten weniger beeinflussen kann.[432] Gewiss ist auch die kollektivistisch-universale Rechtsauffassung, z. B. ein schonender Ausgleich konkurrierender Güter, bei der Konfliktlösung zwischen Versammlungen seitens des Staates zu berücksichtigen. Wenn aber Konflikte durch sachliche Aspekte berücksichtigende, materielle Kriterien nicht gelöst werden können, kann der Staat durch Kriterien entscheiden, welche die Autonomie der am Konflikt beteiligten Subjekte respektieren.

ee) Motivierung rechtzeitiger Anmeldung

Das Erstanmelderprivileg kann außerdem zu rechtzeitigem Handeln, also rechtzeitiger Anmeldung motivieren.[433] Zwar sind grundlos frühzeitige Anmeldungen mit Reservierungs- bzw. Verhinderungsabsicht zu vermeiden, jedoch sind die „rechtzeitigen" Anmeldungen jedenfalls wünschenswert, weil die Versammlungsfreiheit in einer komplexen Gesellschaft durch rechtzeitige Anmeldungen besser verwirklicht und die Gefahr für die öffentliche Sicherheit oder Ordnung besser abgewehrt werden kann.

Es wird aber befürchtet, dass immer wieder mehrere Versammlungen mit einem Reservierungs- bzw. Verhinderungszweck frühzeitig angemeldet werden können, wenn man das Erstanmelderprivileg anerkennt.[434] Der Grund dafür, dass man frühzeitig Versammlungen anmeldet, liegt aber m. E. nicht in der Anerkennung des Erstanmelderprivilegs. Auch ohne dessen Anerkennung werden Versammlungen frühzeitig, flächendeckend angemeldet. Vielmehr führt die unklare Rechtslage bezüglich des Erstanmelderprivilegs zu einem solchen Phänomen, also zu Überanmeldung.[435] Versammlungsveranstalter sind also nicht sicher, wie viele Konkurrenten an einem gleichen Ort und zur gleichen Zeit Versammlungen anmelden würden und wer dabei den Vorrang bekommen wird. Diese unsichere Rechtslage kann dazu führen, dass Veranstalter möglichst viele Versammlungen im Vorrat anmelden. Selbstverständlich sind auch durch die Anerkennung des Erstanmelderprivilegs frühzeitige Anmeldungen und damit verbundene

---

431 *Siebert*, Das Prioritätsprinzip in der Einzelzwangsvollstreckung, S. 198.

432 Vgl. *Scholler*, Die Interpretation des Gleichheitssatzes als Willkürverbot oder als Gebot der Chancengleichheit, S. 82.

433 *Stürner*, ZZP 99 (1986), 291 (328).

434 Bay. LT-Drs. 15/10181, S. 19.

435 Vgl. *Schlosser*, ZZP 97 (1984), 121 (128).

Konkurrenzen um einen bestimmten Ort nicht zu verhindern. Dennoch kann man sagen, dass dieses Problem nicht allein wegen des Erstanmelderprivilegs besteht. Dagegen können durch die Anerkennung des Erstanmelderprivilegs die konkurrierenden Anmeldungen reduziert werden, weil man darauf verzichten würde, an einem durch eine andere Versammlung „belegten" Ort eine eigene Versammlung zur gleichen Zeit anzumelden. Die Konkurrenz zwischen Versammlungen ist demnach kein spezifisches Problem des Erstanmelderprivilegs, sondern eine allgegenwärtige Problematik des Versammlungswesens. Ob das Erstanmelderprivileg anerkannt wird oder nicht, die öffentlichen Plätze sind begrenzt und dadurch entsteht die Konkurrenz zwischen Versammlungen.

ff) Ergebnis

Bisher wurde erörtert, ob das Erstanmelderprivileg ein gerechtes Differenzierungskriterium darstellt. Als Differenzierungskriterium darf es dem Gerechtigkeitsgedanken der Rechtsgemeinschaft nicht entgegenstehen. Zuerst ist festzustellen, dass das Erstanmelderprivileg zweckmäßig ist. Es ist also zur Erreichung des Regelungszwecks geeignet. Auch läuft es dem Grundsatz der Leistungs- bzw. Bedürfnisgerechtigkeit nicht zuwider. Das Privileg des Erstanmelders ist eine Belohnung für seine Mühe und Wachsamkeit. Man kann außerdem vermuten, dass derjenige, der am schnellsten eine Versammlung anmeldet, am meisten bedürftig ist. Die Anwendung des Erstanmelderprivilegs ist auch praktikabel. Der Staat kann ohne Rücksicht auf sachliche Unterschiede über die Konflikte schnell entscheiden. Dieses klare Kriterium sichert zudem die staatliche Neutralität bei der Lösung von Konkurrenzen. In diesem Zusammenhang kann das Erstanmelderprivileg auch zur Versammlungsautonomie beitragen, weil bei diesem Verfahren nicht der Staat, sondern die Beteiligten eine entscheidende Rolle spielen: Durch eigene Bemühungen können sie auf die konkurrenzlösende Entscheidung einwirken. Aufgrund der bisherigen Ausführungen ist festzustellen, dass das Erstanmelderprivileg dem allgemeinen Gerechtigkeitsgedanken nicht entgegensteht. Vielmehr akzeptiert das Bewusstsein der Rechtsgemeinschaft den Grundsatz „Wer zuerst kommt, mahlt zuerst".[436] Das Erstanmelderprivileg ist daher mit einer am Gerechtigkeitsgedanken orientierten Betrachtungsweise vereinbar.

---

436 *Welbers*, Vollstreckungsrechtliches Prioritätsprinzip und verfassungsrechtlicher Gleichheitssatz, S. 152.

3. *Ergebnis*

Bisher wurde geprüft, ob das Erstanmelderprivileg mit dem Gleichheitssatz des Art. 3 Abs. 1 GG vereinbar ist. Der Gleichheitssatz verbietet, dass wesentlich Gleiches willkürlich ungleich behandelt wird. Dieser Grundsatz verbietet aber nicht jede, sondern nur die grundlose, ungerechtfertigte Ungleichbehandlung. Bei Anwendung des Erstanmelderprivilegs werden konkurrierende Versammlungen aufgrund des Differenzierungskriteriums der zeitlichen Reihenfolge ihrer Anmeldung mit dem Differenzierungsziel der Verwirklichung der Versammlungsfreiheit und der Gefahrenabwehr ungleich behandelt: Die zuerst angemeldete Versammlung wird unbeschränkt zugelassen, und die später angemeldete wird beschränkt oder sogar verboten. Diese Ungleichbehandlung ist verfassungsrechtlich gerechtfertigt, weil sie nicht willkürlich und bei richtiger Anwendung auch verhältnismäßig ist. Aufgrund der oben ausgeführten Gründe ist ferner anzunehmen, dass das Erstanmelderprivileg dem Gerechtigkeitsgedanken nicht entgegensteht. Als Ergebnis ist festzustellen, dass das Erstanmelderprivileg nicht gegen den Gleichheitssatz des Art. 3 Abs. 1 GG verstößt.

II. Vereinbarkeit mit der Chancengleichheit

Bei der Anwendung des Prioritätsprinzips soll daneben die Chancengleichheit zwischen konkurrierenden Bewerbern sichergestellt werden. Wenn ein bestimmter Bewerber immer bessere Chancen auf eine schnelle Anmeldung als andere Wettbewerbsteilnehmer hat, dann ist die Anwendung des Erstanmelderprivilegs im Versammlungsrecht nicht mehr gerecht. Die Chancengleichheit ist vor allem bei der „Verwaltung von Mangel" maßgebend. Wenn also der Staat nicht an allen Beteiligte Güter verteilen kann, ist zumindest die chancengleiche Teilhabe an einem Verteilungsverfahren zu gewährleisten.[437] Nach diesem Grundsatz ist also jedem Berechtigten, der bei fehlender Knappheit seine Freiheit entfalten könnte, die gleiche Chance zur Grundrechtsverwirklichung zu gewähren.[438] Durch die aus dem Art. 3 Abs. 1 i. V. m. Art. 20 Abs. 1 GG zu entnehmende Chancengleichheit sind demnach die zur Nutzung der Freiheitsrechte notwendigen faktischen Vorbedingungen anzugleichen.[439]

Bei der Konkurrenz zwischen Versammlungen um einen bestimmten Ort und einen bestimmten Zeitpunkt können nicht alle Versammlungsveranstalter

---

437 *Kloepfer/Reinert*, in: Gethmann/Kloepfer/Reinert (Hrsg.), S. 65.

438 BVerfGE 43, 291 (316 f.); *Martini*, Der Markt als Instrument hoheitlicher Verteilungslenkung, S. 87.

439 *Jarass/Pieroth*, GG, Art. 20 Rn. 118.

bzw. -teilnehmer ihre grundrechtliche Freiheit entfalten. Dabei wäre das Erstanmelderprivileg ein ungerechtes Kriterium, wenn die Beteiligten keine gleichen Startbedingungen, d. h. keine gleiche Chance hätten. Das Erstanmelderprivileg ist also nur gerecht, solange die gleiche Chance für jeden Konkurrenten sichergestellt wird.[440] Bei seiner Anwendung ist daher sicherzustellen, dass alle Versammlungsanmelder gleiche Möglichkeiten haben, als erster ihre Versammlungen anzumelden.[441] Nach der jetzigen Rechtslage kann die Versammlungsanmeldung schriftlich, mündlich, telefonisch oder auch per Fax oder E-Mail erfolgen.[442] Dies ermöglicht, dass alle Interessierten, die Versammlungen veranstalten wollen, diese rechtzeitig bei der Versammlungsbehörde anmelden. Aufgrund der Nichtförmlichkeit der Versammlungsanmeldung und der Entwicklung der Kommunikationsmittel kann sogar eine sich im Ausland befindende Person bei der zuständigen Polizei eine Versammlung anmelden.

Die gleiche Chance auf die erste Anmeldung setzt außerdem die gleiche Möglichkeit zur Kenntnisnahme des Zuteilungsverfahrens voraus. Die Tatsache, dass die Reihenfolge der Versammlungsanmeldungen die Verteilung des öffentlichen Ortes beeinflussen kann, muss für alle potenziellen Bewerber erkennbar sein.[443] Gelegentlich ist zu kritisieren, dass die großen Vereine bessere Chancen auf die schnellere Anmeldung haben als die kleineren Vereine oder einzelne Veranstalter, weil die ersteren zumeist mehr Informationen als die letzteren haben.[444] Diese Asymmetrie kann jedoch durch die Bekanntgabe von Verteilungs- bzw. Konkurrenzlösungskriterien ausgeglichen werden. Dies kann insbesondere durch die Gesetzesnormierung erfolgen.[445] Dadurch kann jeder zur Kenntnis nehmen, dass die Reihenfolge der Anmeldung bei der Konkurrenzlösung eine Rolle spielt. Schließlich ist festzuhalten, dass das Erstanmelderprivileg nicht der prozessualen Waffengleichheit widerspricht. Alle haben also „die Chance zur größeren Schnelligkeit“[446].

---

440 *Siebert*, Das Prioritätsprinzip in der Einzelzwangsvollstreckung, S. 80.

441 *Welbers*, Vollstreckungsrechtliches Prioritätsprinzip und verfassungsrechtlicher Gleichheitssatz, S. 125 u. 140.

442 *Kniesel/Poscher*, in: Lisken/Denninger, HPolR, Kap. K Rn. 242 ff.

443 Vgl. *Martini*, Der Markt als Instrument hoheitlicher Verteilungslenkung, S. 86.

444 *Siebert*, Das Prioritätsprinzip in der Einzelzwangsvollstreckung, S. 83.

445 Ausführlich dazu unten, 5. Teil.

446 *Stürner*, ZZP 99 (1986), 291 (326 f.).

III. Ergebnis

Im Ergebnis ist festzustellen, dass die Anwendung des Erstanmelderprivilegs im Versammlungsrecht nicht nur gegen den allgemeinen Gleichheitssatz, sondern auch den Grundsatz der Chancengleichheit nicht verstößt. Die Ungleichbehandlung mit dem Zweck, den Konflikt von Versammlungen zu lösen, kann verfassungsrechtlich gerechtfertigt werden. Das Differenzierungskriterium des Erstanmelderprivilegs, nämlich die zeitliche Reihenfolge der Anmeldungen, ist zur Erreichung des Zwecks ein zulässiges Kriterium, weil es zweckmäßig und mit dem Gerechtigkeitsgedanken der Rechtsgemeinschaft vereinbar ist. Auch hinsichtlich der Chancengleichheit besteht kein Zweifel. Die Konfliktlösung nach Maßgabe der zeitlichen Reihenfolge ist allerdings nur gerecht, soweit jeder die gleiche Chance hat, als Erster eine Versammlung anzumelden. Aufgrund der Entwicklung der Kommunikationsmittel kann jeder so schnell wie möglich eine eigene Versammlung anmelden, weil das Versammlungsgesetz auch die Anmeldung per Telefon, E-Mail usw. erlaubt. Jedoch ist es wichtig, dass alle potenziellen Bewerber gleichermaßen zur Kenntnis nehmen können, dass die Reihenfolge der Anmeldung unter Umständen bei der Lösung von Konflikten eine Rolle spielt. Dies kann durch die gesetzliche Regelung der Kriterien erreicht werden. Dadurch haben also alle die gleiche Chance.

C. Diskussionen über das Erstanmelderprivileg

In diesem Abschnitt werden zuerst die Meinungsstände in Rechtsprechung und Literatur erläutert (I.). Danach werden die Diskussionen in Gesetzgebungsverfahren vom Bund und den Bundesländern dargestellt (II.).

I. Meinungsstand in Rechtsprechung und Schrifttum

1. Analyse der einschlägigen Rechtsprechung

a) BVerfG, Beschluss vom 6.5.2005[447]

Die Jugendorganisation der NPD „Junge Nationaldemokraten" hatte mit einem Schreiben im November 2004 für den 8. Mai 2005 einen Aufzug unter dem Motto „60 Jahre Befreiungslüge – Schluss mit dem Schuldkult" angemeldet. Die Versammlung sollte auch entlang des Berliner Holocaust-Mahnmals und beim Brandenburger Tor stattfinden. Dagegen hatte der Berliner Senat am 7. und 8. Mai 2005 eine Gedenkveranstaltung unter dem Motto „Tag für Demokratie" initiiert.

447 BVerfG, NVwZ 2005, 1055 ff.

Das Bezirksamt erteilte am 19.4.2005 dem Berliner Senat eine Sondernutzungserlaubnis für die ebenfalls am Brandenburger Tor stattfindende Veranstaltung. Demgegenüber erließ der Polizeipräsident mit Bescheid vom 25.4.2005 gegenüber den „Jungen Nationaldemokraten" Auflagen, die die Durchführung des Aufzuges entlang des Berliner Holocaust-Mahnmals und am Brandenburger Tor untersagten. Unter Berufung auf das Erstanmelderprivileg forderten die „Jungen Nationaldemokraten" eine formale Anknüpfung an den Zeitpunkt der Anmeldung und die Einräumung einer zeitlichen Priorität, weil sie zuerst ihre Veranstaltung angemeldet hatten.

Dagegen hat das BVerfG ausgeführt: (1) *Grundsätzlich* gilt das aus Gründen der staatlichen Neutralität zu beachtende Erstanmelderprivileg. Insbesondere ist das Erstanmelderprivileg maßgebend, wenn die später erfolgte Anmeldung allein oder überwiegend zu dem Zweck erfolgt, die zuerst angemeldete Versammlung an einem bestimmten Ort zu verhindern. (2) Bei Vorliegen wichtiger Gründe jedoch, etwa die besondere Bedeutung des Ortes und Zeitpunktes für die Verfolgung des jeweiligen Versammlungszwecks, kann vom Erstanmelderprivileg *abgewichen* werden. In diesem Fall ist eine praktische Konkordanz herzustellen.

Diesbezüglich hat das BVerfG zur Beurteilung dieser Konfliktlage zwei Fragen zu beantworten. Erstens ist zu beantworten, ob die vom Senat initiierte Gegenveranstaltung allein oder überwiegend einen Verhinderungszweck hat. Wenn es so ist, hat die zuerst angemeldete Versammlung der „Jungen Nationaldemokraten" den Vorrang. In diesem Fall gilt also das Erstanmelderprivileg. Das BVerfG hat aber einen Verhinderungszweck der später angemeldeten Veranstaltung des Senats verneint. Obwohl der Anlass für die später angemeldete Veranstaltung die zuerst angemeldete Versammlung war, war nicht festzustellen, dass die Veranstaltung des Senats allein oder überwiegend zur Verhinderung der zuerst angemeldeten Versammlung initiiert worden war. Zweitens ist festzustellen, für welche Versammlung dieser Ort eine besondere Bedeutung hat. In der Entscheidung hat das Gericht eine besondere Bedeutung des Ortes nur für die später angemeldete Versammlung zuerkannt und ihr einen Vorrang eingeräumt. Aus diesem Grund konnte die Versammlungsbehörde vom Erstanmelderprivileg abweichen und gegen die zuerst angemeldete Versammlung eine Maßnahme erlassen.

Jedoch hat das BVerfG nicht geprüft, ob der Ort auch für die zuerst angemeldete Versammlung eine besondere Bedeutung hat, weil die „Jungen Nationaldemokraten" über die besondere Bedeutung des Ortes für ihre Versammlung dem Gericht nicht vorgetragen hatten.[448] Insoweit ist die Frage offen, welcher

448 BVerfG, NVwZ 2005, 1055 (1057).

Versammlung der Vorzug zu geben wäre, wenn ein bestimmter Ort für beide Versammlungen besondere Bedeutungen hätte.

b) OVG Koblenz, Beschluss vom 21.11.2003[449]

In diesem Fall hatte der Antragsteller eine Versammlung angemeldet, durch die er den von der betroffenen Gemeinde geplanten Abriss eines nationalsozialistischen Denkmals beanstanden wollte. Dagegen hatten Gegendemonstranten eine Versammlung angemeldet, um bekanntzumachen, dass sie den Abriss des nationalsozialistischen Denkmals befürworten. Wegen der Gefahr gewalttätiger Auseinandersetzungen zwischen den beiden Versammlungen hat die Versammlungsbehörde gegenüber der zuerst angemeldeten Versammlung eine beschränkende Verfügung mit verkürzter Wegstrecke erlassen. Dagegen hat der Antragsteller das Erstanmelderprivileg geltend gemacht.

Das OVG Koblenz hat erklärt, dass hier das Erstanmelderprivileg nicht gilt, weil das Versammlungsgrundrecht des Art. 8 Abs. 1 GG nicht nur die zuerst angemeldete Versammlung, sondern auch die Gegenversammlung schützt. Die räumliche Kollision der Versammlungen sei durch Auflagen nach § 15 Abs. 1 VersG zu vermeiden. Dabei sei ein schonender Ausgleich zwischen konkurrierenden Interessen herbeizuführen. Nach dem OVG hat der Veranstalter kein Bestimmungsrecht darüber, wie gewichtig seine Rechtsgüter bei der Abwägung berücksichtigt werden müssen und wie die Interessenkollision rechtlich gelöst werden soll. Die Abwägung, ob und inwieweit gegenläufige Interessen die Einschränkung der Demonstrationsfreiheit rechtfertigen, obliege der Versammlungsbehörde und den Gerichten.

Im Großen und Ganzen stimmt dieser Beschluss mit der oben vorgestellten Entscheidung des BVerfG überein. Anders als das BVerfG hat das OVG Koblenz die grundsätzliche Anwendbarkeit des Erstanmelderprivilegs nicht ausdrücklich bejaht, sondern insoweit einen kritischen Standpunkt vertreten. Es hat also Versammlungsbehörden und Gerichten bei der Entscheidung einen weiten Spielraum eingeräumt. Aufgrund des Erstanmelderprivilegs kann demnach die zuerst angemeldete Versammlung nicht alles verlangen, was sie eigentlich gewollt hatte.[450] Wenn die zuerst angemeldete Versammlung auch durch die geänderte

449 OVG Koblenz, NVwZ-RR 2004, 848.

450 OVG Koblenz, NVwZ-RR 2004, 848: „Der lediglich verkürzte Weg für den von dem Ast. angemeldeten Aufzug gewährleistet nach wie vor das Anliegen, für die Öffentlichkeit sichtbar für den Erhalt des Mahnmals in der Gemeinde M. einzutreten. (...) Die von dem Ast. geplante Kundgebung ist vor dem Amtssitz des Bürgermeisters möglich, der für die Demonstrationsteilnehmer symbolisch für den politischen

Wegstrecke ihren Zweck erreichen kann, hat sie für die Verwirklichung einer anderen Versammlungsfreiheit zurückzustehen. Es ist aber fraglich, warum das Gericht nur der später angemeldeten Versammlung eine besondere Bedeutung des Ortes und Zeitpunktes für die Verfolgung ihres Zwecks zuerkannt hat.

c) VGH Baden-Württemberg, Beschluss vom 30.4.2002[451]

In diesem Fall hatte die zuständige Behörde eine rechtsextreme Versammlung in der Innenstadt verboten, weil die gesamte Innenstadt durch die zuerst angemeldete Gegenversammlungen schon belegt war. Das Gericht hat dagegen ausgeführt, dass das Versammlungsverbot der Behörde rechtswidrig war. Zuerst hat es ausgeführt, dass die zeitlich früher angemeldeten Gegenversammlungen keinen Schutz der Versammlungsfreiheit des Art. 8 GG genießen können, weil sie hauptsächlich das Ziel verfolgten, „durch die faktische Belegung öffentlicher Straßen und Plätze eine andere Demonstration zu verhindern".[452] Selbst wenn die zuerst angemeldete Gegenversammlung keinen Verhinderungszweck hat, kann die Behörde aufgrund des Erstanmelderprivilegs die später angemeldete Versammlung nicht gänzlich verbieten.[453] Die nachher angemeldete Versammlung darf also nicht ohne weiteres verboten werden, sondern es soll die räumliche Kollision zwischen den Versammlungen durch Auflagen nach § 15 Abs. 1 VersG gelöst und ein schonender Ausgleich hergestellt werden. Es ist außerdem eine Aufgabe der Behörde, festzustellen, ob eine bestimmte Anmeldung eine sogenannte „Scheinanmeldung" ist oder nicht.[454] Mit dieser Aussage wollte m. E. das Gericht betonen, dass die Behörde bei einer räumlichen Kollision zwischen Versammlungen eine aktive Rolle spielen soll.

In diesem Beschluss hat das Gericht die Anwendung des Erstanmelderprivilegs in dem Sinne, dass die zeitlich nachrangig angemeldete Versammlung ohne

Willen in der Ortsgemeinde M. steht, das Mahnmal abzureißen. Darüber hinaus kann auch eine weitere Kundgebung am Friedhof und damit in unmittelbarer Nähe des Mahnmals stattfinden. (…) Mit Blick auf Art. 8 I GG kann die angemeldete Gegenversammlung weder verboten noch zeitlich verschoben werden. Es ist gerade das Anliegen der Gegendemonstranten, deutlich zu machen, dass sie die politische Entscheidung zum Abriss des Mahnmals befürworten; dem aus ihrer Sicht nationalsozialistischen Gedankengut soll in M. nicht länger ein Forum geboten werden. Ohne die räumliche und zeitliche Nähe zur Versammlung des Ast. würde dieses Begehren aber nicht die beabsichtigte Wirkung entfalten."

451 VGH Mannheim, Beschluss vom 30.4.2002 - 1 S 1050/02 -, juris.
452 VGH Mannheim, Beschluss vom 30.4.2002 - 1 S 1050/02 -, juris, Rn. 15.
453 VGH Mannheim, Beschluss vom 30.4.2002 - 1 S 1050/02 -, juris, Rn. 16.
454 VGH Mannheim, Beschluss vom 30.4.2002 - 1 S 1050/02 -, juris, Rn. 17.

weiteres zu verbieten sei, abgelehnt. Der weiteren Ausführung ist anzunehmen, dass das Gericht zwar die Anwendbarkeit des Erstanmelderprivilegs nicht völlig verneint, jedoch einen zurückhaltenden Standpunkt eingenommen hat.

d) VG Berlin, Urteil vom 23.2.2005[455]

Die NPD hatte im Januar 2002 einen Aufmarsch für den 1. Mai 2002 angemeldet. Gegen diese Veranstaltung hat der Kläger am 6. März eine Gegenversammlung angemeldet. Außerdem wurden als Gegenveranstaltungen zur NPD-Veranstaltung zwei Aufzüge und 32 Kundgebungen von mehreren anderen Veranstaltern angemeldet. Diese Gegenversammlungen wurden an fast allen Orten angemeldet, die für die NPD-Versammlung geeignet erschienen. Aufgrund des Kooperationsgesprächs mit der NPD und des am anderen Tag durchgeführten Kooperationsgesprächs mit dem Kläger hat die Behörde den beiden Veranstaltungen angeordnet, dass die NPD-Veranstaltung an einem vom Kläger angemeldeten Ort und die Gegenversammlung des Klägers an einem von der Behörde vorgeschlagenen anderen Ort durchzuführen sei. Darüber hinaus hat sie die Anmeldung des Klägers insb. als Scheinanmeldung und Gegenversammlung mit Verhinderungszweck bewertet und folglich den Schutz der Versammlungsfreiheit abgelehnt.

Das Gericht hat zuerst ausgeführt, dass die Gegenversammlung auch den Schutz der Versammlungsfreiheit genießt, soweit sie kommunikative Mittel gebraucht und „nicht ausschließlich dem Zweck dient, die Veranstaltung, gegen die sie sich richtet, mit physischen Mitteln zu verhindern.“[456] Die Anmeldung des Klägers sei auch keine Scheinanmeldung, weil es nicht ersichtlich sei, dass er am angemeldeten Ort die Gegenversammlung nicht durchführen würde.[457] Nach diesen Ausführungen erklärte es, dass die behördlichen Maßnahmen sich nicht gegen den Erstanmelder richten dürfen, weil er kein Störer sei.[458] Der Erstanmelder könne nur im Fall des polizeilichen Notstandes in Anspruch genommen werden. Außerdem hat das Gericht bekräftigt, dass die Kollision nicht durch die beiden Veranstaltungen, sondern durch den behördlichen Eingriff hervorgerufen wurde.[459] In diesem Fall ist also die Behörde selbst ein Störer und die zuerst angemeldete Versammlung kann nicht als polizeirechtlich Verantwortlicher herangezogen werden.

455 VG Berlin, Urteil vom 23.2.2005 - 1 A 188.02 -, juris.
456 VG Berlin, Urteil vom 23.2.2005 - 1 A 188.02 -, juris, Rn. 21.
457 VG Berlin, Urteil vom 23.2.2005 - 1 A 188.02 -, juris, Rn. 24 f.
458 VG Berlin, Urteil vom 23.2.2005 - 1 A 188.02 -, juris, Rn. 28.
459 VG Berlin, Urteil vom 23.2.2005 - 1 A 188.02 -, juris, Rn. 29.

Anders als die in dieser Arbeit dargelegte Sichtweise hat das Gericht das Erstanmelderprivileg unter Heranziehung des polizeirechtlichen Verursacherprinzips erklärt. Diesem Verständnis ist nicht zuzustimmen.[460] Jedoch ist ersichtlich, dass das Gericht das Privileg des Erstanmelders eindeutig anerkannt hat.

e) VG Berlin, Beschluss vom 24.9.1996[461]

In diesem Fall waren die zuerst angemeldete antimilitaristische Versammlung der Antragsteller und das von Bund und Ländern unterstützte und unter der Schirmherrschaft der Bundestagspräsidentin stehende „Deutschlands Fest" zusammengetroffen. Die Behörde hatte den Antragstellern mitgeteilt, dass sie die Versammlung am gewünschten Ort zu dem gewünschten Termin, also am 3. Oktober 1997, nicht durchführen können, weil sie dem „Deutschlands Fest" den Vorrang gegeben hat. Dagegen haben die Antragsteller u. a. ausgeführt, dass der gewählte Versammlungsort „ein historisch überragend bedeutsamer Bereich" für ihre Versammlung ist[462] und sie aufgrund des Prioritätsprinzips einen Vorrang haben.[463]

Das Gericht hat dagegen ausgeführt, dass das Versammlungsgesetz keine Regelung über das Privileg des Erstanmelders enthält. Nach Ansicht des Gerichts bestimmt § 14 VersG nur, dass die Versammlung 48 Stunden vor der Bekanntgabe anzumelden ist. Das Versammlungsgesetz verpflichte die Behörde also nicht, nach Eingang einer Versammlungsanmeldung sofort zu entscheiden, ob behördliche Maßnahmen getroffen werden müssen.[464] Die behördliche Willensbildung könne erst zu einem Zeitpunkt erfolgen, „zu dem alle Gesamtumstände bekannt sind."[465] Zudem hat das Gericht einen unmittelbaren symbolischen Bezug des Ortes und des Tages zum Versammlungsthema verneint. Nach Auffassung des Gerichts konnten also die Antragsteller den Aufzug „am 3. Oktober auf einer anderen Route oder an einem anderen Tag am gewünschten Veranstaltungsort" durchführen.[466] Im Gegensatz dazu hat es einen unmittelbaren Bezug des Ortes und des Tages zum „Deutschlands Fest" anerkannt. Dabei hat das Gericht aber betont, dass ein Auswahlermessen der Behörde nicht bedeutet, dass die in ihren Augen bedeutsamere Versammlung verwirklicht werden kann.[467]

---

460 Siehe oben, 2. Teil. B.
461 VG Berlin, Beschluss vom 24.9.1996 - 1 A 333.96 -, juris.
462 VG Berlin, Beschluss vom 24.9.1996 - 1 A 333.96 -, juris, Rn. 4.
463 VG Berlin, Beschluss vom 24.9.1996 - 1 A 333.96 -, juris, Rn. 15.
464 VG Berlin, Beschluss vom 24.9.1996 - 1 A 333.96 -, juris, Rn. 15.
465 VG Berlin, Beschluss vom 24.9.1996 - 1 A 333.96 -, juris, Rn. 15.
466 VG Berlin, Beschluss vom 24.9.1996 - 1 A 333.96 -, juris, Rn. 17.
467 VG Berlin, Beschluss vom 24.9.1996 - 1 A 333.96 -, juris, Rn. 18.

f) VG München, Beschluss vom 2.11.2005[468]

In diesem Fall geht es um die räumliche Kollision am Münchener Marienplatz zwischen einer zeitlich zuerst angemeldeten rechtsextremistischen Versammlung und einer Gedenkveranstaltung für die deportierten und ermordeten jüdischen Kinder und Jugendlichen. Dabei hat die zuständige Behörde gegen die zuerst angemeldete rechtsextreme Versammlung eine Auflage u. a. mit räumlicher Verlegung erlassen. Sie sollte demnach nicht am Marienplatz, sondern am Karlsplatz stattfinden. Das Gericht führt aus, dass der Karlsplatz dem vom Veranstalter gewünschten Marienplatz gleichwertig sei, weil er auch mitten in der Stadt, nur am anderen Ende der Fußgängerzone liege und zwischen dem Versammlungsthema und dem gewünschten Versammlungsort „kein unmittelbarer Zusammenhang" bestehe.[469] Ferner habe der Veranstalter einen „thematische[n] Ortsbezug der Versammlung zum angemeldeten Versammlungsort" nicht geltend gemacht.[470] Im Gegensatz dazu hat das Gericht eine besondere Bedeutung des Marienplatzes für die später angemeldete Gedenkveranstaltung anerkannt, weil u. a. der Propagandaminister der NS-Zeit eine Hetzrede im alten Rathaussaal, Marienplatz 15 gehalten hat.[471] Aus diesem Grund hat es deutlich gemacht, dass die rechtsextreme Versammlung das Erstanmelderprivileg nicht in Anspruch nehmen kann.

Im Großen und Ganzen ist diesem Beschluss zuzustimmen. Es ist aber fraglich, ob der Marienplatz, wo das alte und das neue Münchener Rathaus liegen, und der Karlsplatz, der lediglich im Eingang der Fußgängerzone liegt, tatsächlich als gleichwertig zu bewerten sind. Außerdem ist es interessant zu überlegen, wie das Gericht entschieden hätte, wenn die zeitlich früher angemeldete rechtsextreme Versammlung sich auch auf einen unmittelbaren Zusammenhang zwischen dem Versammlungszweck und dem Versammlungsort berufen hätte. Es ist also fraglich, ob die gerichtlichen und behördlichen Entscheidungen wirklich neutral waren. Soweit die Verfassung die rechtsextreme Meinung erlaubt, ist ihr tatsächlich eine gleiche rechtliche Verwirklichungschance zu geben. Wenn

---

468 VG München, Beschluss vom 2.11.2005 - M 7 S 05.5397 -, juris.

469 VG München, Beschluss vom 2.11.2005 - M 7 S 05.5397 -, juris, Rn. 17.

470 VG München, Beschluss vom 2.11.2005 - M 7 S 05.5397 -, juris, Rn. 13.

471 Außerdem ist das Gericht der Meinung, dass die öffentliche Ordnung durch die rechtsextremistische Versammlung konkret gefährdet werde, wenn sie in der Nähe der Gedenkveranstaltung durchgeführt wird, weil dadurch „grundlegende soziale und ethische Anschauungen in erheblicher Weise verletzt werden können" (vgl. Rn. 16). Die Frage danach, ob und wann die Versammlung wegen einer Gefährdung der öffentlichen Ordnung beschränkt werden kann, wird hier aber nicht erörtert.

die Verfassung diese Meinung verhindern oder beschränken möchte, ist dies nur durch die Schaffung eines Sonderrechts des Art. 5 Abs. 2 GG möglich.[472]

g) VG Braunschweig, Urteil vom 28.2.2007[473]

Das VG Braunschweig hat im Fall eines Zusammentreffens zwischen einem zuerst angemeldeten NPD-Demonstrationszug und einer nicht angemeldeten Sitzblockade ausgeführt, dass es „kein unbedingtes Erstanmelderprivileg" gebe. Nach ihm können nicht nur die Teilnehmer der zuerst angemeldeten Versammlung, sondern auch die der Gegenversammlung den Schutz der Versammlungsfreiheit verlangen. Zwischen beiden ist also ein schonender Ausgleich herbeizuführen. Die zeitliche Priorität spiele dabei „eine wichtige, aber nicht allein ausschlaggebende Rolle". Es hat aber weiter ausgeführt, dass das Erstanmelderprivileg maßgebend sein kann, wenn die eine Versammlung vorher angemeldet ist und die andere kurzfristig, also spontan stattfindet und deswegen „eine räumliche Trennung" unmöglich ist. In diesem Fall solle die Versammlungsbehörde gegen später bzw. nicht angemeldete Gegenversammlungen Maßnahmen treffen.

h) Ergebnis

Die Analyse der einschlägigen Rechtsprechung zeigt, dass die Gerichte die Anwendbarkeit des Erstanmelderprivilegs bei einer räumlichen Kollision zwischen Versammlungen zwar nicht völlig verneinen, dass sie jedoch bezüglich der tatsächlichen Anwendung des Prinzips durchaus zurückhaltend sind. Als Beispiel der Anwendung des Erstanmelderprivilegs nennt das BVerfG den Fall, in dem die später angemeldete Versammlung allein oder überwiegend einen Verhinderungsabsicht hat. Jedoch können Versammlungen, die allein das Ziel verfolgen, eine andere Versammlung zu verhindern, an der Schutzwirkung des Art. 8 GG nicht teilhaben, weil das Grundrecht der Versammlungsfreiheit nur Versammlungen mit kommunikativen Mitteln schützt.[474] Das BVerfG hat also ein Beispiel für die Anwendung des Erstanmelderprivilegs gezeigt, jedoch sind die dort genannten Versammlungen ohne Heranziehung des Erstanmelderprivilegs ohnehin aus dem Schutzbereich der Versammlungsfreiheit des Art. 8 Abs. 1 GG ausgeschlossen. Darin zeigt sich noch einmal, dass die Gerichte, wie schon oben erwähnt, mit der Anwendung des Erstanmelderprivilegs besonders

---

472 Vgl. *Kniesel*, NJW 1996, 2606 (2609).

473 VG Braunschweig, Urteil vom 28.2.2007 - 5 A 685/05 -, BeckRS 2007, 22827.

474 BVerfG, Beschluss vom 11.6.1991. - 1 BvR 772/90 -, BVerfGE 84, 203 (209); VGH Baden-Württemberg, Beschluss vom 30.4.2002 - 1 S 1050/02 -, juris, Rn. 15.

zurückhaltend sind. Sie sind vermutlich der Auffassung, dass durch die Anerkennung des Erstanmelderprivilegs unerwünschte Nebenwirkungen entstehen können. Wenn man also das absolute, unbedingte Erstanmelderprivileg akzeptieren würde, könnte man z. B. durch frühzeitige, flächendeckende Anmeldungen beliebige öffentliche Örtlichkeiten reservieren.

2. *Schrifttum*

a) *Kritische Meinung*

Nur wenige Autoren vertreten die Meinung, dass das Erstanmelderprivileg völlig abgelehnt werden sollte. Insbesondere *Hobbeling* führt aus, dass die zeitliche Reihenfolge der Anmeldung überhaupt keinen Einfluss auf die behördlichen Entscheidungen haben soll.[475] Ihm zufolge sollte es also kein Erstanmelderprivileg im Versammlungsrecht geben. Als Grund dafür nennt er den Normzweck des § 14 VersG. Nach dieser Norm habe die Versammlungsanmeldung primär den Zweck, Versammlungen zu ermöglichen. Daraus könne man nicht folgern, dass die Anmeldung zu einem Vorrang gegenüber später angemeldeten Versammlungen führen kann. Wenn die Behörde sich nach dem Erstanmelderprivileg richte, würden „findige Veranstalter ‚ihre' Versammlungen möglichst früh, u. U. schon Monate vor Beginn anmelden, um im Falle einer Kollision bevorzugt zu werden."[476] Dies widerspricht nach *Hobbeling* dem Normzweck des § 14 VersG.

b) *Zustimmende Meinung*

Nach einer anderen Ansicht ist der Anwendung des Erstanmelderprivilegs bei der Lösung von Konflikten zwischen Versammlungen völlig zuzustimmen. Insbesondere sind *Breitbach/Dreiseroth/Rühl* der Auffassung, dass die Versammlungsbehörde die zeitliche Reihenfolge von Anmeldungen strikt beachten sollte.[477] Die strikt formale Handhabung bei Konkurrenzauflösungen sei insb. für den Bereich der Betätigung von politischen Freiheitsrechten nötig, um dadurch die staatliche Neutralität zu wahren. Das Erstanmelderprivileg könne nur verletzt werden, wenn die später angemeldete Versammlung durch die behördlichen Maßnahmen ihre grundrechtliche Freiheit gar nicht verwirklichen könnte. Auch *Hettich* ist der Meinung, dass die Behörde das Erstanmelderprivileg strikt befolgen

475 *Hobbeling*, Präventives Einschreiten gegen Demonstrationen, S. 132 f.
476 *Hobbeling*, Präventives Einschreiten gegen Demonstrationen, S. 132.
477 *Breitbach/Dreiseroth/Rühl*, in: Ridder u. a., § 15 Rn. 215; vgl. auch *Höllein*, NVwZ 1994, 635 (638).

soll, um das Grundrecht des Art. 8 Abs. 1 GG unparteiisch zu gewährleisten.[478] Nach ihm kann die Entscheidung „nur nach dem Prioritätsprinzip getroffen werden", wenn die Verwirklichung des Grundrechts der Versammlungsfreiheit an einem gleichen Ort nicht möglich wäre.[479] Auch *Ott* ist der Auffassung, dass der zuerst angemeldeten Versammlung ein Vorrang gegeben werden soll, es sei denn, dass sie selbst eine Störerin ist, oder im Fall eines polizeilichen Notstandes.[480]

Auch nach h. M. gilt das Erstanmelderprivileg bei der Lösung von Konflikten zwischen Versammlungen. Jedoch kann im Falle eines Vorliegens gewichtiger Gründe, wie eine besondere Bedeutung des Ortes und Zeitpunktes für die Verfolgung eines Versammlungszwecks, von diesem Prinzip abgewichen werden.[481] Sie folgt also hauptsächlich der Auffassung des BVerfG.[482] *Ullrich* vertritt die Meinung, dass das Erstanmelderprivileg ein maßgebliches Kriterium beim Zusammentreffen von Versammlungen und Gegenversammlungen darstellt.[483] Als objektives Kriterium sei es ein im Verwaltungsrecht allgemein anerkanntes Ordnungsprinzip. Durch seine Anwendung könne also eine unzulässige Bewertung der Inhalte oder der Wichtigkeit der Versammlungen vermieden werden. *Waechter* führt dazu aus, dass für die Zuteilung des Ortes maßgebend sei, wer für sein Anliegen stärker auf den Ort angewiesen ist.[484] Zudem hat er ausgeführt, dass die Konkurrenz bei einer gleichen Anweisung auf den Ort beider Versammlungen anhand der Anmeldepriorität, also des Erstanmelderprivilegs, zu lösen sei. Nach *Roth* soll die Versammlungsbehörde nicht von einem Erstanmelderprivileg in dem Sinne ausgehen, dass die später angemeldete Versammlung ohne weiteres zu verbieten wäre.[485] Die Versammlungsbehörde solle vorrangig Auflagen, also beschränkende Verfügungen i. S. d. § 15 Abs. 1 VersG erlassen. Die zeitlich nachrangig angemeldete Versammlung solle demnach nicht verboten werden, wenn eine räumliche Kollision durch Auflagen vermieden werden kann.

3. *Stellungnahme*

Nach h. M. und Rechtsprechung gilt grundsätzlich das Erstanmelderprivileg. Wegen der unerwünschten Nebenwirkungen, z. B. frühzeitige, flächendeckende

---

478 *Hettich*, Versammlungsrecht in der kommunalen Praxis, Rn. 194.
479 *Hettich*, Versammlungsrecht in der kommunalen Praxis, Rn. 194.
480 *Ott*, VersG, § 15 Rn. 8.
481 *Kniesel/Poscher*, in: Lisken/Denninger, HPolR, Kap. K Rn. 257 f.
482 BVerfG, NVwZ 2005, 1055 ff.
483 *Ullrich*, DVBl 2012, 666 (667); so auch *Weber*, KommJur 2010, 410 (412 f.).
484 *Waechter*, Verwaltungsarchiv 2008, 73 (92).
485 *Roth*, VBlBW 2003, 41 (48 f.).

Anmeldungen zur Reservierung beliebiger Orte oder zur Verhinderung anderer Versammlungen, soll die Behörde aber nicht allein und ausschließlich aufgrund des Erstanmelderprivilegs konkurrenzlösende Entscheidungen treffen. Nach dieser Ansicht sind also auch andere Kriterien, wie z. B. eine besondere Bedeutung eines Ortes und eines Zeitpunktes zur Verfolgung des Versammlungszwecks, bei der Konkurrenzlösung heranzuziehen. Dagegen erklärt die Mindermeinung, dass das Erstanmelderprivileg insb. wegen der oben ausgeführten Nachteile nicht angewendet werden solle. Nach dieser Meinung steht dieser Grundsatz dem Zweck des § 14 VersG, die Versammlungsfreiheit zu verwirklichen, entgegen. M. M. nach ist die Anwendbarkeit des Erstanmelderprivilegs, entsprechend h. M. und Rechtsprechung, nicht völlig zu verneinen. Es kann also Fälle geben, in denen die Konflikte nicht durch andere Kriterien gelöst werden können. Das Erstanmelderprivileg kann also als ein anwendbares Kriterium bei der behördlichen Konfliktlösung herangezogen werden. Es ist aber fraglich, ob es bei der Konkurrenzlösung zwischen Versammlungen grundsätzlich gilt. Dies wird im nächsten Abschnitt (D.) erörtert.

II. Diskussionen im Bundestag und in den Landtagen

1. Bundestag

Das Erstanmelderprivileg wurde im Bundestag nicht diskutiert.

2. Landtag Bayern

Im bayerischen Versammlungsgesetz ist, wie im Versammlungsgesetz des Bundes und in denen anderer Länder, das Erstanmelderprivileg gesetzlich nicht vorgeschrieben. Es wurde aber im Gesetzgebungsverfahren hinsichtlich des frühestmöglichen Zeitpunktes einer Anzeige diskutiert. Im „Gesetzentwurf der Staatsregierung eines Bayerischen Versammlungsgesetzes“ war vorgeschlagen, dass die Anzeige einer Versammlung frühestens zwei Jahre vor dem beabsichtigten Versammlungsbeginn möglich sein soll (Art. 13 Abs. 1).[486] Durch diese Regelung wollte der bayerische Gesetzgeber Vorratsanmeldungen verhindern, die mehrere Jahre im Voraus einen bestimmten Tag oder Ort auf Vorrat reservieren wollen. Er hat allerdings ausgeführt, dass die Reservierung eines bestimmten Orts an einem bestimmten Tag unmöglich sei, weil es im Versammlungsrecht ein „absolutes Erstanmelderprivileg“ nicht gebe. Stattdessen solle die

486 Bay. LT-Drs. 15/10181, S. 19.

Versammlungsbehörde unter Beachtung der praktischen Konkordanz möglichst alle Versammlungsfreiheiten, auch konkurrierende, ermöglichen.

3. *Landtag Schleswig-Holstein*

In der 17. Wahlperiode hat die Fraktion Bündnis 90/Die Grünen im *Entwurf eines Gesetzes zum Schutz der Versammlungsfreiheit* vom 2. November 2011 vorgeschlagen, das Erstanmelderprivileg, also den Prioritätsgrundsatz, im Versammlungsgesetz einzuführen.[487] Unter dem Titel „Grundsätze für das staatliche Handeln" war in § 10 Abs. 3 Satz 2 des Entwurfs Folgendes bestimmt:

> „Konkurrieren mehrere Versammlungen um dieselben Orte bzw. Zeiten und können nicht beide Versammlungen zugleich stattfinden, gilt der Grundsatz der Priorität, sofern nicht außergewöhnliche Umstände ein Abweichen hiervon gebieten."

Diese Vorschrift hat die Fraktion aber nicht gesondert begründet. In Anlehnung an den Titel der Vorschrift ist jedoch zumindest anzunehmen, dass sie durch Normierung des Erstanmelderprivilegs einen Maßstab für die behördliche Entscheidung von Versammlungskonkurrenzen anbieten wollte. Dieser Versuch wurde aber vielseitig kritisiert. *Brenneisen* hat in seiner Stellungnahme ausgeführt, dass das Erstanmelderprivileg nicht „durchgehend" gelte.[488] Es sollen also möglichst alle bzw. die betroffenen Rechtsgüter verwirklicht werden. Aus diesem Grund war er der Meinung, dass die Formulierung der Ausnahmeregelung „außergewöhnliche Umstände" zu kurz, also unzureichend sei. Er hat also die Normierung des Prinzips nicht ganz verneint, jedoch eine Präzisierung der Norm vorgeschlagen. Außerdem hat *Aden* in seiner Stellungnahme empfohlen, auf das Erstanmelderprivileg zu verzichten, weil die konkurrenzlösende Entscheidung grundsätzlich nach dem Grundsatz der praktischen Konkordanz getroffen werden solle.[489] Beim Konflikt zwischen Versammlungen solle also „durch möglichst milde beschränkende Verfügungen" eine Lösung gefunden werden. Dieser Kritik ist aber nicht ganz zuzustimmen, weil der Prioritätsgrundsatz des § 10 Abs. 3 des Entwurfs nur gilt, wenn die konkurrierenden Versammlungen nicht gleichzeitig am gleichen Ort stattfinden können. M. E. kann aber auch durch den Prioritätsgrundsatz eine praktische Konkordanz hergestellt werden. Mit dem Prioritätsgrundsatz ist nicht nur gemeint, dass von konkurrierenden Versammlungen eine verboten werden soll. Im Wege der praktischen Konkordanz kann also auch der Prioritätsgrundsatz

---

487 SH LT-Drs. 17/1955, S. 6.

488 *Brenneisen*, SH LT-Umdr. 17/3651, S. 11.

489 *Aden*, SH LT-Umdr. 17/3755, S. 4.

funktionieren. Das Erstanmelderprivileg und die praktische Konkordanz müssen also keine Gegensätze, sondern können einander ergänzende Mittel zur Lösung von Konkurrenz sein.[490] Dieser Gesetzentwurf zum Schutz der Versammlungsfreiheit konnte aber wegen vieler Änderungsvorschläge nicht durchgesetzt werden.[491]

In der 18. Wahlperiode des Landtags von Schleswig-Holstein wurde das Erstanmelderprivileg nicht in die Gesetzesnorm aufgenommen, sondern nur hinsichtlich der Anzeigebegrenzung auf einen Zeitraum von „frühestens zwei Jahren vor dem beabsichtigten Versammlungsbeginn" diskutiert. Die Fraktionen von SPD/Bündnis 90/Die Grünen und der Abgeordneten des SSW haben also im Änderungsantrag zu dem „Entwurf eines Gesetzes zum Versammlungsrecht in Schleswig-Holstein"[492] nach bayerischem Vorbild vorgeschlagen, dass die Versammlungsanzeige „frühestens zwei Jahre vor dem beabsichtigten Versammlungsbeginn möglich" sein soll.[493] Zur Begründung haben sie ausgeführt, dass durch die zeitliche Anzeigebegrenzung verhindert werden könne, „dass Veranstalter bereits lange im Voraus an bestimmten exponierten Orten und historisch bedeutsamen Tagen Versammlungen auf Vorrat anmelden, um als Erstanmelder zu erscheinen und dadurch ggf. anderen potentiellen Veranstaltern Versammlungen am gleichen Ort und zur gleichen Zeit unmöglich zu machen."[494] So hielt *Röger* diesen Vorschlag für sinnvoll, weil ungeachtet einer nicht ausschließlichen Geltung des Erstanmelderprivilegs diese Regelung „als modern und hilfreich angesehen werden" könne.[495] Er hat aber hinzugefügt, dass sie rechtlich nicht zwingend sei. Dagegen hat *Brenneisen* erklärt, dass diese Regelung nicht erforderlich ist, weil es allgemein anerkannt sei, dass das Erstanmelderprivileg bei der Lösung von Konflikten nicht automatisch und umfänglich gilt.[496]

4. *Landtag Sachsen*

Es ist bemerkenswert, dass die NPD die Einführung des Erstanmelderprivilegs im Versammlungsrecht befürwortet hat. Die rechtsextreme Partei hat 2009 im sächsischen Landtag vorgeschlagen, im neuen Versammlungsgesetz dieses

490 Dazu ausführlich unten, 4. Teil. C. I.

491 Schleswig-Holsteinischer Landtag, Niederschrift über die 92. Sitzung in 17 WP. des Innen- und Rechtsausschusses, S. 8.

492 SH LT-Drs. 18/119.

493 SH LT-Umdr. 18/1269, S. 5.

494 SH LT-Umdr. 18/1269, S. 15.

495 *Röger*, SH LT-Umdr. 18/1566, S. 28 f.

496 *Brenneisen*, SH LT-Umdr. 18/1516, S. 7.

Prinzip einzuführen.[497] Nach § 4 Abs. 3 des Entwurfs haben Gegenveranstaltungen zur Ausgangsveranstaltung einen Mindestabstand von fünfhundert Metern einzuhalten. § 15 Abs. 3 des Entwurfs regelt, dass die behördlichen Maßnahmen hauptsächlich gegen die Gegenveranstaltungen zu richten sind, soweit die Gefahr für die öffentliche Sicherheit nicht durch die Ausgangsversammlung, sondern durch Gegenversammlungen verursacht wird. Die NPD war wohl der Meinung, dass räumliche Kollisionen in der Praxis „behördlich bewußt"[498] nicht unterbunden werden, um rechtsextreme Versammlungen zu benachteiligen. Bei diesem Gesetzentwurf handelt es sich aber um das vom Bundesverfassungsgericht abgelehnte, absolute Erstanmelderprivileg. Dadurch wollte die NPD ein schematisches, absolutes Erstanmelderprivileg einführen und Durchführungen von Gegenversammlungen weitgehend verhindern. Dieser Versuch der NPD ist aber abzulehnen. Das Grundrecht der Versammlungsfreiheit von Gegenversammlungen wäre nicht bzw. nur schwer zu verwirklichen, wenn sie weit entfernt von den Ausgangsveranstaltungen stattfinden müssten. Außerdem ist das Erstanmelderprivileg bei der Konkurrenzlösung nicht alleiniges, ausschließliches Kriterium, sondern eines von mehreren möglichen Kriterien. Dies haben schon das Bundesverfassungsgericht und mehrere Autoren bestätigt.[499] Dieser Entwurf wurde zu Recht im sächsischen Landtag abgelehnt.[500]

5. *Landtag Baden-Württemberg*

Im Landtag Baden-Württemberg wurde das Erstanmelderprivileg nicht erwähnt. Jedoch hat die Fraktion der SPD in der 14. Wahlperiode angeregt, dass „eine Vorrangregelung bei konkurrierenden, bzw. kollidierenden Versammlungen" im neuen baden-württembergischen Versammlungsgesetz berücksichtigt werden sollte.[501] Darüber wurde aber nicht weiter diskutiert.

6. *Sonstige Landtage*

In den sonstigen Landtagen wurden das Erstanmelderprivileg oder andere konkurrenzlösende Kriterien nicht erörtert.

497 Sächs. LT-Drs. 5/314.
498 Sächs. LT-Drs. 5/314, S. 34.
499 Siehe unten, 4. Teil.
500 Sächs. LT-Drs. 5/1494.
501 BW LT Drs. 14/4190, S. 1.

7. Ergebnis

Aufgrund der Diskussionen in den Landtagen ist festzustellen, dass das Erstanmelderprivileg sehr selten diskutiert wurde. Das Prinzip wurde nur in zwei Landtagen (Schleswig-Holstein und Sachsen) offiziell, und im bayerischen Landtag nebensächlich erörtert. Ein Grund dafür kann sein, dass man befürchtet, dass das Erstanmelderprivileg durch die Rechtsextremen missbraucht würde. Dies zeigt der Gesetzentwurf der NPD im sächsischen Landtag. Wie aber die SPD im baden-württembergischen Landtag verlangt hat, ist eine Vorrangregelung, wie z. B. das Erstanmelderprivileg u. a., im Versammlungsrecht nötig, weil die Lösung einer Konkurrenz von Versammlungen ein wichtiges Problem im heutigen Versammlungsrecht ist. Die Befürchtung von Nebenwirkungen soll nicht daran hindern, über die eigentliche und wesentliche Problematik des Versammlungsrechts zu diskutieren.

III. Ergebnis

Aufgrund der bisherigen Untersuchungen ist festzustellen, dass die Gerichte und die h. M. die Anwendbarkeit des Erstanmelderprivilegs im Versammlungsrecht zwar nicht völlig verneinen, jedoch hinsichtlich der tatsächlichen Anwendung des Grundsatzes weithin zurückhaltend sind. Der Grund liegt wahrscheinlich darin, dass sie Missbräuche dieses Grundsatzes z. B. durch Rechts- bzw. Linksextreme vermeiden wollen. Im Bundestag und in den Landtagen ist diese Tendenz noch spürbar. In wenigen Landtagen wurde das Erstanmelderprivileg nur begrenzt und in den meisten Landtagen sowie im Bundestag gar nicht diskutiert. Das vom BVerfG anerkannte Erstanmelderprivileg sollte aber nicht so undiskutiert, verdeckt bleiben. Wie oben schon festgestellt ist das Erstanmelderprivileg ein verfassungsmäßiges Konkurrenzlösungskriterium.[502] Über die Anwendbarkeit und die Voraussetzungen der Anwendung dieses verfassungsrechtlich anerkannten Grundsatzes sollte offen diskutiert werden, damit die Grundrechtsträger genau wissen, wo die Grenze des Erstanmelderprivilegs liegt und unter welchen Voraussetzungen es angewendet werden kann.

D. Voraussetzungen für die Anwendung des Erstanmelderprivilegs

In diesem Abschnitt wird untersucht, unter welchen Voraussetzungen das Erstanmelderprivileg bei der Konkurrenzlösung von Versammlungen angewendet

502 Siehe oben, 3. Teil. B.

werden kann. Soweit die Anwendung dieses Grundsatzes verfassungsrechtlich einwandfrei ist, sollen seine Voraussetzungen konkretisiert werden, damit die Bürger ohne Unsicherheiten ihre grundrechtliche Freiheit entfalten können.

I. Konkurrenz um begrenzt zur Verfügung stehende öffentliche Plätze

1. Allgemeines

Hauptsächlich findet das Prioritätsprinzip in der Verteilungsverwaltung, z. B. bei der Vergabe von Studienplätzen oder Taxi-Konzessionen, seine Anwendung. Wenn also konkurrierende Anträge vorliegen, kann der Staat nach dem Prioritätsprinzip begrenzt zur Verfügung stehende Ressourcen verteilen.[503] Nach *Schlink* sind auch die Konflikte zwischen Grundrechtsträgern als Verteilungsprobleme zu begreifen.[504] Freiheitsrechtliche Verhaltensspielräume der Bürger sollen also wie andere Güter durch den Staat verteilt werden, um ein geordnetes menschliches Zusammenleben zu ermöglichen. Auch nach *Voßkuhle* treten Verteilungskonflikte nicht nur hinsichtlich privater Güter, sondern auch in Bezug auf die öffentlichen Güter, wie z. B. Umwelt oder innere Sicherheit, auf, weil öffentliche Güter ebenso begrenzt sind wie private.[505]

Im Versammlungsrecht sind solche Konstellationen ebenfalls denkbar. Hinsichtlich des Versammlungswesens können konkurrierende Nutzungswünsche entstehen, wenn mehrere Versammlungen an einem begrenzten öffentlichen Ort zu einer gleichen Zeit angemeldet würden.[506] Hier besteht also Konkurrenz um knappe Ressourcen, die der Staat in einen gerechten Ausgleich bringen soll. In diesen Fällen soll die Versammlungsbehörde zur Verwirklichung des Grundrechts der Versammlungsfreiheit und zum Schutz der öffentlichen Sicherheit gegen bestimmte Versammlungen beschränkende Verfügungen oder Verbotsverfügungen nach § 15 Abs. 1 VersG erlassen. Dabei kann sie nach dem Erstanmelderprivileg entscheiden, welcher Versammlung ein Vorrang zu gewähren ist.

2. Die Unterscheidung zwischen echter und unechter Konkurrenz

Bei den Verteilungsproblemen ist zwischen teilbaren und unteilbaren Gütern zu unterscheiden. *Teilbare Güter* sind solche, die nach der Verteilung auch sinnvoll,

---

503 *Voßkuhle*, Die Verwaltung 32 (1999), 21 (23).
504 *Schlink*, Abwägung im Verfassungsrecht, S. 156.
505 *Voßkuhle*, Die Verwaltung 32 (1999), 21 (23).
506 BVerfG, NVwZ 2005, 1055 (1057).

funktionsgemäß genutzt werden können. *Unteilbare Güter* sind dagegen solche, deren sinnvolle Nutzung nur durch den Ausschluss anderer Personen möglich ist.[507] Hinsichtlich der konkurrierenden Nutzungswünsche von Versammlungen soll zunächst geklärt werden, ob öffentliche Plätze teilbar oder unteilbar sind. Je nach den Teilnehmerzahlen und der Größe der betroffenen Plätze ist dies unterschiedlich zu beurteilen. Wenn also an einem Ort in Bezug auf einen konkreten Fall nur eine Versammlung durchgeführt werden kann, ist dieser Ort in diesem Fall unteilbar. Wenn aber der Ort groß genug ist, damit alle konkurrierenden Versammlungen zwar begrenzt,[508] aber trotzdem gleichzeitig durchgeführt werden können, ist er teilbar. Mit dieser Unterscheidung zwischen teilbaren und unteilbaren Gütern ist die Unterscheidung zwischen echten und unechten Konkurrenzen verbunden. Je nach den Umständen sind also Konkurrenzfälle danach zu unterscheiden, ob es sich um eine echte oder unechte Konkurrenz handelt.[509] Eine echte Konkurrenz liegt vor, wenn Anträge oder Anmeldungen sich gegenseitig ausschließen und demzufolge nur ein Antrag oder eine Anmeldung ermöglicht werden kann. Es kann aber auch Fälle geben, die nur den Anschein erwecken, sich gegenseitig auszuschließen, also zu konkurrieren, aber bei genauer Betrachtung oder durch eine staatliche Beschränkung nebeneinander erfüllt werden können. In diesem Fall handelt es sich um eine unechte Konkurrenz. Das Erstanmelderprivileg entfaltet je nach Konkurrenztyp verschiedene Wirkungen.[510] Bei einer echten Konkurrenz wirkt dieser Grundsatz als ein *ausschließendes Erstanmelderprivileg*. Dies bedeutet, dass die zeitlich nachrangig angemeldeten Versammlungen durch die Anwendung des Erstanmelderprivilegs notwendigerweise ausgeschlossen, also verboten werden. In diesem Fall können die konkurrierenden Versammlungen auch durch beschränkende Verfügungen des § 15 Abs. 1 VersG nicht gleichzeitig am gleichen Ort durchgeführt werden. An einem Ort ist also nur eine Versammlung durchzuführen. Dies kann insb. der Fall sein, wenn für beide konkurrierenden Versammlungen ein gewählter Ort und die gewählte Zeit so bedeutsam sind, dass jegliche Beschränkungen für beide Versammlungen einem faktischen Verbot gleichkommen würden. Bei einer unechten Konkurrenz stellt der Grundsatz ein *rangordnendes Erstanmelderprivileg* dar. Durch die Anwendung des Erstanmelderprivilegs werden also später angemeldete Versammlungen nicht ganz verdrängt,

507 *Berg*, Der Staat 15 (1976), S. 10.

508 Denn nur in diesem Fall kann man von einer Konkurrenz zwischen Versammlungen ausgehen. Wenn die Versammlungen ohne staatliche Begrenzungen durchgeführt werden können, liegt keine Konkurrenz vor.

509 *Rolshoven*, NVwZ 2006, 516 (516 f.).

510 *Wacke*, JA 1981, 94 (95).

sondern nur zeitlich bzw. örtlich beschränkt. Dabei entscheidet das Erstanmelderprivileg nur, gegen welche Versammlung behördliche Maßnahmen, insb. beschränkende Verfügungen zu erlassen sind. Nach diesem Grundsatz soll die Behörde zuerst gegen die später angemeldeten Versammlungen beschränkende Verfügungen erlassen. Wenn diese Maßnahmen keinen Erfolg versprechen, kann die Versammlungsbehörde auch gegen die zuerst angemeldete Versammlung eine beschränkende Maßnahme erlassen.[511] Es ist festzustellen, dass später angemeldete Versammlungen durch die Anwendung des Erstanmelderprivilegs nicht ohne weiteres verboten werden. Dieser Grundsatz schließt nur bei echter Konkurrenz eine andere Versammlung vollständig aus. Bei der Anwendung des Erstanmelderprivilegs in unechter Konkurrenz kann also der Aspekt der praktischen Konkordanz berücksichtigt werden. Die Versammlungsbehörde kann durch eine beschränkende Verfügung gegen eine später angemeldete Versammlung alle konkurrierenden Versammlungsfreiheiten ermöglichen. Das Erstanmelderprivileg hat demnach nicht nur eine ausschließende, sondern auch eine rangordnende Wirkung.

II. Nichtvorhandensein wertender Kriterien: die subsidiäre Anwendbarkeit des Erstanmelderprivilegs

Die Verteilung begrenzter Güter stellt eine Auswahl durch den Staat dar. Die Auswahl des einen bedeutet den Ausschluss des anderen.[512] Der Gebrauch der Freiheitsrechte des Einzelnen kann also durch die staatliche Entscheidung stark beeinflusst bzw. beschränkt werden. Dieser Vorgang der Konkurrenzlösung soll deswegen nach möglichst überzeugenden, gerechten Auswahlkriterien erfolgen.

Die Kriterien der Konkurrenzlösung sind in zwei Kategorien, in formale und wertende Kriterien, einzuteilen.[513] Die *formalen Kriterien* beziehen sich auf wertneutrale Aspekte. Bei ihrer Anwendung bleiben also sachliche Unterschiede zwischen den Betroffenen und konkrete Besonderheiten des Einzelfalls unberücksichtigt.[514] Diese Kriterien haben den Vorteil, dass der Staat transparent und inhaltlich neutral entscheiden kann. Sie garantieren demnach die staatliche Neutralität bei der Konkurrenzlösung.[515] Die Orientierung an formalen Kriterien

511 *Ullrich*, DVBl. 2012, 666 (668).

512 *Berg*, Der Staat 15 (1976), S. 11.

513 *Kloepfer/Reinert*, in: Gethmann/Kloepfer/Reinert (Hrsg.), S. 65 f.; *Malaviya*, Verteilungsentscheidungen, S. 134 ff.

514 *Martini*, Der Markt als Instrument hoheitlicher Verteilungslenkung, S. 111.

515 *Malaviya*, Verteilungsentscheidungen, S. 144.

hat aber den Nachteil, dass sie vielfältige Interessen nicht berücksichtigt.[516] *Wertende Kriterien* berücksichtigen hingegen inhaltliche Aspekte und individuelle Unterschiede.[517] Mithilfe dieser Kriterien können die sachlichen Unterschiede zwischen den Bewerbern näher bezeichnet und gewichtet werden. Demzufolge kann das Ziel des Gesetzes besser verwirklicht werden. Dies ist der Grund, warum die wertenden Kriterien einen Vorrang vor den formalen Kriterien genießen. Nach h. M. gilt im Verwaltungsverfahrensrecht auch, dass formale Kriterien bei der Lösung von Konkurrenzen nur herangezogen werden, wenn keine sachgemäßen Auswahlkriterien vorhanden sind.[518] Sie sind also hauptsächlich dort anzuwenden, wo „eine Unterscheidung zwischen den Zuteilungsadressanten nicht sinnvoll oder nicht möglich ist."[519] Demnach kann festgehalten werden, dass bei der Lösung von Konkurrenzen zur besseren Verwirklichung eines Zwecks eine Kombination der Kriterien notwendig ist, um eine gerechte Lösung zu finden.[520] Allein nach formalen oder wertenden Kriterien kann also die Konkurrenz nicht gerecht gelöst werden.

Das auf dem Prioritätsprinzip beruhende Erstanmelderprivileg hat überwiegend formalen Charakter.[521] Es berücksichtigt keine Besonderheiten der konkurrierenden Versammlungen. Als ein formales Kriterium ist das Erstanmelderprivileg bei der Konkurrenzlösung demnach nur subsidiär, also nur beim Nichtvorhandensein wertender Kriterien anwendbar. Es ist also ein Reservekriterium.

III. Handlungszwang der Versammlungsbehörde

Zur Anwendung des Erstanmelderprivilegs muss die Versammlungsbehörde unter Handlungszwang stehen. Diese Voraussetzung kann insb. dann bejaht werden, wenn eine Gefahr der öffentlichen Sicherheit oder Ordnung ohne Einschreiten des Staates nicht abzuwehren ist. Dabei soll die Behörde auch bei fehlenden wertenden, sachlichen Kriterien einschreiten, weil der Staat die Selbsthilfe verbietet. Aufgrund des Gewaltmonopols besteht also die Notwendigkeit der Vorrangentscheidung seitens des Staates, weil die Gewalt bei der Konfliktlösung zwischen den Bürgern nur durch den Staat ausgeübt werden kann.

---

516 *Kloepfer/Reinert*, in: Gethmann/Kloepfer/Reinert (Hrsg.), S. 70.

517 *Malaviya*, Verteilungsentscheidungen, S. 136.

518 *Kopp/Ramsauer*, VwVfG, § 22, Rn. 34; *Knack/Henneke*, VwVfG, § 22, Rn. 26; *Stelkens/Bonk/Sachs*, VwVfG, § 22, Rn. 60.

519 *Martini*, Der Markt als Instrument hoheitlicher Verteilungslenkung, S. 111 f.

520 *Berg*, Der Staat 15 (1976), S. 29.

521 *Ullrich*, DVBl 2012, 666 (667); *Voßkuhle*, Die Verwaltung 32 (1999), 21 f.

IV. Ergebnis

In diesem Abschnitt wurde untersucht, unter welchen Voraussetzungen das Erstanmelderprivileg angewendet werden kann. Zuerst muss eine Konkurrenz um begrenzt zur Verfügung stehende öffentliche Plätze vorliegen. Dabei sind die echte und die unechte Konkurrenz zu unterscheiden. Bei einer echten Konkurrenz wirkt der Grundsatz als ein ausschließendes Erstanmelderprivileg. Wenn also eine Konkurrenz nicht durch zeitliche bzw. örtliche Beschränkungen vermieden und somit an diesem Ort nur eine Versammlung durchgeführt werden kann, ist die später angemeldete Versammlung durch die Anwendung des Erstanmelderprivilegs völlig ausgeschlossen. Bei einer unechten Konkurrenz funktioniert der Grundsatz als ein rangordnendes Erstanmelderprivileg. Wenn also eine Konkurrenz durch zeitliche oder örtliche Beschränkungen vermieden werden kann, wirkt das Prinzip nicht ausschließend, sondern bestimmt nur, gegen wen die behördlichen Maßnahmen zu erlassen sind. Außerdem sollen zur Anwendung des Erstanmelderprivilegs keine wertenden Kriterien vorliegen. Als ein formales Kriterium berücksichtigt das Erstanmelderprivileg keine sachlichen Unterschiede zwischen Versammlungen. Demnach kann dieser Grundsatz zum Zweck des Versammlungsgesetzes weniger beitragen als wertende Kriterien. Das Erstanmelderprivileg ist demnach nur bei Nichtvorliegen wertender Kriterien subsidiär anwendbar. Ferner muss der Staat unter Handlungszwang stehen. Dies kann bei Vorliegen von Konkurrenz meistens bejaht werden, weil der Staat die Selbsthilfe des Bürgers verbietet.

E. Kritik und Ergänzung zum Erstanmelderprivileg

Aus den bisherigen Ausführungen ergibt sich, dass das Erstanmelderprivileg im Versammlungsrecht subsidiär anwendbar ist. Auch das Bundesverfassungsgericht hat die Anwendbarkeit des Erstanmelderprivilegs nicht verneint.[522] Trotzdem wird seine Anwendung immer wieder kritisiert, weil die Orientierung am Erstanmelderprivileg unerwünschte Nebenwirkungen mit sich bringen kann. Im Folgenden wird untersucht, welche Nachteile das Erstanmelderprivileg haben kann und wie man diesen entgegentreten kann.

522 BVerfG, NVwZ 2005, 1055 (1057).

I. Problemstellung: Kritik am Erstanmelderprivileg

Zuerst werden hier Kritiken und Probleme des Erstanmelderprivilegs geschildert (I.). Lösungen dieser Probleme bzw. Ergänzungen des Grundsatzes werden im folgenden Abschnitt (II.) ausgeführt.

1. Vorsorgliche bzw. Scheinanmeldungen

Das Erstanmelderprivileg wird kritisiert, weil die Anwendung dieses Prinzips dazu führen kann, dass Versammlungsveranstalter zur Reservierung öffentlicher Plätze bzw. zur Verhinderung anderer Versammlungen frühzeitig und flächendeckend eigene Versammlungen anmelden.[523] Unter Geltung des Erstanmelderprivilegs wird die Konkurrenz zwischen Versammlungen also nicht nach den sachlichen Unterschieden zwischen einzelnen Versammlungen, sondern nur formal nach der zeitlichen Reihenfolge gelöst. Dies kann dazu führen, dass man vorsorglich Versammlungen zur Reservierung öffentlicher Plätze oder zur Verhinderung anderer Versammlung anmeldet. Diese Anmeldungen und Versammlungen genießen grundsätzlich den Schutz des Art. 8 Abs. 1 GG, soweit sie ohne Verhinderungsabsicht friedlich und tatsächlich durchgeführt werden. Maßnahmen nach § 15 Abs. 1 VersG sind nur zu erlassen, soweit die öffentliche Sicherheit oder Ordnung durch eine solche Versammlung *unmittelbar* gefährdet wird.

Noch problematischer ist die sog. Scheinanmeldung. Es wird also befürchtet, dass die Anwendung des Erstanmelderprivilegs Scheinanmeldungen veranlassen kann. Bei einer Scheinanmeldung handelt es sich um eine „Anmeldung ohne Versammlung".[524] Sie ist demnach solche Anmeldung, die eine Verhinderung einer anderen Versammlung bezweckt, jedoch die Durchführung der angemeldeten Versammlung nicht beabsichtigt.[525] Diese Anmeldungen werden durch Art. 8 Abs. 1 GG nicht geschützt, weil sie keine Versammlung durchführen wollen. Außerdem verstößt diese Anmeldung gegen die Anmeldepflicht des § 14 VersG, weil die Anmeldung sich auf eine konkret geplante Versammlung beziehen muss.[526] Trotz dieser Tatsache ist die Scheinanmeldung problematisch, weil es schwer erkennbar und feststellbar ist, ob es sich bei der Anmeldung einer Versammlung um eine

523 *Kniesel/Poscher*, NJW 2004, 422 (425); *Ebert*, LKV 2001, 60 ff; *Martini*, Der Markt als Instrument hoheitlicher Verteilungslenkung, S. 108.

524 *Ebert*, LKV 2001, 60 (61).

525 VG Berlin, Urteil vom 23.2.2005 - 1 A 188.02 -, juris, Rn. 21.

526 *Dietel/Gintzel/Kniesel*, VersG, § 14 Rn. 8; *Kniesel/Poscher*, NJW 2004, 422 (425); *Ebert*, LKV 2001, 60 (62).

Scheinanmeldung handelt.[527] Die Behörde kann allein aufgrund des Verdachts einer Scheinanmeldung die angemeldete Versammlung nicht verbieten bzw. beschränken.[528] Die Maßnahmen nach § 15 Abs. 1 VersG setzen nämlich eine unmittelbare Gefährdung der öffentlichen Sicherheit oder Ordnung voraus. Wenn es nicht ausdrücklich bewiesen ist, stellt die angemeldete Versammlung, die tatsächlich nicht stattfinden würde, keine Gefahr für die öffentliche Sicherheit oder Ordnung dar. Demnach ist sie kein Gegenstand der Beschränkung nach § 15 Abs. 1 VersG. Ferner kann der Anmelder nach der Nicht-Durchführung einer Versammlung behaupten, dass er die Versammlung durchführen wollte, es aber wegen unerwarteter Umstände nicht konnte. Für die Behörde ist also schwer zu beweisen, dass der Veranstalter mit Absicht eine falsche Anmeldung gemacht hat. Die Beweislast liegt grundsätzlich bei der Versammlungsbehörde.[529]

2. Das Problem gleichzeitiger Anmeldungen

Wenn das Erstanmelderprivileg als ein Kriterium bei einer Konkurrenzlösung fungiert, kann es passieren, dass mehre Bewerber um die frühere Anmeldung miteinander streiten. Weil die Anmeldung auch per E-Mail, Fax oder telefonisch erfolgen kann, besteht in dieser Konstellation möglicherweise keine körperliche Kollision zwischen den Bewerbern. Dennoch besteht die Gefahr, dass die Anmeldungen unterschiedlicher Versammlungen gleichzeitig erfolgen. Damit stellt sich die Frage, wie die Konkurrenz zwischen gleichzeitig erfolgten Anmeldungen zu lösen ist. Außerdem ist es fraglich, ob es gerecht ist, dass demjenigen ein Vorrang eingeräumt wird, der z. B. nur „eine Stunde" bzw. sogar „eine Sekunde" vor anderen Bewerbern eine eigene Versammlung angemeldet hat. Wenn dies bejaht wird, können Bewerber zu einem übermäßigen Wettlauf um frühere Anmeldungen angetrieben werden.

II. Ergänzung zum Erstanmelderprivileg

1. Grundsatz: subsidiäre Anwendung des Erstanmelderprivilegs

Zur Vermeidung von unerwarteten Nachteilen des Erstanmelderprivilegs gilt grundsätzlich das Folgende: Das Erstanmelderprivileg ist nur subsidiär anwendbar. Die alleinige bzw. überwiegende Orientierung an der zeitlichen Reihenfolge von Anmeldungen kann die Probleme des Erstanmelderprivilegs noch

527 *Ullrich*, DVBl. 2012, 666 (667).
528 *Dietel/Gintzel/Kniesel*, VersG, § 14 Rn. 14.
529 *Dietel/Gintzel/Kniesel*, VersG, § 14 Rn. 14.

verschärfen. Das Erstanmelderprivileg kann die Bewerber dazu verleiten, dass sie um frühere Anmeldungen wettlaufen. Das Erstanmelderprivileg ist also zur Vermeidung unerwarteter Nachteile und zur Verwirklichung des Zwecks einer Regelung nur subsidiär anwendbar.

Das BVerfG hat aber ausgeführt, dass die Versammlungsbehörde bei Vorliegen gewichtiger Gründe unter strikter Berücksichtigung des Grundsatzes staatlicher Neutralität vom Erstanmelderprivileg abweichen kann.[530] Dies kann so interpretiert werden, dass das Erstanmelderprivileg bei der Konkurrenzlösung *grundsätzlich* gilt und *ausnahmsweise*, also bei Vorliegen gewichtiger Gründe, von diesem Grundsatz abgewichten werden kann. Nach der Auffassung des Bundesverfassungsgerichts ist demnach das Erstanmelderprivileg nicht subsidiär, sondern primär anzuwenden. Dieser Ansicht des Bundesverfassungsgerichts folgen mehrere Autoren, so dass sie mittlerweile als herrschend bezeichnet werden kann. Diese Ansicht ist aber abzulehnen. Aus den oben ausgeführten Gründen, also zur Vermeidung unerwarteter Nachteile des Erstanmelderprivilegs und zur Verwirklichung des Gesetzeszwecks, ist dieser Grundsatz nur subsidiär anzuwenden. Primär sind demnach zum Zweck des Gesetzes besser beitragende, wertende Kriterien anzuwenden.

2. Modifizierung des Erstanmelderprivilegs

a) Das versammlungsrechtliche Gruppenprinzip

Auch eine subsidiäre Anwendung des Erstanmelderprivilegs kann eine exzessive Konkurrenz um den vorderen Platz verursachen, weil auch in diesem Fall das zeitliche Prioritätsprinzip, also das Erstanmelderprivileg immerhin zur Anwendung kommen kann, soweit keine geeigneten wertenden Kriterien vorhanden sind. Dieser Nachteil des Erstanmelderprivilegs wird also auch durch dessen subsidiäre Anwendung nicht behoben. Versammlungsanmelder werden stets danach streben, eigene Versammlungen als Erster anzumelden. Die subsidiäre Anwendung des Erstanmelderprivilegs ist also bei der Lösung der Probleme zwar hilfreich, bietet aber keine komplette Lösung. Ferner ist es auch fraglich, ob die Einräumung eines Vorrangs z. B. für den nur eine Stunde bzw. sogar nur eine Sekunde schneller angemeldeten Veranstalter gerecht ist. Für viele wäre dieser zeitliche Vorsprung kein berücksichtigungswürdiger Unterschied. Es wäre also ungerecht, wenn ein Bewerber seine Versammlungsfreiheit allein deswegen verwirklichen kann, weil er nur eine Stunde früher als andere Konkurrenten seine Versammlung angemeldet hat. Zur Verminderung übermäßiger Konkurrenz

530 BVerfG, NVwZ 2005, 1055 (1057).

und zur Förderung von Gerechtigkeit ist es notwendig, das Erstanmelderprivileg zu modifizieren bzw. zu ergänzen.

In dieser Arbeit wird deswegen vorgeschlagen, ein versammlungsrechtliches Gruppenprinzip als Modifizierung des Erstanmelderprivilegs einzuführen. Das Gruppenprinzip wird insbesondere im Zwangsvollstreckungsrecht angewendet.[531] Demnach sind alle Gläubiger, die in einem bestimmten Zeitraum auf ein Vollstreckungsobjekt zugreifen, gleichberechtigt und gehen späteren Gläubigern vor.[532] Es ist also eine Mittellösung zwischen dem Ausgleichs- und dem Prioritätsprinzip. Nach dem Ausgleichsprinzip werden alle Gläubiger unabhängig von der Reihenfolge des Zugriffs anteilsmäßig befriedigt. Nach Prioritätsprinzip werden Gläubiger nach der Reihenfolge des Zugriffs befriedigt. Dadurch kann für spätere Gläubiger nichts übrigbleiben. Wenn also nicht alle befriedigt werden können, wird der Verlust nicht gemeinsam, sondern nur von den späteren Gläubigern getragen. Das Gruppenprinzip ist also als Abschwächung bzw. Modifizierung des Prioritätsprinzips zu bezeichnen. Durch seine Anwendung kann ein Wettlauf der Gläubiger verhindert werden.[533] Gleichzeitig wird eine rechtzeitige Anmeldung des Anspruchs immer noch belohnt.

Die Einführung dieses Prinzips ist auch im Versammlungsrecht denkbar. Durch die Modifizierung des Erstanmelderprivilegs kann also eine übermäßige und sogar körperliche Konkurrenz zwischen den Versammlungsanmeldern vermieden werden. Diese Modifizierung entspricht ferner auch dem Gerechtigkeitsgedanken. Für die Privilegierung des Erstanmelders ist eine Stunde eine zu kurze Zeit. Es wäre also nicht gerecht, dass ein früherer Anmelder einen Vorrang hat, nur weil er um eine so kurze Zeit schneller war. Als Zeitfenster für die Gruppenbildung wird in dieser Arbeit *ein* Tag vorgeschlagen. Natürlich kann dieser Zeitraum durch den Gesetzgeber als Vertreter der Rechtsgemeinschaft frei bestimmt werden. Es scheint mir jedoch angemessen zu sein, mindestens einen Tag nach einer Anmeldung ein schutzwürdiges Interesse des Anmelders zu bejahen. Wenn sich nämlich der Zeitraum für eine Gruppenbildung über mehr als einen Tag erstreckt, können dadurch andere Probleme ausgelöst werden: Gegendemonstranten könnten z. B. in diesem relativ langen Zeitraum zur Verhinderung einer bestimmten Versammlung noch mehrere Versammlungen anmelden. Aus diesem Grund ist m. E. ein Tag für eine Gruppenbildung angemessen. Danach haben die Veranstalter, die *am selben Tag* Versammlungen anmelden, einen gleichen

531 *Stürner*, ZZP 99 (1986), 291 ff.
532 *Stürner*, ZZP 99 (1986), 291 (322); *Becker*, First in time, first in right, S. 38.
533 *Becker*, First in time, first in right, S. 36.

Rang untereinander und einen Vorrang vor ggf. am späteren Tag angemeldeten Versammlungen.

b) *Lösung der Konkurrenz innerhalb einer Gruppe*

Dann stellt sich allerdings die Frage, wie die Konkurrenz innerhalb einer Gruppe zu lösen ist. Das Problem der gleichzeitigen Anmeldungen ist bis jetzt ungelöst. Wenn also mehrere Versammlungen an einem gleichen Ort für den gleichen Zeitpunkt angemeldet sind und diese Anmeldungen gleichzeitig bzw. am gleichen Tag erfolgt sind, wie ist die Konkurrenz zu lösen? Zunächst hat die Behörde zu versuchen, die Konkurrenz nach wertenden Kriterien zu lösen. Wenn Ort und Zeitpunkt für eine bestimmte Versammlung eine besondere Bedeutung haben, soll die Behörde dieser Versammlung einen Vorrang geben und demnach gegen andere Versammlungen beschränkende bzw. Verbotsverfügungen erlassen. Wenn keine wertenden Kriterien vorliegen, wäre die Konkurrenz nach dem Erstanmelderprivileg zu lösen. Das ist in diesem Fall aber nicht möglich, weil die Anmeldungen gleichzeitig erfolgt sind, bzw. am gleichen Tag, was beim Gruppenprinzip als „gleichzeitig" gewertet wird.

Als ein politisches Grundrecht ist bei der Ausübung der Versammlungsfreiheit ihre Autonomie besonders zu beachten. Aus diesem Grund hat der Staat bei der Konkurrenzlösung neutral zu entscheiden und wenn möglich nicht einzuschreiten. Die grundrechtliche Freiheit vom Staat bedeutet, dass die Bürger zuerst versuchen dürfen und sollen, einen Konflikt zwischen Grundrechtsträgern zu lösen. Demnach soll der Staat bei einem Konflikt zwischen den Grundrechtsträgern nur subsidiär eingreifen.[534] Aufgrund dieses Gedankens wird im Folgenden vorgeschlagen, bei gleichzeitigen Anmeldungen durch eine Absprache zwischen den Veranstaltern bzw. Anmeldern oder durch einen Losentscheid als *Ultima Ratio* Konflikte zu lösen.

aa) Absprache zwischen Versammlungsanmeldern

Wenn es keine wertenden Kriterien zur Konkurrenzlösung gibt und trotzdem der Staat diese Konkurrenz lösen soll, muss er dies anhand formaler Kriterien tun. Als ein formales Kriterium wurde hier das Erstanmelderprivileg vorgeschlagen und untersucht. Nun stellt sich die Frage, wie die Konkurrenz gelöst werden soll, wenn auch durch das Erstanmelderprivileg das Problem nocht gelösen werden kann. In den meisten Fällen werden Konkurrenzen durch wertende Kriterien, wie z. B. die Bedeutung des Ortes und Zeitpunktes für die Versammlungen usw.,

534 *Lenz*, Vorbehaltlose Freiheitsrechte, S. 200 f.

oder durch das Erstanmelderprivileg gelöst werden. Es kann aber den außergewöhnlichen Fall geben, in dem eine Konkurrenz auch durch diese Kriterien nicht zu lösen ist.

In diesem Fall ist zunächst zu versuchen, durch die Absprache zwischen Versammlungsveranstaltern unter Beachtung der Versammlungsautonomie eine Konkurrenz zu lösen. Die Absprache kann insb. während des vom BVerfG entwickelten Kooperationsgesprächs[535] erfolgen. Am Kooperationsgespräch sind grundsätzlich die zuständige Behörde und der Veranstalter der angemeldeten bzw. betroffenen Versammlung zu beteiligen. Jedoch kann die Behörde, wie bei § 13 Abs. 2 VwVfG, auch den Veranstalter einer Gegendemonstration usw. als Beteiligten hinzuziehen.[536] In Anbetracht des Gebots grundrechtsfreundlicher Verfahrensgestaltung und der Autonomie der Versammlung ist es wünschenswert, beim Fehlen rationaler Konkurrenzlösungskriterien den Bürgern eine Gelegenheit zu geben, selbst das Problem zu lösen. Dadurch bekommen die Veranstalter bzw. Anmelder die letzte Gelegenheit, auf ihr eigenes Schicksal Einfluss zu nehmen, weil ansonsten die Behörde nach dem letzten verbleibenden Kriterium, z. B. dem zufallsabhängigen Losverfahren, entscheiden würde. Die Einräumung der Gelegenheit zur Absprache zwischen den Anmeldern entspricht auch der Auskunftspflicht des § 25 Abs. 1 Satz 2 VwVfG und dem Anhörungserfordernis des § 28 Abs. 1 VwVfG.[537] Während des Abspracheverfahrens kann also die Behörde die Betroffenen darüber informieren, dass bei einer Konkurrenz am Ende ohne Rücksicht auf deren Meinung nach behördlichem Ermessen beschränkende Verfügungen erlassen werden können. Das Abspracheverfahren kann ferner als Anhörung fungieren, weil die Betroffenen darin ihre eigene Meinung zum Ausdruck bringen können.

bb) Losverfahren als Ultima Ratio

(1) Problemstellung

Im Rechtsstaat ist es fraglich, ob das vom Zufall abhängige Losverfahren als ein Verteilungs- bzw. Konkurrenzlösungskriterium herangezogen werden kann. Das Individuum erkennt also die Verbindlichkeit des Rechts nur an, wenn dieses durch Vernunft legitimiert ist. Es ist auch fraglich, ob das Losverfahren bei der Konkurrenzlösung zwischen Versammlungen als ein Kriterium herangezogen werden kann. Im Versammlungsrecht wurde als formales Kriterium nur das Erstanmelderprivileg genannt. Dagegen wurde über die Anwendung des Losverfahrens

535 BVerfGE 69, 315 (354 ff.).

536 *Dietel/Gintzel/Kniesel*, VersG, § 14 Rn. 48.

537 *Dietel/Gintzel/Kniesel*, VersG, § 14 Rn. 33.

im Versammlungsrecht bisher nie diskutiert. Das Losverfahren ist wie das Erstanmelderprivileg ein formales Kriterium. Es ist aber noch formaler als das Erstanmelderprivileg, weil das Losverfahren gar keine sachlichen Unterschiede berücksichtigt, während das Erstanmelderprivileg zumindest der Leistung bzw. dem Bedürfnis von Bewerbern entspricht. Im Folgenden wird untersucht, wo das Losverfahren Anwendung findet und ob seine Anwendung im Versammlungsrecht gerechtfertigt werden kann.

(2) Anwendungsbereich des Losverfahrens

Im antiken Athen wurden Staatsämter jährlich durch das Losverfahren und die Wahl besetzt. Darüber schrieb Aristoteles: „Alle Amtsträger für den Bereich der Zivilverwaltung erlosen die Athener, mit Ausnahme des Schatzmeisters (*tamías*) der Kriegskasse, der Verwalter des Theaterfonds und des Aufsehers über die Brunnen. Diese wählen sie (...).“[538] Dabei überwogen die Losämter die gewählten Ämter.[539] Für den Rat wurden z. B. 500 Mitglieder ausgelost, 50 aus jeder Phyle.[540] Sogar Gerichte wurden durch das Los besetzt.[541] Im antiken Griechenland war also das Losverfahren ein wichtiges Instrument der Demokratie.[542] Aufgrund des höchst formalen Charakters sicherte das Losverfahren den Bürgern die gleiche Chance, Staatsämter zu tragen. Ferner hat *die Universität Basel im 18. Jahrhundert* einen Wahlmodus eingeführt, bei dem das Losverfahren eine wichtige Rolle spielte.[543] Wenn nur ein Bewerber fachlich qualifiziert war, wurde er gewählt. Waren aber zwei oder drei Personen fachlich qualifiziert, wurde durch das Losverfahren entschieden. Wenn mehr als drei qualifizierte Bewerber da waren, wurden durch die Wahl drei Kandidaten vorgeschlagen (sog. „Dreiervorschlag“) und schließlich entschied das Los unter diesen drei.[544] Anhand dieses Verfahrens wollte die Universität Basel die Wahl der Professoren objektivieren.

Im Verwaltungsrecht findet das Losverfahren insbesondere bei der Vergabe der Studienplätze seine Anwendung. Die Studienplätze können also gemäß § 32 Abs. 4 HRG unter ranggleichen Bewerber durch das Losverfahren vergeben werden. Auch die nach Abschluss des Vergabeverfahrens noch verfügbaren Studienplätze werden nach Losentscheid vergeben (§ 23 HVVO BW). Das

538 *Aristoteles*, Der Staat der Athener, 43, 1.
539 *Bleicken*, Die athenische Demokratie, S. 275.
540 *Aristoteles*, Der Staat der Athener, 43, 2.
541 *Aristoteles*, Der Staat der Athener, 43 66.
542 *Martini*, Der Markt als Instrument hoheitlicher Verteilungslenkung, S. 96 f.
543 *Burckhardt*, Basler Zeitschrift für Geschichte und Altertumskunde 15 (1916), S. 28.
544 *Burckhardt*, Basler Zeitschrift für Geschichte und Altertumskunde 15 (1916), S. 33 f.

Bundesverfassungsgericht hat in seiner Numerus-Clausus-II-Entscheidung die Studienplatzvergabe nach dem sog. leistungsgesteuerten Losentscheid, bei dem die Zulassungschancen mit der Schulnote steigen, für möglich gehalten.[545] Zur Begründung hat es ausgeführt, dass dieses Verfahren rasch und ohne viel Aufwand anwendbar ist und die Zulassungschancen auf alle Bewerber ausdehnt. Jedoch hat es vor den Nachteilen des vom Zufall abhängigen Losverfahrens gewarnt. Worin diese Nachteile bestehen können, hat es aber nicht konkret ausgeführt. Bei einer Zulassung zu Märkten können Gemeinden unter allen geeigneten Bewerbern auch durch das Losverfahren entscheiden, soweit sie jedem geeigneten Bewerber die gleiche Zulassungschance eingeräumt und nicht willkürlich entschieden haben (§ 70 Abs. 3 GewO).[546]

Im Strafverfahren wird die Reihenfolge, in der die Hauptschöffen an den einzelnen ordentlichen Sitzungen des Jahres teilnehmen, aufgrund der Vorschlagsliste der Gemeinde durch Auslosung bestimmt (§ 45 Abs. 1 GVG). Die Vorschlagsliste soll aber alle Gruppen der Bevölkerung nach Geschlecht, Alter, Beruf und sozialer Stellung angemessen berücksichtigen und dadurch die gesamte Bevölkerung der Gemeinde repräsentieren (§ 36 Abs. 2 GVG). Demzufolge wäre die Aufstellung der Liste nach rein zufälligen Kriterien, wie z. B. dem Losverfahren, unzulässig.[547] Die Anwendung des zufälligen Losverfahrens bei der Bestimmung der Reihenfolge der Schöffen an den einzelnen ordentlichen Sitzungen setzt also die einzelne Merkmale berücksichtigende Aufstellung der Vorschlagsliste voraus.

Auch *im Zivilrecht* findet das Losverfahren Anwendung. Bei einer Auslobung, also einer Belohnung für die Vornahme einer Handlung, ist die Belohnung demjenigen zu gewähren, welcher die Handlung vorgenommen hat (§ 657 BGB). Wenn diese Handlung von mehreren Personen vorgenommen worden ist, dann gebührt die Belohnung demjenigen, der sie zuerst vorgenommen hat (§ 659 Abs. 1 BGB, das Prioritätsprinzip). Wenn aber diese Handlung von mehreren gleichzeitig vorgenommen worden und die Belohnung unteilbar ist, dann wird sie nach dem Losverfahren vergeben. Auch bei einer Verteilung von Gemeinschaftsvermögen findet das Losverfahren Anwendung (§ 752 BGB).

Schließlich ist festzuhalten, dass das Losverfahren seit langem in allen Rechtsbereichen als Auswahlkriterium Anwendung findet. Dieses zufallsabhängige Kriterium wird aber nicht in allen Fällen eingesetzt, weil eine blinde Anwendung des Losverfahrens unerwartete Nebenwirkungen, wie z. B. die Auswahl eines

545 BVerfGE 43, 291 (324 f.) - Numerus clausus II.
546 OVG Niedersachsen, Urteil vom 16.6.2005 - 7 LC 201/03 = NVwZ-RR 2006, 177.
547 BGHSt 30, 255 (256).

unqualifizierten Bewerbers, herbeiführen kann. Die oben aufgezeigten Beispiele verdeutlichen, dass das Losverfahren hauptsächlich unter geeigneten, qualifizierten, sachlich gleichrangigen Bewerbern anzuwenden ist. In solchen schwer zu entscheidenden Fällen dient das Losverfahren also dazu, höchst neutrale und willkürfreie Entscheidungen zu treffen. Unter dem Zufall sind alle gleich, durch das Losverfahren können also gleiche Zulassungschancen sichergestellt werden.[548]

(3) Rechtfertigung des Losverfahrens im Versammlungsrecht

Wie die oben aufgeführten Beispiele zeigen, ist das Losverfahren nicht nach Belieben anzuwenden. In den Beispielen wurde es meistens in solchen Fällen angewendet, in denen keine sachlichen Unterschiede zwischen den Bewerbern zu finden sind oder wenn deren Ermittlung mit einem großen Aufwand verbunden wäre. Dabei wurde das Losverfahren als ein neutrales und praktikables Kriterium eingesetzt.

Fraglich ist aber, ob das zufallsabhängige Losverfahren ein rationales Kriterium darstellt und als Konkurrenzlösungskriterium herangezogen werden kann.[549] Im modernen Staat erkennt das Individuum die Verbindlichkeit des Rechts nur an, wenn es durch Vernunft legitimiert ist, weil er ein Produkt des neuzeitlichen Rationalismus ist.[550] Aus Sicht der Vernunft erscheint die Auswahl allein durch den Zufall als irrational. Andere der Rechtsgemeinschaft denken dagegen, dass das Losverfahren ein gerechtes, faires Kriterium ist, weil es gleiche Chancen zwischen den Bewerbern garantiert. Man kann also feststellen, dass die Bewertungen des Losverfahrens äußerst kontrovers sind: Dieser findet das Los gerecht, jener findet es irrational. Worin kann der Grund dafür liegen?

Nach meiner Einschätzung führen unterschiedliche Situationen, in denen das Los angewendet wird, zu sich widersprechenden Beurteilungen des Losverfahrens. Wenn also die Behörde ohne Rücksicht auf wesentliche Unterschiede oder ohne Vorliegen gewichtiger Gründe, z. B. hohen administrativen Aufwands oder faktischer Unmöglichkeit einer Entscheidung, das Losverfahren beliebig anwendet, hält man diese Anwendung für ungerecht und irrational. Eine solche Entscheidung kann ferner dem Zweck eines Gesetztes oder einer Regelung widersprechen. Staatliche Entscheidungen, also Ungleichbehandlungen bei einer Konkurrenzlösung, sollen zu dem Zweck eines betroffenen Gesetzes beitragen, und demnach zweckmäßig sein. Die alleinige Anwendung des Losentscheids ohne

548 *Kloepfer/Reinert*, in: Gethmann/Kloepfer/Reinert (Hrsg.), S. 67.
549 Vgl. *Kersting*, Theorien der sozialen Gerechtigkeit, S. 10.
550 *Depenheuer*, JZ 1993, 171 (174 ff.).

Berücksichtigung sachlicher, wesentlicher Unterschiede zwischen den Bewerbern kann also eine dem Zweck der Regelung widersprechende Folge herbeiführen.[551] Z. B. hatte das im Jahr 1719 an der Universität Basel eingeführte Losverfahren beim Berufungsverfahren von Professoren zur Folge, dass nicht genügend qualifizierte Personen zu Professoren gewählt wurden.[552] Dabei verstößt der Staat auch gegen den allgemeinen Gleichheitssatz des Art. 3 Abs. 1 GG, weil er anhand des zweckwidrigen Differenzierungskriteriums betroffene Bürger ungleich behandelt hat.[553] Der verfassungsrechtliche Gleichheitssatz räumt dem Staat ein weites Ermessen ein, jedoch muss eine staatliche Ungleichbehandlung dem Zweck einer Regelung entsprechen.

Dementsprechend ist das Losverfahren prinzipiell nur unter gleich qualifizierten bzw. gleichrangigen Bewerbern bei einem nicht Vorhandensein wertender Kriterien als Ultima Ratio anzuwenden.[554] Unter gleichermaßen Berechtigten kann also durch das zufallsabhängige Losverfahren eine neutrale Entscheidung getroffen werden.[555] Dadurch kann ferner vermieden werden, dass ungeeignete, unqualifizierte Personen durch das Losverfahren gewählt werden. Das zufallsabhängige und deshalb irrational erscheinende Losverfahren kann also unter der Voraussetzung vernünftig sein, dass die inhaltlichen Entscheidungskriterien aus tatsächlichen Gründen gleichwertig sind.[556] Wenn also der Staat trotz eines Mangels an inhaltlichen, sachgerechten, rationalen Kriterien handeln muss, ist es vernünftiger, durch Zufall zu entscheiden als gar nicht zu handeln. Unter dem die Selbsthilfe verbietenden staatlichen Gewaltmonopol kann also der Staat auch anhand des Zufalls über die Konkurrenz entscheiden.[557] Legitimität erlangt das Losverfahren also aus der praktischen Notwendigkeit, auch im Streitfall den Rechtsfrieden zu wahren.

Bei Unmöglichkeit einer wertenden Entscheidung wahrt der Losentscheid auch das Prinzip der staatlichen Neutralität und der Chancengleichheit. Alle Bürger,

---

551 *Martini*, Der Markt als Instrument hoheitlicher Verteilungslenkung, S. 98 f.

552 Juristische Fakultät Universität Basel, Geschichte der Juristischen Fakultät der Universität Basel, unter: https://ius.unibas.ch/index.php?eID=secFileDl&fileUid=2894 (Stand: 22.5.2015).

553 *Kloepfer/Reinert*, in: Gethmann/Kloepfer/Reinert (Hrsg.), S. 67.

554 *Kloepfer/Reinert*, in: Gethmann/Kloepfer/Reinert (Hrsg.), S. 67 f.; *Berg*, Der Staat 15 (1976), S. 22; *Tomuschat*, Der Staat 4 (1973), S. 446.

555 *Wimmer*, DVBl. 1967, 139 (142).

556 So auch *Czepull*, Rettung Verschütterter, S. 232.

557 *Welbers*, Vollstreckungsrechtliches Prioritätsprinzip und verfassungsrechtlicher Gleichheitssatz, S. 6.

egal ob sie reich oder arm, männlich oder weiblich sind, haben beim Losverfahren die gleiche Chance, gewählt zu werden. Unter dem Zufall sind also alle gleich. Diese Eigenschaft des Losverfahrens ist hinsichtlich des Grundrechts der Versammlungsfreiheit besonders wichtig, weil historisches Kennzeichen des Versammlungsrechts dessen politischer Charakter ist.[558] Demnach besteht immer die Gefahr, dass der Staat willkürlich, nach Belieben die Versammlungsfreiheit der Bürger unterdrücken könnte. Hinsichtlich der Beschränkung des Grundrechts der Versammlungsfreiheit ist demnach ein die staatliche Neutralität sicherndes Verfahren erforderlich. Soweit keine materiellen Kriterien vorhanden sind und Konkurrenzen nicht anhand des Erstanmelderprivilegs zu lösen sind, kann der Staat nach dem zufallsabhängigen Losverfahren eine neutrale Entscheidung treffen.[559] Der Aspekt der staatlichen Neutralität ist hinsichtlich der Versammlungsfreiheit besonders wichtig, weil die Versammlungsfreiheit des Art. 8 GG in der demokratischen Ordnung ein Minderheitenschutzrecht darstellt.[560] Als solches soll sie auch denjenigen, die eine ganz andere Meinung als die der Mehrheit haben, eine Chance geben, sich zu versammeln und äußern. Jedoch kann der Staat in einer Situation, in der er ungeachtet des Nichtvorhandenseins wertender Kriterien eine Konkurrenz zwischen Versammlungen lösen soll, dazu neigen, dass er eine der Mehrheitsmeinung in der Bevölkerung entsprechende Entscheidung trifft und die der Minderheiten unterdrückt. Einer solchen Gefahr kann durch die Anwendung des Losverfahrens vorgebeugt werden. Durch das Losverfahren kann also der Staat in einer Konkurrenzsituation eine *höchst neutrale* Entscheidung treffen.

(4) Kritik und Ergänzung des Losverfahrens

Auch die Entscheidung nach dem Losverfahren kann einen Nachteil haben. Zur Erhöhung seiner Gewinnchance kann ein bestimmter Bewerber oder eine Personengruppe mehrere Anmeldungen bzw. Anträge stellen.[561] Insofern ist im Versammlungsrecht eine Konstellation denkbar, in welcher mehrere Gruppen der linken Szene zur Verhinderung einer rechtsextremen Versammlung am selben Ort, zur gleichen Zeit mehrere Versammlungen anmelden würden. Wenn diese Konkurrenz nicht durch wertende Kriterien oder das Erstanmelderprivileg gelöst werden kann, kann die Versammlungsbehörde auch durch das Losverfahren die

558 *Kang*, Der Friedlichkeitsvorbehalt der Versammlungsfreiheit, S. 193.

559 *Depenheuer*, JZ 1993, 171 (179); *Scholler*, Die Interpretation des Gleichheitssatzes als Willkürverbot oder als Gebot der Chancengleichheit, S. 87.

560 VGH Mannheim, VBlBW 2002, 383 (387).

561 *Martini*, Der Markt als Instrument hoheitlicher Verteilungslenkung, S. 98 f.

Konkurrenz befriedigen, um die staatliche Neutralität sicherzustellen. Wenn aber die Versammlungsbehörde ohne Rücksicht auf diesen Umstand, d. h. die Verzerrung der Gewinnchance durch mehrfache Anmeldungen der linken Szene, nach dem Los entscheiden würde, wäre die Entscheidung nicht mehr gerecht. Dadurch kann der größte Vorteil des Losverfahrens, also die Gewährleistung der Chancengleichheit zwischen den Bewerbern, verlorengehen. Zur Vermeidung dieses Nachteils ist auch bei der Anwendung des Losverfahrens die Einführung des sog. *Gruppenprinzips* denkbar. Vor der Durchführung des Losverfahrens gruppieren also die Behörde nach ihrem Ermessen je nach dem Zweck oder Charakter der Versammlungen die Anmeldungen in Gruppen. Beim hier aufgezeigten Beispiel sind die konkurrierenden Versammlungen in zwei Gruppen, also rechtsextremistische und linksextremistische Versammlungen, einzuordnen. Danach wählt die Behörde durch das Losverfahren oder auch durch die Absprache mit den Bewerbern jeweils eine Versammlung aus den beiden Gruppen. Unter diesen Repräsentanten der jeweiligen Gruppen lost die Behörde aus. Durch die Gruppierung konkurrierender Versammlungen und ein zweistufiges Losverfahren kann schließlich verhindert werden, dass eine bestimmte Gruppe von Versammlungen zur Verhinderung einer anderen Versammlung durch mehrere Anmeldungen die Gewinnchance der eigenen Gruppe erhöht.

Es wird auch kritisiert, dass die Anwendung des Losverfahrens naturgemäß zum völligen Anusschluss anderer Bewerber, also anderer Versammlungen führe.[562] Nach dieser Meinung kann durch das Losverfahren kein Ausgleich zwischen konkurrierenden Bewerbern erreicht werden. Aus diesem Grund wird behauptet, dass das Losverfahren nur für die Verteilung solcher Güter anwendbar ist, die unteilbar sind und nicht zu den existenziellen Bedürfnissen im engeren Sinne gehören, weil der Staat den Bürgern die existenziellen Bedürfnisse nach dem Sozialstaatsprinzip des Art. 20 Abs. 1 GG gewährleisten soll.[563] Teilbare Güter seien also nicht durch das Losverfahren, sondern durch die einen Ausgleich erreichenden anderen Kriterien zu verteilen. Diese Meinung versteht aber das Ziel und die Funktion des Losverfahrens nicht richtig. Gewiss wird in vielen Fällen nur ein Bewerber durch das Losverfahren gewählt und bekommt alle Güter. Das eigentliche Ziel des Losverfahrens ist jedoch nicht, dem Gewinner alles, sondern lediglich bei der Konkurrenzlösung einen *Vorrang* zu geben. Prinzipiell werden die Verlierer durch das Losverfahren nicht völlig ausgeschlossen, sondern bei der Verteilung bzw. Konkurrenzlösung nur nachrangig berücksichtigt. Das

562 *Kloepfer/Reinert*, in: Gethmann/Kloepfer/Reinert (Hrsg.), S. 66.
563 *Berg*, Der Staat 15 (1976), S. 22.

Losverfahren fungiert also nur als ein Maßstab, mit dem man darüber entscheiden kann, wem ein Vorrang zu geben ist. Je nach konkreter Situation kann also der Losentscheid ausschließend oder rangordnend wirken.[564] Die in dieser Untersuchung vorgeschlagenen Voraussetzungen für die Anwendung des Losverfahrens sind nur, dass es keine wertenden Kriterien gibt und die Konkurrenz nicht durch das Erstanmelderprivileg zu lösen ist. Die Anwendbarkeit des Losverfahrens hängt demnach nicht davon ab, ob die betroffenen Güter teilbar oder unteilbar sind oder zu den existenziellen Bedürfnissen im engeren Sinne gehören. Auch dabei ist das Los anzuwenden, weil es eben nicht immer zum Ausschluss anderer Bewerber führt. Als Ergebnis ist zu sagen, dass ein schonender Ausgleich konkurrierender Bewerber auch durch das Losverfahren erreicht werden kann, weil es nur bestimmt, wer bei der Konkurrenzlösung vorrangig oder nachrangig zu berücksichtigen ist. Auch bei der Konkurrenz zwischen Versammlungen schließt das Losverfahren die unterlegenen Versammlungen nicht immer völlig aus. Wenn die Konkurrenz durch beschränkende Verfügungen, also nicht Verbotsverfügungen, gelöst werden kann, erlässt die Behörde diese zuerst gegen die durch das Los nicht gewählten Versammlungen. Das Los bestimmt in diesem Fall also nur den Rang zwischen konkurrierenden Versammlungen.

(5) Ergebnis

Das Losverfahren ist ein rein formales und zufallsabhängiges Kriterium. Darum berücksichtigt dieses Kriterium keine sachlichen Unterschiede und Besonderheiten zwischen konkurrierenden Versammlungen. Demnach ist zu befürchten, dass die Anwendung des Losverfahrens gegen den allgemeinen Gleichheitssatz des Art. 3 Abs. 1 GG verstoßen würde. Insbesondere kann das Ergebnis des Losverfahrens auch dem Zweck der Regelung widersprechen, weil dadurch ein unqualifizierter Bewerber gewählt werden kann. In diesen Fällen kann die Ungleichbehandlung nach dem Losverfahren gegen den allgemeinen Gleichheitssatz verstoßen, weil die staatliche Ungleichbehandlung immer zweckmäßig sein soll. Es ist auch fraglich, ob das Zufallsprinzip ein rationales Kriterium darstellt. Die Zweifel daran können aber vermieden werden, wenn man das Los als letzten Ausweg, also als *Ultima Ratio* anwendet. Gibt es also bei der Konkurrenzlösung keine wertenden, sachlichen Kriterien und sind alle Bewerber gleichberechtigt und gleichqualifiziert, kann der Staat durch das Los entscheiden.[565] Dadurch kann er in einem solchen schwer zu entscheidenden Fall eine höchst neutrale Entscheidung treffen.

---

564 Siehe auch oben, 3. Teil. D. I. 2.

565 *Kloepfer/Reinert*, in: Gethmann/Kloepfer/Reinert (Hrsg.), S. 67 f.

Im Versammlungsrecht kann auch das Losverfahren berücksichtigt werden. Es kann also Situationen geben, in denen ein Konflikt von Versammlungen durch sachliche, wertende Kriterien oder durch das Erstanmelderprivileg nicht gelöst werden kann. In diesen Fällen können die Konflikte aufgrund des zufallsabhängigen, höchst neutralen Losverfahrens gelöst werden. Es gibt also eine praktische Notwendigkeit, auch im Versammlungsrecht das Losverfahren anzuwenden oder zumindest über seine Anwendbarkeit zu diskutieren.

3. *Sanktionierung der wesentlich unrichtigen Anmeldung als Ordnungswidrigkeit*

Durch die *subsidiäre* Anwendung des Erstanmelderprivilegs kann man feststellen, dass die Konkurrenz zwischen Versammlungen *nicht allein* durch die zeitliche Priorität der Anmeldungen gelöst wird. Die Anmelder können sich also vergewissern, dass die zeitliche Reihenfolge der Anmeldungen bei der Konkurrenz zwischen Versammlungen kein primäres, maßgebliches Kriterium ist. Dadurch können vorsorgliche bzw. Scheinanmeldungen verringert werden. Das versammlungsrechtliche Gruppenprinzip als Abschwächung bzw. Modifizierung des Erstanmelderprivilegs erzielt eine ähnliche Wirkung. Durch die Abschwächung des Prinzips können die exzessive Konkurrenz um den ersten Platz und die Erreichung des Ziels der vorsorglichen Anmeldung teilweise verhindert werden. Wie schon gezeigt, ist es aber schwierig, mit der Anmeldung zusammenhängenden Problemen, wie z. B. der vorsorglichen oder Scheinanmeldung, auch durch die oben ausgeführten Vorschläge, die auf eine Abschwächung des Erstanmelderprivilegs zielen, rechtzeitig und effektiv vorzubeugen. Z. B. gibt es unter der jetzigen Rechtslage kein geeignetes Mittel zur Bewältigung der Scheinanmeldung.[566] Sie nur aufgrund der präventiven Regelung des § 15 Abs. 1 VersG zu bewältigen, ist ein realitätsfremder Gedanke, weil es schwierig ist, von vornherein zu erkennen, ob es sich bei der Anmeldung einer Versammlung um eine Scheinanmeldung handelt. Hinsichtlich dieses Problems bleibt also in der Tat nur „Prävention durch Repression“ übrig.[567] Die Einführung einer repressiven Sanktion als Straftat oder Ordnungswidrigkeit hat eine präventive und einschüchternde Wirkung, ein bestimmtes Verhalten zu unterlassen. Im Versammlungsrecht gibt es aber keine Regelung, die die Scheinanmeldung sanktioniert. Obwohl die *wesentlich anders* als mit den in der Versammlungsanmeldung angegebenen Inhalten durchgeführte Versammlung nach § 25 Nr. 1 VersG strafbar ist, kann dadurch die Scheinanmeldung nicht

566 *Ullrich*, DVBl. 2012, 666 (667).

567 *von Liszt*, Der Zweckgedanke im Strafrecht, S. 176.

verhindert werden. Denn nach dem Wortlaut dieser Vorschrift wird nur eine solche Versammlung mit unrichtiger Anmeldung sanktioniert, die *tatsächlich durchgeführt* wurde und eine Lage verursacht, „die es der Polizei nicht mehr ermöglicht, die Veranstaltung zu schützen bzw. das Versammlungsrecht mit kollidierenden Rechtsgütern zu harmonisieren".[568] Nach dieser Vorschrift wird also die Scheinanmeldung nicht bestraft, weil dabei die angemeldete Versammlung tatsächlich nicht durchgeführt wird. Demzufolge ist vorgeschlagen worden, die unrichtige Anmeldung, insbesondere die Scheinanmeldung mit dem Zweck der Verhinderung einer konkurrierenden Versammlung, egal ob die Versammlung tatsächlich durchgeführt wird oder nicht, als Ordnungswidrigkeit zu sanktionieren.[569] § 21 Abs. 1 Nr. 5 des niedersächsischen Versammlungsgesetzes schreibt vor, dass die wider besseres Wissen unrichtigen oder unvollständigen Angaben in der Versammlungsanzeige als Ordnungswidrigkeit sanktioniert werden. Es ist aber zu beachten, dass auch die Sanktionierung als Ordnungswidrigkeit eine Einschüchterungswirkung gegenüber den Grundrechtsträgern haben kann.[570] Die innere Versammlungsfreiheit der Teilnehmer kann demnach durch die Sanktionsbewehrung massiv beeinträchtigt werden. Die potenziellen Teilnehmer können also wegen der Sanktionsbewehrung darauf verzichten, an einer Versammlung teilzunehmen. Aus diesem Grund sind die der Ordnungswidrigkeit zugrundeliegenden Tatbestände möglichst eng und konkret zu beschreiben, damit die Wahrnehmung der Versammlungsfreiheit nicht durch ein schwer kalkulierbares Risiko persönlicher Sanktionen beeinträchtigt wird. Es gibt jedoch auch die Ansicht, dass die Anmeldepflicht im Hinblick auf die Anmeldefreiheit des Art. 8 Abs. 1 GG nicht sanktioniert werden darf. Nach dieser Meinung ist die Versammlungsanmeldung keine rechtliche Pflicht, sondern nur eine Obliegenheit.[571] Die hier vorgeschlagene Regelung sanktioniert aber keine solchen Anmeldungen, die sich auf tatsächlich geplante Versammlungen beziehen. Durch diese Regelung werden also tatsächlich gewollte und daher angemeldete Versammlungen, die aber aufgrund unvermeidbarer Umstände nicht stattfinden, nicht sanktioniert. In die innere Versammlungsfreiheit wird demnach durch diese Regelung nicht eingegriffen, weil die Scheinanmeldung von vornherein verfassungsrechtlich nicht geschützt ist. Art. 8 Abs. 1 GG schützt also keine Scheinanmeldung. Durch die Sanktionierung der grundrechtlich nicht geschützten Scheinanmeldung kann vielmehr die Versammlungsfreiheit anderer besser geschützt werden. Insofern bestehen verfassungsrechtlich keine Bedenken gegen

568 *Dietel/Gintzel/Kniesel*, VersG, § 25 Rn. 3.
569 *Ullrich*, DVBl. 2012, 666 (667).
570 BVerfGE 122, 342 (365).
571 *Pieroth/Schlink/Kniesel*, Polizei- und Ordnungsrecht, § 21 Rn. 5b.

die Sanktionierung einer unrichtigen Anmeldung als Ordnungswidrigkeit. Eine Sanktionierung der unrichtigen Anmeldung betrifft außerdem kein fahrlässiges Handeln, sondern nur die unrichtige Anmeldung mit Verhinderungsabsicht als subjektiver Voraussetzung (§ 10 OWiG). Es gibt jedoch auch die Ansicht, dass auch eine fahrlässig grob unrichtige Anmeldung sanktioniert werden soll.[572] Dieser Ansicht ist aber nicht zuzustimmen, weil dadurch das Grundrecht der Versammlungsfreiheit massiv eingeschränkt werden kann.

III. Ergebnis

Hinsichtlich des Erstanmelderprivilegs wird befürchtet, dass seine Anwendung im Versammlungsrecht unerwartete Nebenwirkungen, wie z. B. vorsorgliche bzw. Scheinanmeldungen usw., hervorrufen kann. Ferner ist fraglich, wie das Problem zu lösen ist, wenn mehrere Versammlungen gleichzeitig angemeldet werden. Damit eine exzessive Konkurrenz aufgrund der Anwendung des Erstanmelderprivilegs vermieden bzw. vermindert werden kann, werden hier einige Lösungen vorgeschlagen. Grundsätzlich ist das Erstanmelderprivileg als überwiegend formales Kriterium nur subsidiär anzuwenden. Primär sind wertende Kriterien, z. B. die Bedeutung des Ortes und des Zeitpunktes für den Versammlungszweck usw., anzuwenden, weil sie zum Ziel der Regelung bzw. des Gesetzes besser beitragen können. Durch die subsidiäre Anwendung des Erstanmelderprivilegs kann auch die vorsorgliche Anmeldung von Versammlungen verhindert bzw. reduziert werden, weil der Bürger weiß, dass die zeitliche Reihenfolge der Anmeldung bei der Konkurrenzlösung kein einzig maßgebliches, sondern nur ein subsidiär anwendbares Kriterium ist. Außerdem ist die Einführung des versammlungsrechtlichen Gruppenprinzips als Modifizierung bzw. Abschwächung des Erstanmelderprivilegs denkbar. Dadurch kann eine extreme Konkurrenz um den vorderen Platz verhindert werden. Wenn z. B. dem Erstanmelder, der nur eine Stunde oder sogar eine Sekunde früher als andere Anmelder die eigene Versammlung angemeldet hat, ein Vorrang eingeräumt wird, kann dadurch eine exzessive Konkurrenz entstehen. Ferner ist auch fraglich, ob es gerecht ist, demjenigen, der nur kurz früher angemeldet hat, einen Vorrang einzuräumen. In dieser Arbeit ist demnach vorgeschlagen worden, denjenigen, die an einem gleichen Tag eigene Versammlungen angemeldet haben, gleichmäßig einen Vorrang einzuräumen. Durch diese Abschwächung des Erstanmelderprivilegs kann auch die unerwünschte Nebenwirkung einer exzessiven Konkurrenz vermieden werden. Es soll aber auch beantwortet werden, wie die Konkurrenz zu lösen ist, wenn sie durch das Erstanmelderprivileg nicht

572 *Ullrich*, DVBl. 2012, 666 (667).

gelöst werden kann. Für diese außergewöhnliche, aber auch denkbare Konstellation wird vorgeschlagen, die Konkurrenz durch das Losverfahren als letzten Ausweg zu lösen. Der gewaltmonopolisierte Staat muss also die Konkurrenz auch mit Hilfe des Zufalls entscheiden. Vor der Entscheidung durch den Zufall ist jedoch den Bürgern die letzte Chance einzuräumen, durch Absprache die Konkurrenz selbst zu lösen, um die Versammlungsautonomie zu gewährleisten. Zu beachten ist, dass das zufallsabhängige Losverfahren nur dann ein gerechtes und rationales Kriterium ist, wenn es ausschließlich unter gleich qualifizierten Bewerbern bzw. bei nicht Vorhandensein anderer Kriterien angewendet wird. Unter diesen Voraussetzungen ist die Anwendung des zufallsabhängigen Losverfahrens im Versammlungsrecht verfassungsrechtlich gerechtfertigt. Dadurch kann der Staat in einem schwer zu entscheidenden Fall eine neutrale Entscheidung treffen.

F. Resümee

Im dritten Teil dieser Arbeit wurde untersucht, ob das auf dem zeitlichen Prioritätsprinzip beruhende Erstanmelderprivileg im Versammlungsrecht anwendbar ist. Zur Anerkennung des Erstanmelderprivilegs sollte zuerst untersucht werden, welche Rechtswirkung der Versammlungsanmeldung zu gewähren ist. Wenn nämlich die versammlungsrechtliche Anmeldung gar keine Rechtswirkung hätte, bräuchte man dem Erstanmelder keinen Vorrang einzuräumen. Die teleologischen und geschichtlichen Analysen haben gezeigt, dass der Versammlungsanmeldung nach angemessener Zeit eine gewisse Bindungswirkung einzuräumen ist. Die Grundrechtsträger sollen also bei einer anmeldebedürftigen Tätigkeit nicht schlechter behandelt werden als bei einer erlaubnisbedürftigen. Dadurch kann auch die Rechtssicherheit des Bürgers gewährleistet werden.

Es war auch zu prüfen, ob das Erstanmelderprivileg den Gleichheitssatz des Art. 3 Abs. 1 GG verletzt, weil dadurch konkurrierende Versammlungen durch den Staat ungleich behandelt werden. Nach diesem Grundsatz sind nicht alle, sondern nur grundlose, ungerechtfertigte Ungleichbehandlungen verboten. Somit darf die staatliche Ungleichbehandlung nicht willkürlich erfolgen werden. Ferner soll die staatliche Ungleichbehandlung größerer Intensität auch dem Grundsatz der Verhältnismäßigkeit genügen: Die Gründe, also Zwecke der Ungleichbehandlung durch das Erstanmelderprivileg sind die Verwirklichung der konkurrierenden Versammlungsfreiheiten und die Gefahrenabwehr für die öffentliche Sicherheit oder Ordnung. Diese Gründe sind legitim und nicht als willkürlich zu bezeichnen. Sie sind durch die Ungleichbehandlung nach dem Erstanmelderprivileg zu erreichen, weil dadurch die Konkurrenz aufgelöst werden kann. Die Anwendung des Erstanmelderprivilegs stellt auch ein erforderliches Mittel dar, wenn bei der

Anwendung die spätere Versammlung nicht ohne weiteres verboten wird. Die Anwendung des Erstanmelderprivilegs ist auch ein angemessenes Mittel, weil die Ausübung aller konkurrierenden Versammlungsfreiheiten andernfalls wegen der Konkurrenz faktisch unmöglich ist. Hinsichtlich der Chancengleichheit besteht auch kein Zweifel, soweit alle potenziellen Anmelder die gleiche Chance haben, als Erster eine eigene Versammlung anzumelden.

Obwohl gegen das Erstanmelderprivileg keine Bedenken bestehen, sind Gerichte und die Literatur bezüglich der tatsächlichen Anwendung des Erstanmelderprivilegs zurückhaltend, weil sie Nachteile und Missbrauch durch rechts- bzw. linksextremistische Szenen befürchtet. Ebenso wird das Erstanmelderprivileg auch im Bundestag und den Landtagen nur selten erörtert. Aus diesem Grund wurden in dieser Arbeit Voraussetzungen und Ergänzungen näher aufgezeigt. Das Erstanmelderprivileg findet nur bei Vorliegen einer Konkurrenz um begrenzt zur Verfügung stehende öffentliche Plätze Anwendung. Bei einer echten Konkurrenz wirkt das Prinzip als ein ausschließendes Erstanmelderprivileg. Die später angemeldete Versammlung wird dabei verboten. Bei einer unechten Konkurrenz wirkt es als ein rangordnendes Erstanmelderprivileg. Hier wird die spätere Versammlung nicht völlig verboten, sondern nur zeitlich oder örtlich beschränkt. Das Erstanmelderprivileg ist als ein überwiegend formales Kriterium nur subsidiär anzuwenden, weil die wertenden Kriterien, die sachliche Unterschiede zwischen Bewerbern berücksichtigen, den Regelungszweck besser verwirklichen können. Ferner muss der Staat unter Handlungszwang stehen, damit er in die Konkurrenz eingreifen kann. Dies kann bei der Konkurrenz zwischen Versammlungen meist bejaht werden, weil das staatliche Gewaltmonopol die Selbsthilfe des Bürgers verbietet. Die Nachteile des Erstanmelderprivilegs, wie z. B. die Scheinanmeldung und exzessive Konkurrenz um den vorderen Platz, können durch die Ergänzung bzw. Modifizierung des Prinzips vermieden werden. Erstens ist das Erstanmelderprivileg nur subsidiär anzuwenden. Damit wissen die Bürger, dass die zeitliche Reihenfolge bei der Konkurrenzlösung kein allein maßgebliches Kriterium ist. Außerdem kann ein versammlungsrechtliches Gruppenprinzip eingeführt werden. Dabei hätten Versammlungen, die an einem gleichen Tag angemeldet werden, einen gleichen Rang. Durch diese Abschwächung bzw. Modifizierung des Erstanmelderprivilegs kann demnach die exzessive Konkurrenz um die früheste Anmeldung vermieden werden. Es ist aber noch zu beantworten, wie die Konkurrenz der gleichzeitigen Anmeldungen oder die Konkurrenz innerhalb einer gleichen Gruppe zu lösen ist. Für dieses Problem wird in dieser Arbeit das Losverfahren als letzter Ausweg vorgeschlagen. Hinsichtlich des Losverfahrens ist aber fraglich, ob es bei der Konkurrenzlösung zu einem gerechten Ergebnis führt. Weil das Losverfahren zufallsabhängig ist, kann es dazu führen, dass ein unqualifizierter Bewerber durch das Los gewählt wird. Das hier vorgeschlagene Losverfahren wird aber nur dann angewendet, wenn keine anderen Kriterien zur Lösung von Konkurrenzen vorhanden sind. Dies impliziert, dass zwischen den Bewerbern keine sachlichen Unterschiede bestehen, sie mithin alle gleich qualifiziert sind. Dieses Verfahren wird demnach nur unter gleichberechtigten Bewerbern, also Anmeldern, angewendet. Der Staat kann also in einem solchen schwer zu entscheidenden Fall durch das Losverfahren eine höchste neutrale Entscheidung treffen. Hinsichtlich der Versammlungsfreiheit ist die staatliche Neutralität besonders wichtig, weil immer eine Gefahr besteht, dass eine Versammlung von Minderheiten durch den Staat unterdrückt wird. Weil die Bürger bei der Entscheidung durch das Losverfahren das eigene Schicksal nicht beeinflussen können, ist es ferner wünschenswert, ihnen eine Chance zu geben, dass sie durch die Absprache mit anderen Konkurrenten über eigenes Schicksal selber entscheiden. Schließlich wurde vorgeschlagen, wesentlich unrichtige Anmeldungen zu sanktionieren. Zwar sanktioniert das jetzige Versammlungsgesetz eine aufgrund einer unrichtigen Anmeldung durchgeführte Versammlung, jedoch sanktioniert es nicht die unrichtige Anmeldung *ohne* Versammlung, also die Scheinanmeldung. Weil es für die Versammlungsbehörde fast unmöglich ist, die Scheinanmeldung vorher zu erkennen, ist eine Regelung erforderlich, die solche Anmeldungen nachträglich sanktioniert.

4. Teil: Primäre Kriterien bei der Lösung konkurrierender Versammlungen

Aus der bisherigen Untersuchung hat sich ergeben, dass das Erstanmelderprivileg nur subsidiär anwendbar ist. Dann taucht die Frage danach auf, welche Kriterien bei der Konkurrenzlösung zwischen Versammlungen als *primäre Kriterien* herangezogen werden können. Zwar geht es in dieser Arbeit um die Anwendbarkeit des Erstanmelderprivilegs im Versammlungsrecht, jedoch müssen der Vollständigkeit halber auch die wertenden Kriterien erörtert werden, weil festgestellt wurde, dass das Erstanmelderprivileg nur subsidiär anwendbar ist. Im Folgenden wird demnach untersucht, welche Kriterien im Versammlungsrecht primär anzuwenden sind.

A. *Wertende* Kriterien als primär anzuwendende Kriterien

Es wäre schön, wenn man bei der Lösung von Konkurrenzen nur anhand *eines* Kriteriums eine gerechte Entscheidung treffen könnte. Die alleinige Anwendung der einzelnen Kriterien kann aber jeweils gewisse Nachteile bzw. Nebenwirkungen haben.[573] Die rechtliche Würdigung eines bestimmten Kriteriums kann je nach der Situation anders ausfallen. Z. B. kann die Anwendung des Losverfahrens unter wesentlich ungleichen Bewerbern ungerecht sein und demnach gegen den Gleichheitssatz des Art. 3 Abs. 1 GG verstoßen. Deswegen wird vorgeschlagen, Konkurrenzen durch *die Kombination der Kriterien* zu lösen, um der Komplexität der Probleme gerecht zu werden.[574] Es ist aber zu klären, wie die verschiedenen Kriterien kombiniert werden können.

Wie oben erwähnt, sind die Konkurrenzlösungskriterien in zwei Kategorien, nämlich in formale und wertende Kriterien, einzuteilen.[575] Die formalen Kriterien beziehen sich auf wertneutrale Aspekte, dabei bleiben sachliche Unterschiede zwischen den Betroffenen unberücksichtigt. Im Versammlungsrecht kann insbesondere das Erstanmelderprivileg als ein überwiegend formales Kriterium bei der Konkurrenzlösung herangezogen werden. Die wertenden Kriterien berücksichtigen hingegen sachliche Unterschiede der Betroffenen. Mithilfe dieser Kriterien können die sachlichen Unterschiede zwischen den Konkurrenten

573 *Kloepfer/Reinert*, in: Gethmann/Kloepfer/Reinert (Hrsg.), S. 65 f.

574 *Berg*, Der Staat 15 (1976), S. 29.

575 Siehe oben, 3. Teil. D. II.

näher bezeichnet und gewichtet werden. Die materiellen Kriterien schließen im Versammlungsrecht insb. „das Verursacherprinzip" sowie „die Bedeutung des Ortes und des Zeitpunktes für den Versammlungszweck" ein. Die beliebige Anwendung formaler Kriterien kann aber auch beim Vorliegen wesentlicher Unterschiede gegen den Gleichheitssatz des Art. 3 Abs. 1 GG verstoßen, weil dadurch der Gesetzeszweck vereitelt werden kann. Nach dem Gleichheitssatz müssen die zur Erreichung des Zwecks der Regelung wesentlichen Unterschiede bei der Ungleichbehandlung berücksichtigt werden.[576] Die formalen Kriterien können dagegen bei Nichtvorliegen wesentlicher Unterschiede herangezogen werden, damit der Staat eine neutrale, willkürfreie Entscheidung treffen kann.[577] Es ist demnach festzuhalten, dass der Staat bei der Konkurrenzlösung die wertenden Kriterien vorzugsweise und formale Kriterien subsidiär anzuwenden hat. Durch die primäre Anwendung wertender Kriterien kann also der Staat den Gesetzeszweck besser verwirklichen. Grundsätzlich gilt: Die materiellen Kriterien genießen Vorrang vor den formalen Kriterien.

B. Wertende Kriterien im Versammlungsrecht

Im Versammlungsrecht können als wertende Kriterien insbesondere „das Verursacherprinzip", „die Bedeutung des Ortes und Zeitpunktes für die Verfolgung des Versammlungszwecks" und u. U. auch „die Teilnehmerzahl" in Betracht kommen. Im Folgenden werden die einzelnen wertenden Kriterien untersucht.

I. Verursacherprinzip

1. Bedeutung des Verursacherprinzips im Versammlungsrecht

Treffen mehrere Versammlungen zeitlich und räumlich aufeinander und resultiert daraus die faktische Unmöglichkeit der Durchführung aller Versammlungen, hat die Versammlungsbehörde zur Auflösung der Konfliktlage einzuschreiten. Nach § 15 Abs. 1 VersG ist die Polizei ermächtigt, Auflagen oder Verbotsverfügungen zu erlassen. Diese versammlungsrechtlichen Maßnahmen richten sich grundsätzlich gegen den Gefahrenverursacher.[578] Weil die versammlungstypischen Gefahren durch Personen, also durch den Veranstalter, Teilnehmer oder

576 *Martini*, Der Markt als Instrument hoheitlicher Verteilungslenkung, S. 54.

577 *Kopp/Ramsauer*, VwVfG, § 22, Rn. 34; *Knack/Henneke*, VwVfG, § 22, Rn. 26; *Stelkens/Bonk/Sachs*, VwVfG, § 22, Rn. 60.

578 *Dietel/Gintzel/Kniesel*, VersG, § 15, Rn. 37; *Ullrich*, DVBl. 2012, 666 (666); *Hoffmann-Riem*, NVwZ 2002, 257 (263).

Dritte, herbeigeführt werden, gilt der allgemein polizeirechtliche Grundsatz der Verantwortung des Verhaltensstörers auch für das Versammlungsrecht.[579] Nach dem allgemeinen Polizeirecht sind also Maßnahmen gegen diejenigen zu richten, die eine Gefahr verursachen.[580] Wird eine Gefahr für die öffentliche Sicherheit durch das Zusammentreffen mehrerer Versammlungen verursacht, müssen die versammlungsrechtlichen Maßnahmen gegen diejenige Versammlung gerichtet werden, die die Gefahr unmittelbar verursacht. Sind z. B. gewalttätige Auseinandersetzungen zwischen einer friedlichen Versammlung und einer gewalttätigen Gegendemonstrationen zu erwarten, liegt eine Gefährdung der öffentlichen Sicherheit vor, weil Gewalttätigkeiten nach dem Strafrecht, z. B. als Körperverletzung gem. § 223 StGB, bestraft werden. Hier wird eine Gefahr durch die gewalttätige Gegendemonstration ausgelöst. Deswegen ist sie als Störer zu klassifizieren und verantwortlich.[581] Das Störerprinzip ist demnach bei der Lösung von Konkurrenz zwischen Versammlungen *das zuerst heranzuziehende und wichtigste Kriterium*. Die versammlungsrechtlichen Maßnahmen müssen sich primär gegen den Verursacher richten.[582]

Diesem Ansatz kann aber in Situationen konkurrierender Anmeldungen entgegengehalten werden, dass das Verursacherprinzip dogmatisch kein materielles Kriterium für die Lösung des Konflikts ist, weil das Verursacherprinzip dabei alle beteiligten Versammlungen gleichermaßen zu Störer machen würde. Dies trifft aber nur zu, wenn es sich um konkurrierende Anmeldungen von *friedlichen, rechtmäßigen* Versammlungen handelt.[583] Dabei kann also die Behörde nicht anhand des Verursacherprinzips, sondern nur anhand anderer Kriterien eine Ermessensentscheidung treffen. Das Verursacherprinzip kann in diesem Fall nicht als ein wirksames Konkurrenzlösungskriterium fungieren. Wenn aber eine der konkurrierenden Versammlungen gewalttätig durchgeführt wird, kann auch das Verursacherprinzip als ein Konkurrenzlösungskriterium fungieren. Ferner ist dieses Prinzip als ein materielles Kriterium zu klassifizieren, weil es sachliche, inhaltliche Unterschiede der Betroffenen berücksichtigt.

---

579 *Dietel/Gintzel/Kniesel*, VersG, § 15, Rn. 37; *Ullrich*, DVBl. 2012, 666 (666).

580 *Gusy*, Polizei- und Ordnungsrecht, Rn. 332.

581 VGH Mannheim, VBlBW 2002, 383 (385); *Hoffmann-Riem*, NVwZ 2002, 257 (263); *Dietel/Gintzel/Kniesel*, VersG, § 15, Rn. 39.

582 *Hoffmann-Riem*, NVwZ 2002, 257 (263).

583 Siehe unten, Teil 4. B. I. 4.

2. *Unmittelbare Gefährdung als versammlungsspezifischer Gefahrenbegriff*

Nach § 15 Abs. 1 VersG kann die zuständige Behörde eine Versammlung verbieten oder von bestimmten Auflagen abhängig machen, wenn nach den zur Zeit des Erlasses der Verfügung erkennbaren Umständen die öffentliche Sicherheit oder Ordnung bei der Durchführung der Versammlung oder des Aufzuges *unmittelbar* gefährdet ist. Es ist aber aufzuklären, was eine *unmittelbare* Gefahr bedeutet.

a) *Unmittelbarkeit im temporalen* oder *kausalen Sinne*

Das Adverb „unmittelbar" kann in zwei verschiedenen Bedeutungen gebraucht werden; im temporalen und im kausalen Sinne.[584] Die Rechtsprechung des OVG Münster[585] und die überwiegende Meinung[586] verstehen unter der „Unmittelbarkeit" des § 15 Abs. 1 VersG die im temporalen Sinne. Danach liegt eine unmittelbare Gefährdung vor, wenn ein Schadenseintritt zeitlich so nahe ist, dass er jederzeit, gegebenenfalls sofort, entstehen kann.[587] Diese Feststellung des OVG Münster beruht auf dem polizeirechtlichen Begriff der unmittelbar bevorstehenden Gefahr.[588] Eine andere Auffassung vertritt *Hobbeling*, der die Unmittelbarkeit i. S. d. § 15 Abs. 1 VersG nicht zeitlich, sondern ursächlich versteht.[589] Nach ihm liegt eine unmittelbare Gefährdung vor, wenn zum Zeitpunkt der behördlichen Entscheidung ein Versammlungsablauf zu erwarten ist, der unabhängig von anderen, zufälligen Ereignissen zur Verletzung der öffentlichen Sicherheit oder Ordnung führen würde.

M. E. ist der Auffassung von *Hobbeling* zu folgen. Nach dem Wortlaut des § 15 VersG kann die Versammlungsbehörde beschränkende Maßnahmen erlassen, wenn die öffentliche Sicherheit oder Ordnung *bei Durchführung* der Versammlung oder des Aufzuges *unmittelbar gefährdet* ist. Diese Vorschrift weist darauf hin, dass die Versammlungsbehörde dann beschränkende Maßnahmen erlassen

---

584 Der Duden gibt für „unmittelbar" die Bedeutungen „a) nicht durch einen Dritten vermittelt", also im kausalen Sinne und „b) durch kaum einen zeitlichen Abstand getrennt", also im temporalen Sinne an.

585 OVG Münster, NVwZ 1989, 886 (886).

586 *Dietel/Gintzel/Kniesel*, VersG, § 15 Rn. 28; *Denninger*, in: Lisken/Denninger, HPolR, Kap. D Rn. 60; *Drews/Wacke/Vogel/Martens*, Gefahrenabwehr, S. 178 u. 332.

587 *Dietel/Gintzel/Kniesel*, VersG, § 15 Rn. 28.

588 OVG Münster, NVwZ 1989, 886 (886): „[…] die Gefährdung muß vielmehr nach dem gewöhnlichen Ablauf der Dinge *unmittelbar bevorstehen* (Hervorhebung durch den Verfasser), der Eintritt der Störung mit hoher Wahrscheinlichkeit in aller Kürze zu erwarten sein"; *Drews/Wacke/Vogel/Martens*, Gefahrenabwehr, S. 178, 332.

589 *Hobbeling*, Präventives Einschreiten gegen Demonstrationen, S. 43 f.

kann, wenn die Schutzgüter des § 15 Abs. 1 VersG *nicht aufgrund anderer* Ereignisse, sondern *gerade aufgrund* Durchführung der Versammlung unmittelbar gefährdet sind. Im Einklang mit dieser Aussage hat das Bundesverfassungsgericht in seiner Rechtsprechung[590] die „Unmittelbarkeit" nicht im temporalen Sinne verstanden.[591] Der Begründung des Bundesverfassungsgerichts lässt sich eher ein kausales Verständnis entnehmen. Es verlangt also einen hinreichend bestimmten Kausalzusammenhang zwischen der Gefährdung der öffentlichen Sicherheit und der Durchführung der Versammlung.[592] Auch nach *Breitbach/Dreiseroth/Rühl* fordert § 15 VersG nicht einen zeitlich kurz bevorstehenden Schadenseintritt, sondern eine hohe Wahrscheinlichkeit des Schadenseintritts.[593]

b) Unmittelbare Gefährdung – eine qualifizierte Gefahr?

Es ist fraglich, ob die „unmittelbare Gefährdung" einen qualifizierten Gefahrenbegriff bedeutet. Das BVerfG hat im Brokdorf-Beschluss erwähnt, dass „durch das Erfordernis der Unmittelbarkeit" die Eingriffsvoraussetzungen stärker als im allgemeinen Polizeirecht eingeengt werden.[594] Zustimmend hat *Denninger* diesen Begriff einem qualifizierten Gefahrenbegriff zugeordnet.[595] Dem ist aber nicht zu folgen. Die Eingriffsvoraussetzungen des Versammlungsrechts werden allein durch das Erfordernis der Unmittelbarkeit nicht qualifiziert, weil auch das Polizeirecht für die Gefahrenzurechnung eine Unmittelbarkeit verlangt.[596]

M. E. hat der Gesetzgeber das Adverb „unmittelbar" nicht benutzt, um allein dadurch eine qualifizierte Gefahr zu bezeichnen. Versammlungen unter freiem Himmel sollen im Regelfall mindestens 48 Stunden vor Bekanntgabe angemeldet werden. Danach erlässt die Versammlungsbehörde aufgrund der Gefahrenprognose ggf. beschränkende Maßnahmen nach § 15 Abs. 1 VersG. Die Gefahrenprognose des Versammlungsrechts betrifft in der Regel die zeitlich entfernte Durchführung von Versammlungen.[597] Dies ist ein besonderes Merkmal von Maßnahmen der versammlungsrechtlichen Gefahrenabwehr. Anders als im Versammlungsrecht wird die allgemein polizeirechtliche Maßnahme üblicherweise zur Abwehr von

590 BVerfGE 69, 315 ff.; BVerfG, NVwZ 1998, 834 ff.
591 Auch *Breitbach/Dreiseroth/Rühl*, in: Ridder u.a., § 15 Rn. 111.
592 BVerfG, NVwZ 1998, 834 (835).
593 *Breitbach/Dreiseroth/Rühl*, in: Ridder u.a., § 15 Rn. 111.
594 BVerfGE 69, 315 (353).
595 *Denniger*, in: Lisken/Denninger, HPolR, Kap. D Rn. 60.
596 Zur Theorie der unmittelbaren Verursachung *Denniger*, in: Lisken/Denninger, HPolR, Kap. D Rn. 77; *Pieroth/Schlink/Kniesel*, Polizei- und Ordnungsrecht, § 9 Rn. 11.
597 *Dietel/Gintzel/Kniesel*, VersG, § 15 Rn. 28.

zeitlich nicht so weit entfernten Gefahren erlassen. M. M. nach hat der Gesetzgeber das Adverb „unmittelbar“ in § 15 Abs. 1 VersG benutzt, um einen Kausalzusammenhang zwischen der Gefahrenprognose und der zeitlich entfernten Durchführung der Versammlung sicherzustellen. Eine Besonderheit bekommt die versammlungsrechtliche Gefahrenprognose also nicht allein durch das Merkmal der Unmittelbarkeit, sondern durch *den „unmittelbaren“ Kausalzusammenhang* zwischen den *zur Zeit des Erlasses der Verfügung erkennbaren Umständen* und *der zeitlich entfernten Durchführung der Versammlung*. Demnach muss für die Maßnahmen des § 15 Abs. 1 VersG ein enger Kausalzusammenhang zwischen einer Gefährdung der öffentlichen Sicherheit oder Ordnung und der Durchführung der Versammlung bestehen. Zu bemerken ist, dass diese Gefahrenprognose auf erkennbaren Umständen zu beruhen hat. Erkennbare Umstände sind nachweisbare Tatsachen, Sachverhalte und sonstige Einzelheiten als Grundlage der Gefahrenprognose.[598] Demzufolge reichen bloße Vermutungen oder Verdachtsmomente nicht aus. Das Bundesverfassungsgericht hat dies als „hinreichend bestimmte[n] Kausalzusammenhang“ bezeichnet.[599] Nach ihm dürfen versammlungsrechtliche Maßnahmen „nur bei einer unmittelbaren, aus erkennbaren Umständen herleitbaren Gefährdung“[600] der öffentlichen Sicherheit oder Ordnung ergriffen werden.

3. Erweiterung bzw. Ausnahme des Verursacherprinzips

Hinsichtlich des Zusammentreffens von Versammlungen ist aufzuklären, ob die Versammlungsbehörde die versammlungsrechtlichen Auflagen oder Verbote nicht nur gegen Störer, sondern auch gegen Nichtstörer oder sog. Zweckveranlasser erlassen kann. Man kann das Erstere als Ausnahme und das Spätere als Erweiterung des Verursacherprinzips bezeichnen.

a) Zweckveranlasser

Es ist umstritten, ob die polizeirechtliche Rechtsfigur des Zweckveranlassers auch auf das Versammlungsrecht übertragen werden kann. Diese Problematik wird besonders hinsichtlich der rechtsextremistischen Versammlungen viel erwähnt. Kann also die Versammlungsbehörde z. B. nicht gegen die gewalttätige Gegendemonstration, sondern gegen die friedlich verlaufende rechtsextremistische Ausgangsversammlung wegen ihrer provokativen Wirkung die Maßnahmen des § 15 Abs. 1 VersG, also beschränkende oder Verbotsverfügungen erlassen?

---

598 BVerfGE 69, 315 (353 f.); BVerfG, NVwZ 1998, 834 (835).

599 BVerfG, NVwZ 1998, 834 (835).

600 BVerfGE 69, 315 (354).

Im Polizeirecht ist der „Zweckveranlasser" derjenige, der eine Handlung vornimmt, die als solche die Gefahrenschwelle nicht überschreitet, aber ein gefahrauslösendes Verhalten Dritter objektiv oder subjektiv bezweckt.[601] Als Beispiel hat *Schoch* eine Situation genannt, in der der Hintermann den Eintritt einer Gefahr durch Dritte provoziert.[602] Nach Schoch ist diese Rechtsfigur zur Bewältigung solcher Situation notwendig. Die Figur des „Zweckveranlassers" wird aber vielfach kritisiert, weil der Zweckveranlasser kein unmittelbarer Verursacher, sondern nur ein mittelbarer Veranlasser ist.[603] Diese Rechtsfigur ist nicht nur mit der Unmittelbarkeitslehre[604], sondern auch mit der Rechtswidrigkeitslehre[605] unvereinbar, weil der sog. Zweckveranlasser sich in der Regel rechtmäßig verhält und die Gefahr nicht unmittelbar verursacht.[606] Nach *Poscher* findet die Figur des Zweckveranlassers in der Regel dort Anwendung, wo eine Inanspruchnahme des unmittelbaren Verursachers unmöglich oder nicht rechtzeitig möglich ist.[607] Nach ihm kann diese Situation meistens auch durch den Rückgriff auf den polizeilichen Notstand bewältigt werden.[608] Demnach sei der sog. Zweckveranlasser als Nichtstörer zu qualifizieren.

Jetzt ist zu klären, ob die auch im allgemeinen Polizeirecht umstrittene Rechtsfigur des Zweckveranlassers auf das Versammlungsrecht angewendet werden kann. Das Bundesverfassungsgericht hat nicht ausdrücklich erklärt, dass diese Figur auch im Versammlungsrecht herangezogen werden darf, sondern hat diese Frage offengelassen.[609] In seiner Rechtsprechung hat es aber Voraussetzungen für die Anwendung dieser Figur im Versammlungsrecht näher konkretisiert. Ihre Anwendung setzt demnach konkrete Anhaltspunkte dafür voraus, „dass der vom Veranstalter angegebene Zweck nur Vorwand und die Provokation von Gegengewalt das eigentliche vom Veranstalter ‚objektiv' oder gar ‚subjektiv'

601 *Poscher*, Jura 2007, 801 (807); *Ullrich*, DVBl 2012, 666 (667); *Schoch*, in: Schoch, Besonderes Verwaltungsrecht, Kap. 2 Rn. 187 ff.

602 *Schoch*, in: Schoch, Besonderes Verwaltungsrecht, Kap. 2 Rn. 187.

603 *Pieroth/Schlink/Kniesel*, Polizei- und Ordnungsrecht, § 9 Rn. 29; *Gusy*, Polizei- und Ordnungsrecht, Rn. 336.

604 Nach dieser Lehre ist die Person für eine Gefahr verantwortlich, „die mit ihrem Verhalten die Schwelle zur konkreten Gefahr unmittelbar überschreitet", *Schoch*, in: Schoch, Besonderes Verwaltungsrecht, Kap. 2 Rn. 178.

605 Nach dieser Lehre ist derjenige ein Störer, der eine Rechtsnorm verletzt, *Gusy*, Polizei- und Ordnungsrecht, Rn. 338.

606 *Kugelmann*, Polizei- und Ordnungsrecht, S. 231 f.

607 *Poscher*, Jura 2007, 801 (807).

608 *Poscher*, Jura 2007, 801 (807).

609 BVerfG, NVwZ 2000, 1406 (1407).

bezweckte Vorhaben ist.“[610] Nach Auffassung des Bundesverfassungsgerichts soll die Zweckveranlassung zur Qualifizierung der Störereigenschaft jedoch nicht auf Versammlungsinhalte, sondern nur auf die provokativen Begleitumstände bezogen werden.[611] M. E. kann aber die allgemeine polizeirechtliche Rechtsfigur des Zweckveranlassers nicht auf das Versammlungsrecht übertragen werden, weil fast jede Versammlung eine provozierende Wirkung hat und diese ein essenzielles Merkmal des Versammlungsrechts ist.[612] Als Minderheitenschutzrecht ist das Ziel der Versammlungsfreiheit, durch gemeinsame Freiheitsausübung die Aufmerksamkeit anderer zu erregen. Das ist ein wesentlicher Zweck der Versammlung, und diese wird durch Art. 8 Abs. 1 GG besonders geschützt, soweit sie keine Strafnormen verletzt. Die Ausgangsversammlung kann also nicht über die Rechtsfigur des Zweckveranlassers als Störer qualifiziert werden, wenn sie friedlich durchgeführt wird.[613] Auch *Poscher* ist der Meinung, dass eine provokative Versammlung nicht als Störer eingestuft werden kann, soweit die Provokation für sich genommen keine Gefahr für die öffentliche Sicherheit darstellt.[614] Auch die eine Störung veranlassende Versammlung ist demnach Nichtstörerin.[615] Demnach sind die versammlungsrechtlichen Maßnahmen immer gegen die Gefahren verursachende Versammlung zu richten. Ausnahmsweise können aber Maßnahmen gegen die friedliche Ausgangsversammlung ergriffen werden, wenn die Voraussetzungen des polizeilichen Notstands vorliegen.[616] Der polizeiliche Notstand wird im Folgenden untersucht.

b) Polizeilicher Notstand

Aus den bisherigen Untersuchungen ergibt sich, dass ein Nichtstörer nur im polizeilichen Notstand *ausnahmsweise* in Anspruch genommen werden kann.[617] Hier gilt es zu erklären, wie der polizeiliche Notstand zu bestimmen ist und unter welchen Voraussetzungen er zur Anwendung kommt.

Beim polizeilichen Notstand handelt es sich um eine Situation, in der die Polizei die gegenwärtige, erhebliche Gefahr für wichtige Rechtsgüter durch die

---

610 BVerfG, NVwZ 2000, 1406 (1407).

611 So auch *Dietel/Gintzel/Kniesel*, VersG, § 15 Rn. 40.

612 *Kniesel/Poscher*, in: Lisken/Denninger, HPolR, Kap. K Rn. 341.

613 *Kniesel/Poscher*, in: Lisken/Denninger, HPolR, Kap. K Rn. 341; *Geis*, Die Polizei 1993, 293 (298).

614 *Poscher*, Jura 2007, 801 (807).

615 *Rühl*, NVwZ 1988, 577 (578).

616 *Kniesel/Poscher*, in: Lisken/Denninger, HPolR, Kap. K Rn. 342.

617 *Poscher*, Jura 2007, 801 (809).

Inanspruchnahme des Störers und durch den Einsatz eigener Mittel nicht abwehren kann.[618] Eigene Mittel schließen dabei auch die durch Amts- und Vollzugshilfe ergänzten Mittel und Kräfte mit ein.[619] Der polizeiliche Notstand ist auch in einzelnen Polizeigesetzen, z. B. im § 9 PolG BW, zu finden. Bei dieser Vorschrift handelt es sich um eine Ausnahmevorschrift, weil sich polizeiliche Maßnahmen primär gegen den Störer richten müssen. Nur unter den engen Voraussetzungen des polizeilichen Notstands, also (1) dem Vorliegen einer gegenwärtigen und erheblichen Gefahr für wichtige Rechtsgüter und (2) der behördlichen Unfähigkeit der Gefahrenabwehr durch die Inanspruchnahme des Störers oder durch Maßnahmen aus eigenen Mitteln, kann sich die Maßnahme auch gegen den Nichtstörer richten.

Im Versammlungsrecht wird polizeilicher Notstand z. B. dort angewendet, wo rechtlich friedliche rechtsextremistische Ausgangsversammlungen und gewalttätige linksextremistische Gegenversammlungen aufeinandertreffen.[620] In diesem Fall soll die rechtsextremistische Ausgangsversammlung grundsätzlich nicht verboten oder beschränkt werden, soweit die Gewalttätigkeiten nicht von ihr ausgehen. Nach dem Verursacherprinzip soll sich die polizeiliche Maßnahme also zuerst gegen die gewalttätige Gegenversammlung richten.[621] Im polizeilichen Notstand können aber die Maßnahmen ausnahmsweise gegen über der Ausgangsversammlung ergriffen werden, wenn die oben genannten Voraussetzungen vorliegen. Im Versammlungsrecht werden aber noch höhere Anforderungen als im allgemeinen Polizeirecht gestellt, weil die Inanspruchnahme der nicht störenden Versammlung „die Preisgabe des Grundrechtsschutzes“ bedeutet.[622] Ein Rückgriff auf den polizeilichen Notstand im Versammlungsrecht ist demnach nur in einem solchen Fall ausnahmsweise denkbar, in dem der Behörde wegen der Nichtanmeldung der gewalttätigen Gegenversammlung die Vorbereitung einer Gefahrenabwehr tatsächlich unmöglich ist.[623]

Von dem oben ausgeführten „echten“ polizeilichen Notstand zu unterscheiden ist der sog. „unechte“ polizeiliche Notstand. Zwar kann die Polizei im unechten polizeilichen Notstand die Gefahr für die öffentliche Sicherheit oder Ordnung

---

618 *Dietel/Gintzel/Kniesel*, VersG, § 15 Rn. 42; *Rühl*, NVwZ 1988, 577 (578); *Poscher*, Jura 2007, 801 (809).

619 BVerfG, NVwZ 2006, 1049 (1050); NJW 2001, 1411 (1412); *Roth*, VBlBW 2003, 41 (47).

620 *Dietel/Gintzel/Kniesel*, VersG, § 15 Rn. 42.

621 *Hoffmann-Riem*, NVwZ 2002, 257 (263).

622 *Rühl*, NVwZ 1988, 577 (582).

623 *Roth*, VBlBW 2003, 41 (48); *Rühl*, NVwZ 1988, 577 (582).

durch Einschreiten gegen den Störer abwehren, jedoch stehen die Schäden bei einem Einschreiten gegen die Störer in einem extremen Missverhältnis zu den Nachteilen bei einem Einschreiten gegen die Nichtstörer.[624] Dogmatische Grundlage dieser Rechtsfigur ist die Verhältnismäßigkeit im engeren Sinne.[625] Der zu erwartende Schaden bei Maßnahmen gegen den Störer wäre also im Vergleich zum beabsichtigten Erfolg, etwa dem Schutz der Versammlungsfreiheit des Nichtstörers, unangemessen. Jedoch ist der unechte polizeiliche Notstand wegen der Bedeutung der Versammlungsfreiheit im demokratischen Rechtsstaat nur in *extremen* Fällen ausnahmsweise anerkannt:[626] Demnach muss sich die Maßnahme gegen den Störer als *absolut unangemessen* darstellen.[627] Ansonsten würde dem Störer, also hier der gewalttätigen Gegendemonstration, das Steuer für die Garantie der Versammlungsfreiheit des Nichtstörers in die Hand gegeben. *Ullrich* hält aber die Anwendung des unechten polizeilichen Notstands im Versammlungsrecht für unmöglich, weil eine Benachteiligung des Rechtstreuens verfassungsrechtlich nicht hinnehmbar sei.[628] M. E. kann jedoch dieser Begriff auch im Versammlungsrecht angewendet werden. Obwohl die Versammlungsfreiheit einen hohen Rang besitzt, muss sie doch hinsichtlich des Rechts auf Leben und körperliche Unversehrtheit zurücktreten. Wenn also ein Einschreiten gegen die Störer schwerwiegende gewaltsame Auseinandersetzungen mit Schwerverletzten oder gar Toten hervorrufen würde,[629] sind die Maßnahmen auch gegenüber Nichtstörern möglich. Unabdingbare Voraussetzung für die Anwendung des unechten (auch des echten) polizeilichen Notstands ist aber, dass die Versammlungsbehörde tatsächlich *alle* verfügbaren Kräfte einsetzt. Im *echten* Notstand muss z. B. das Recht auf angemessene Arbeitsbedingungen, insb. angemessene Arbeitszeit der Beamten, im Hinblick auf das Grundrecht der Versammlungsfreiheit und das Recht auf Leben und körperliche Unversehrtheit zurücktreten. Durch die Bemühungen der Polizei ist also sowohl der echte als auch der unechte polizeiliche Notstand möglichst zu vermeiden.

---

624 *Ullrich*, DVBl. 2012, 666 (668); *Dietel/Gintzel/Kniesel*, VersG, § 15 Rn. 42; *Rühl*, NVwZ 1988, 577 (583).
625 *Rühl*, NVwZ 1988, 577 (583).
626 *Schmidt-Jortzig*, JuS 1970, 507 (510).
627 *Knape*, Die Polizei 2007, 151 (160).
628 *Ullrich*, DVBl. 2012, 666 (668).
629 *Rühl*, NVwZ 1988, 577 (583).

4. *Grenze der Problemlösung durch das Verursacherprinzip*

Es kann Fälle geben, in denen wegen der räumlichen Kollision nicht alle friedlichen Versammlungen gleichzeitig durchgeführt werden können. In diesen Fällen kann die Behörde aufgrund des Verursacherprinzips nicht darüber entscheiden, welcher Versammlung ein Vorrang zu geben ist, weil alle Versammlungen wegen des räumlichen Zusammentreffens zur Verursachung einer Gefahr der öffentlichen Sicherheit gleichmäßig beigetragen haben. Hier wird die öffentliche Sicherheit gefährdet, weil die ungehinderte Durchführung der Versammlung ein Schutzgut öffentlicher Sicherheit ist.[630] Nach *Hobbeling* handelt es sich dabei um eine kumulative Kausalität.[631] Zwei Versammlungen sind dabei zusammen kausal. Er führt weiter aus, dass in einer solchen Situation beide Versammlungen gleichermaßen in Anspruch genommen werden müssen.[632] Allerdings sind in den meisten problematischen Fällen gleiche Maßnahmen gegen alle konkurrierenden Versammlungen faktisch unmöglich, wenn es sich um einen echten Konkurrenzfall handelt.[633] In diesem Fall ist an einem bestimmten Ort und zu einer bestimmten Zeit nur *eine* Versammlung möglich, und auch durch beschränkende Verfügungen sind nicht alle Versammlungen an diesem einen Ort durchzuführen. In solchen Fällen hat also *eine* der beiden Versammlungen zurückzutreten. Allein anhand des Verursacherprinzips ist dabei das Problem schwer zu lösen. Hier müssen zur Lösung von Konkurrenzen weitere Kriterien herangezogen werden.

5. *Ergebnis*

Im Ergebnis ist festzustellen, dass das Verursacherprinzip bei der Konkurrenz zwischen Versammlungen ein zuerst heranzuziehendes, wichtigstes Kriterium ist. Nach dem Verursacherprinzip sind also polizeiliche Maßnahmen grundsätzlich gegen den Störer zu richten. Jedoch gibt es Fälle, in denen eine sich rechtmäßig verhaltende Person ein gefahrauslösendes Verhalten Dritter provoziert (der sog. Zweckveranlasser) oder die Gefahrenabwehr durch Maßnahmen gegen die

---

630 Siehe oben, Teil 1. B. II. 2.

631 *Hobbeling*, Präventives Einschreiten gegen Demonstrationen, S. 127 f.

632 *Hobbeling*, Präventives Einschreiten gegen Demonstrationen, S. 129. *Kugelmann*, Polizei- und Ordnungsrecht, S. 238, erklärt, dass die „Effektivität der Gefahrenabwehr" bei der Auswahl unter mehreren Verantwortlichen wesentlich ist. Jedoch ist diese Auffassung beim Verfassungsrecht nicht ganz zuzustimmen, weil Zwecke des Versammlungsgesetzes nicht nur die Gefahrenabwehr, sondern auch die Verwirklichung der Versammlungsfreiheit sind.

633 Siehe oben, Teil. 3. D. I.

Störer oder durch den Einsatz eigener Mittel unmöglich ist (sog. polizeilicher Notstand).

Aus den bisherigen Ausführungen ergibt sich, dass die Anwendbarkeit der Rechtsfigur des Zweckveranlassers im Versammlungsrecht zu verneinen ist. Sie ist jedoch auch im allgemeinen Polizeirecht nicht unumstritten, da ihr vorgeworfen wird, mit der Unmittelbarkeitslehre und der Rechtswidrigkeitslehre nicht vereinbar zu sein. Der sog. Zweckveranlasser verursacht die Gefahr nämlich nur mittelbar. Außerdem verhält er sich in der Regel rechtmäßig. Die Übertragung dieser Figur auf das Versammlungsrecht wirft weitere Probleme auf. Die provozierende Wirkung ist außerdem als unentbehrliches Merkmal der Versammlung zu sehen. Wird die nicht störende friedliche Versammlung als Verursacher herangezogen, widerspricht dies dem hochrangigen Grundrecht der Versammlungsfreiheit des Art. 8 GG. Die Inanspruchnahme des Nichtstörers im polizeilichen Notstand ist dagegen in extremen Fällen ausnahmsweise denkbar. Es kann Fälle geben, in denen die Abwehr der gegenwärtigen und erheblichen Gefahr für wichtige Rechtsgüter durch die Inanspruchnahme des Störers und durch den Einsatz eigener Mittel unmöglich ist (der sog. echte polizeiliche Notstand). Außerdem ist es auch denkbar, dass die Schäden bei einem Einschreiten gegen die Störer in einem extremen Missverhältnis zu den Nachteilen im Falle des Einschreitens gegen die Nichtstörer stehen (der sog. unechte polizeiliche Notstand). Diese Rechtsfiguren sind nur in Extremfällen auf das Versammlungsrecht zu übertragen, weil das Polizeirecht keine Gefahrenabwehr um jeden Preis kennt. Eine Abweichung vom Verursacherprinzip ist also im Falle eines polizeilichen Notstands möglich. Jedoch ist die Anerkennung eines polizeilichen Notstands nur ausnahmsweise möglich. Die meisten polizeilichen Notstände sind nämlich durch Bemühungen der Polizei vermeidbar.

Es ist aber zu beachten, dass es auch Fälle geben kann, in denen die Konkurrenz zwischen Versammlungen nicht durch das Verursacherprinzip zu lösen ist. Wenn alle konkurrierenden Versammlungen friedlich durchgeführt werden, sie also gleichmäßig eine Gefahr für die öffentliche Sicherheit verursachen würden, ist es schwer zu entscheiden, welcher Versammlung in dieser Situation ein Vorrang zu gewähren ist. Wenn die Behörde die Konkurrenz durch gleichmäßige Maßnahmen gegen alle Versammlungen lösen kann, ist das Problem nicht schwer zu lösen. Bei dieser Arbeit geht es aber darum, dass ohne Vorrangentscheidung das Problem nicht gelöst werden kann. Zur Lösung der Konkurrenz hat also mindestens eine Versammlung örtlich oder zeitlich zurückzutreten. Im Folgenden wird untersucht, nach welchen Kriterien das Problem zu lösen ist, wenn die Konkurrenz nicht durch das Verursacherprinzip zu lösen ist.

II. Bedeutung des Ortes und Zeitpunktes für die Verfolgung des Versammlungszwecks

Das Bundesverfassungsgericht hat in seiner Rechtsprechung erklärt, dass die Versammlungsbehörde bei Vorliegen gewichtiger Gründe, wie z. B. einer besonderen Bedeutung des Ortes und des Zeitpunktes für die Verfolgung des Versammlungszwecks, vom Erstanmelderprivileg abweichen kann, weil die Ermöglichung aller Versammlungsfreiheit durch Herstellung praktischer Konkordanz eine Aufgabe der Versammlungsbehörde ist.[634] Diese Auffassung wird von mehreren Autoren angenommen.[635] Obwohl in dieser Arbeit die vom Bundesverfassungsgericht vertretene *grundsätzliche* Anwendbarkeit des Erstanmelderprivilegs verneint wird,[636] ist es zu bejahen, dass die Bedeutung des Ortes oder Zeitpunktes für die Verfolgung des Versammlungszwecks bei der Konkurrenzlösung als ein Kriterium herangezogen werden kann, soweit der Grundsatz der staatlichen Neutralität gewahrt bleibt. Dieses Kriterium sollte bei der Konkurrenzlösung deswegen berücksichtigt werden, weil örtliche oder zeitliche Beschränkungen einem *faktischen Verbot* gleichkommen können, wenn ein Ort oder Zeitpunkt für eine betroffene Versammlung eine besondere Bedeutung hat. Zur Herstellung der praktischen Konkordanz soll also die Behörde eine möglichst alle konkurrierenden Versammlungsfreiheiten ermöglichende Lösung finden.

Ferner ist zu klären, wie die Bedeutung des Ortes oder des Zeitpunktes für den Versammlungszweck festzustellen ist. Nach der Auffassung des Bundesverfassungsgerichts soll der *Veranstalter* plausibel darlegen, warum der bestimmte Ort oder Zeitpunkt für die Verfolgung des Versammlungszwecks eine besondere Bedeutung hat.[637] Es ist dabei wichtig, dass sich die besondere Bedeutung für den Versammlungszweck *unmittelbar* aus Ort oder Zeit ergibt. Beispielsweise ergibt sich die besondere Bedeutung des Ortes und des Zeitpunktes für die nachrangig angemeldete Gegendemonstration in den meisten Fällen allein aus der Tatsache, dass die zuerst angemeldete Versammlung dort stattfindet.[638] In diesem Fall soll die besondere Bedeutung für eine später angemeldete Gegenversammlung nicht anerkannt werden. Dabei trägt die Versammlungsbehörde die Beweislast, wenn sie die Darlegung eines Veranstalters als nicht glaubhaft einstuft.[639] Es kann aber

---

634 BVerfG, NVwZ 2005, 1055 (1056 f.).

635 Unter mehreren *Kniesel/Poscher*, in: Lisken/Denninger, HPolR, Kap. K Rn. 257 f.

636 Siehe oben, 3. Teil, D. II.

637 BVerfG, NJW 2001, 1409 (1410).

638 *Jenssen*, Versammlungsrechtliche Auflage, S. 151.

639 *Jenssen*, Versammlungsrechtliche Auflage, S. 149.

auch Fälle geben, in denen ein bestimmter Ort für beide oder mehrere Versammlungen eine besondere Bedeutung hat. In diesem Fall muss auf die anderen Kriterien, z. B. das inhaltlich neutrale Erstanmelderprivileg, zurückgegriffen werden.[640]

III. Wichtigkeit des Versammlungsthemas?

Im Folgenden wird untersucht, ob die Wichtigkeit des Veranstaltungsthemas auch bei konkurrierenden Versammlungen als Auswahlkriterium herangezogen werden kann. Nach *Hobbeling* können unterschiedlichen Versammlungen unterschiedliche Gewichte beigemessen werden.[641] Die Versammlungsbehörde könne also der Versammlung mit einem bedeutenderen Thema einen Vorrang einräumen. Dieser Auffassung ist aber nicht zu folgen. Nach dem staatlichen Neutralitätsprinzip ist es verboten, dass der Staat aufgrund einer inhaltlichen Bewertung des Versammlungsthemas seine Auswahlentscheidung trifft.[642] Würde der Staat nach der Ernsthaftigkeit oder Wichtigkeit des Versammlungsthemas entscheiden, käme es zu Willkürentscheidungen.[643]

Außerdem ist an dieser Stelle zu klären, ob eine Minderheitsmeinung durch die Heranziehung der öffentlichen Ordnung beschränkt werden kann. Die öffentliche Ordnung bezieht sich auf die herrschenden sozialen und ethischen Anschauungen. Demnach wäre die Beschränkung einer Versammlungsfreiheit möglich, wenn das Versammlungsthema von der Mehrheit der Bevölkerung abgelehnt würde. Dieser Auffassung ist aber nicht zuzustimmen. Nach dem Bundesverfassungsgericht soll bei der Bestimmung der Reichweite der öffentlichen Ordnung die Ausstrahlungswirkung des Art. 8 GG berücksichtigt werden.[644] Gerade weil die Versammlungsfreiheit nach Art. 8 GG ein Minderheitenschutzrecht ist, dürfen sogar äußerst extreme Meinungen bei der Ausübung der Versammlungsfreiheit nicht benachteiligt werden.[645] Soweit alle konkurrierenden Versammlungsanliegen durch Art. 8 i. V. m. Art. 5 GG geschützt sind, muss der Staat diese Versammlungen gleichbehandeln. Es ist aber oft fraglich, ob die Behörden und Gerichte bei der Entscheidung tatsächlich meinungsneutral handeln. So hat z. B. *Rühl* aufgezeigt, dass die Rechtsfiguren des polizeilichen Notstands und Zweckveranlassers hauptsächlich

640 *Jenssen*, Versammlungsrechtliche Auflage, S. 152.
641 *Hobbeling*, Präventives Einschreiten gegen Demonstrationen, S. 130.
642 BVerfG, NVwZ 2005, 1055 (1056).
643 *Hettich*, Versammlungsrecht, Rn. 194.
644 BVerfG, NJW 2001, 2072 (2074).
645 *Roth*, VBlBW 2003, 41 (44 f.); *Sander*, NVwZ 2002, 831 (832).

auf rechtsextremistische Versammlungen angewendet wurden.[646] Wie *Kniesel* ausgeführt hat, sind bestimmte Meinungen, z. B. rechtsextremistische Anschauungen, diskriminierende staatliche Entscheidungen nur durch die Schaffung eines Sonderrechts in Art. 5 Abs. 2 GG möglich.[647] Denn die offene Verfassung garantiert auch die Freiheit der geistigen Auseinandersetzung für ihre Feinde.[648] Demnach sind alle behördlichen und gerichtlichen Entscheidungen, die rechtsextremistische Versammlungen gezielt benachteiligen, zu kritisieren.

Aufgrund der bisherigen Ausführungen ist festzustellen, dass alle Meinungen und Versammlungsanliegen gleichzubehandeln sind, soweit sie keine Strafnorm verletzen und durch Art. 5 GG geschützt sind. Die Wichtigkeit des Versammlungsthemas ist demnach bei der Auflösung kollidierender Versammlungen nicht als Auswahlkriterium heranzuziehen. Die Bewertung von Versammlungen nach deren inhaltlichen, politischen Zielen ist unzulässig.[649]

IV. Teilnehmerzahl?

Im Folgenden wird untersucht, ob die Teilnehmerzahl der Versammlung bei konkurrierenden Nutzungswünschen mehrerer Versammlungen als Auswahlkriterium herangezogen werden kann.

a) Im Regelfall

Das OVG Berlin-Brandenburg hat in seinem Beschluss ausgeführt, dass eine Abweichung vom Prioritätsprinzip durch das Zahlenverhältnis der Teilnehmer gerechtfertigt werden kann.[650] Auch *Hobbeling* ist der Meinung, dass die Behörde der Versammlung mit mehr Teilnehmern den Vorzug geben kann.[651] Die h. M. vertritt hingegen die Auffassung, dass die Versammlungsbehörde nicht auf die Teilnehmerzahl abstellen darf.[652] Dieser Auffassung ist zuzustimmen. Die Versammlungsfreiheit des Art. 8 GG ist insb. ein Minderheitsschutzrecht.[653] In einer

646 *Rühl*, NJW 1995, 561 (561); NVwZ 1988, 577 (583).

647 *Kniesel*, NJW 1996, 2606 (2609).

648 *Poscher*, NJW 2005, 1316 (1316).

649 *Ossenbühl*, Versammlungsfreiheit und Spontandemonstration, Der Staat 10 (1971), 53 (62).

650 OVG Berlin-Brandenburg, Beschlüsse vom 16.11.2006, 1 S 143.06 u. vom 7.7.2006, 1 S 65.06; vgl. *Dahm/Peters*, LKV 2012, 433 (444).

651 *Hobbeling*, Präventives Einschreiten gegen Demonstrationen, S. 130.

652 *Waechter*, Verwaltungsarchiv 2008, 73 (92); *Hettich*, Versammlungsrecht, Rn. 194; *Jenssen*, Versammlungsrechtliche Auflage, S. 148.

653 VGH Mannheim, VBlBW 2002, 383 (387).

demokratischen Ordnung haben also auch die Minderheiten das Recht, an der politischen Willensbildung teilzunehmen. Dieser Willensbildungsprozess der Minderheiten wird insbesondere durch die Versammlungsfreiheit wahrgenommen. Aus diesem Grund sind alle Versammlungen, egal, ob sie viele oder wenige Teilnehmer haben, gleichzubehandeln. Die Teilnehmerzahl ist demnach im Regelfall nicht als Auswahlkriterium zu berücksichtigen.

b) Ausnahme

Ausnahmen sind in Konstellationen wie der folgenden denkbar:

> Zwei Versammlungen konkurrieren um einen Marktplatz zum gleichen Zeitpunkt. Beide Versammlungen sind wegen des jeweiligen Versammlungszwecks nur an diesem Tag durchzuführen. Dieser Ort hat aber für beide Versammlungen keine besondere Bedeutung. Zu der zuerst angemeldeten „Versammlung A“ sind 100 Personen und zu der später angemeldeten „Versammlung B“ sind 1.000 Personen angemeldet. Mit 1.000 Teilnehmern kann die „Versammlung B“ nur am Marktplatz durchgeführt werden.

Träfe die Versammlungsbehörde ohne Rücksicht auf die Teilnehmerzahl eine Entscheidung, könnte „die Versammlung A“ nach dem Erstanmelderprivileg einen Vorrang haben, weil es keine anderen wesentlichen Kriterien gibt. Wenn die Behörde aber gegen „Versammlung B“ eine beschränkende Verfügung bezüglich eines Ortes erlassen würde, käme dieser Maßnahme eine *faktische Verbotswirkung* zu: Denn „die Versammlung B“ kann wegen der großen Teilnehmerzahl nur am Marktplatz stattfinden. Diese behördliche Entscheidung wäre dann mit dem Grundsatz der praktischen Konkordanz nicht vereinbar. Nach diesem Grundsatz sollen alle Grundrechte gewährleistet werden, soweit dies möglich ist.[654] Um praktische Konkordanz herzustellen, kann in dieser Konstellation die Teilnehmerzahl ausnahmsweise als Auswahlkriterium herangezogen werden. Nach diesem Prinzip kann die Behörde Maßnahmen gegen „Versammlung A“ richten. Durch eine Verlegung des Ortes der „Versammlung A“ kann die Versammlungsfreiheit beider Demonstrationen gewährleistet werden. Obwohl diese Auflage die Gestaltungsfreiheit der zuerst angemeldeten „Versammlung A“ beschränkt, kann dadurch ein schonender Ausgleich im Wege der praktischen Konkordanz hergestellt werden. In einem solchen Fall kann also auch die Teilnehmerzahl ausnahmsweise als Auswahlkriterium herangezogen werden.

654 Siehe oben, Teil 1. A. II. 2. c).

C. Rangordnung der wertenden Kriterien

Bisher wurde untersucht, welche Kriterien bei der Konkurrenzlösung zwischen Versammlungen als wertende Kriterien herangezogen werden können. Bei einem zeitlichen und räumlichen Zusammentreffen mehrerer Versammlungen und der daraus folgenden faktischen Unmöglichkeit der Durchführung von Versammlungen kann also die Versammlungsbehörde durch die Maßnahmen des § 15 Abs. 1 VersG einschreiten, um diesen Konflikt aufzulösen. Dabei muss sie entscheiden, gegen wen versammlungsrechtliche Maßnahmen zu erlassen sind. Als zulässige wertende Kriterien kommen das Verursacherprinzip, die Bedeutung des Ortes und des Zeitpunktes für die Verfolgung des Versammlungszwecks und ggf. auch die Teilnehmerzahl in Betracht. Im Hinblick auf die staatliche Neutralität ist jedoch die Heranziehung der Wichtigkeit des Versammlungsthemas als Auswahlkriterium ausgeschlossen. Diese Kriterien sind bei der Konkurrenzlösung deshalb heranzuziehen, weil der Grundsatz der praktischen Konkordanz beim Ausgleich kollidierender Versammlungsfreiheit ständig zu berücksichtigen ist. Hier taucht die Frage danach auf, welche Kriterien bei der behördlichen Entscheidung vorzugsweise angewendet werden sollen. In diesem Abschnitt wird also die Rangordnung zwischen den in dieser Arbeit vorgeschlagenen wertenden Kriterien untersucht. Zu beachten ist dabei, dass die Zwecke des Versammlungsgesetzes der Schutz der Versammlungsfreiheit und die Gefahrenabwehr für die öffentliche Sicherheit oder Ordnung sind. Bei der Lösung der Konkurrenz zwischen Versammlungen sind demnach diese Zwecke immer zu berücksichtigen.

I. Die praktische Konkordanz als Leitlinie

Bei der Konkurrenz zwischen Versammlungen handelt es sich um eine Kollision zwischen grundrechtlich geschützten Rechtsgütern. Bei der Konkurrenzlösung soll also der Staat alle konkurrierenden Grundrechte angemessen berücksichtigen und dadurch eine praktische Konkordanz herstellen.[655] Dieser Grundsatz ist ein grundlegender Maßstab bei der Auflösung von Grundrechtskonflikten. Nach diesem Prinzip sollen alle Grundrechte optimal wirksam sein. Dies bedeutet für den Fall der konkurrierenden Versammlungen, dass möglichst alle konkurrierenden Versammlungsfreiheiten verwirklicht werden sollen. Dieses Prinzip sagt aber nichts darüber aus, welche Entscheidung der Staat im Einzelfall treffen soll. Es weist nur *die Richtung* zu einer verfassungsmäßigen Lösung.[656] Der Staat

---

655 *Hesse*, Grundzüge, Rn. 72, 317 ff.
656 *Hesse*, Grundzüge, Rn. 72.

soll also darauf hinwirken, dass alle Grundrechte möglichst berücksichtigt und verwirklicht werden können.[657] Anders gesagt: Die Praktische Konkordanz ist gleichbedeutend mit einer staatlichen Bemühung, *möglichst alle kollidierenden Grundrechte zu ermöglichen*. Das Prinzip praktischer Konkordanz soll daher beim Ausgleich von grundrechtlichen Konflikten immer berücksichtigt werden. Im konkreten Fall kann es passieren, dass bestimmte Versammlungsfreiheiten trotz der staatlichen Bemühungen nicht verwirklicht werden können. Jedoch wird auch in diesem Fall der Grundsatz der praktischen Konkordanz gewahrt, wenn und soweit die Versammlungsbehörde sich darum bemüht hat, jedem seine Versammlungsfreiheit zu ermöglichen.[658] Der Grundsatz der praktischen Konkordanz ist demnach eine grundlegende, immer zu berücksichtigende Leitlinie bei der Konkurrenzlösung von Versammlungen.

II. Das Verursacherprinzip als zuerst zu prüfendes Kriterium

Wie schon untersucht, sind die versammlungsrechtlichen Maßnahmen des § 15 Abs. 1 VersG primär gegen den Verursacher zu richten.[659] Ist eine Gefahr für die öffentliche Sicherheit oder Ordnung wegen des Zusammenstoßes mehrerer Versammlungen anzunehmen, müssen versammlungsrechtliche Maßnahmen zunächst gegen die eine Gefahr verursachende Versammlung ergriffen werden. Das Verursacherprinzip ist demnach im Versammlungsrecht *ein zuerst zu prüfendes Kriterium* für den Ausgleich konkurrierender Versammlungen. Wenn z. B. eine von beiden konkurrierenden Versammlungen Gewalttätigkeit ausüben würde, wäre die behördliche Maßnahme gegen diese Versammlung als Verursacher zu richten. Hinsichtlich der voneinander unabhängigen bzw. friedlichen Versammlungen, die beide durch Art. 8 GG geschützt sind, kann jedoch die Versammlungsbehörde aus dem Verursacherprinzip heraus keine Entscheidung treffen. Zwar kann man sagen, dass die Gefahr durch die beiden konkurrierenden Versammlungen gleichmäßig verursacht wird und die Maßnahme gegen beide Versammlungen zu richten ist. Jedoch ist es bei einer Konkurrenzlösung schwierig, gegen alle konkurrierenden Versammlungen gleichmäßige Maßnahmen zu erlassen. Auch in einer schwer zu entscheidenden Situation soll die Behörde aber über die Konkurrenz entscheiden. In diesem Fall kommt nur die Anwendung anderer wertender Kriterien in Betracht.

---

657 *Hesse*, Grundzüge, Rn. 319.

658 *Hesse*, Grundzüge, Rn. 319.

659 *Hoffmann-Riem*, NVwZ 2002, 257 (263).

III. Ausgleich anhand anderer wertender Kriterien: Kommt eine beschränkende Verfügung dem faktischen Verbot gleich?

Wenn die Versammlungsbehörde die konkurrierenden Versammlungsfreiheiten nicht nach dem Verursacherprinzip ausgleichen kann, muss auf andere wertende Kriterien zurückgegriffen werden. Dazu gehören die Bedeutung des Ortes und des Zeitpunktes für die Verfolgung des Versammlungszwecks und ggf. auch die Teilnehmerzahl. Wie schon untersucht, ist aber die Teilnehmerzahl beim Ausgleich kollidierender Versammlungsfreiheiten grundsätzlich nicht zu berücksichtigen. In vielen Fällen ist das Kriterium der Bedeutung des Ortes und des Zeitpunktes für den Versammlungszweck bei der Konkurrenzlösung maßgebend, weil der primäre Zweck des Versammlungsgesetzes die Verwirklichung der Versammlungsfreiheit ist. Die Behörde kann also nach diesem Kriterium feststellen, ob ein besonderer Ort und ein Zeitpunkt unabdingbare Voraussetzungen für den Versammlungszweck sind. Wenn ein bestimmter Ort oder Zeitpunkt für eine bestimmte Versammlung unabdingbare Voraussetzungen sind, wären jegliche Beschränkungen nach § 15 Abs. 1 VersG für sie dem Verbot ähnlich. Wenn die Behörde gegen diese Versammlung eine beschränkende Verfügung des § 15 Abs. 1 VersG erlassen würde, die aber dem Verbot gleichkommt, würde dies dem Grundsatz praktischer Konkordanz, dem Verhältnismäßigkeitsgrundsatz oder auch der Wesensgehaltsgarantie des Art. 19 Abs. 2 GG entgegenstehen. Wenn die Behörde durch eine beschränkende Verfügung gegen eine andere Versammlung, die nicht dem faktischen Verbot gleichkommt, die Konkurrenz lösen kann, soll sie diese Maßnahme erlassen.

Wenn aber eine beschränkende Verfügung auch für die andere Versammlung wegen anderer Gründe, z. B. der Begrenztheit der Örtlichkeit im Verhältnis zur Teilnehmerzahl, dem Verbot gleichkommen würde, ist dieser Umstand auch *gleichermaßen* zu berücksichtigen. Das Kriterium der „Bedeutung des Ortes und des Zeitpunktes für den Versammlungszweck" hat also keinen Vorrang vor anderen wertenden Kriterien. Eine entscheidende Frage bei der Entscheidung der Konkurrenz ist es, ob die beschränkende Verfügung gegen eine bestimmte Versammlung dem faktischen Verbot gleichkommt. Die Bedeutung des Ortes oder des Zeitpunktes für die Versammlung ist bei der Konkurrenzlösung deswegen zu berücksichtigen, weil sie für bestimmte Versammlungen eine unabdingbare Voraussetzung sein kann. Wenn andere Umstände für die Verfolgung des Versammlungszwecks entscheidende, unabdingbare Voraussetzungen sind, sind sie ebenfalls bei der Konkurrenzlösung zu berücksichtigen. Neben dem Verursacherprinzip genießen demnach andere wertende Kriterien voreinander keinen

Vorrang. Das Verursacherprinzip hat dagegen einen Vorrang, weil es im § 15 Abs. 1 VersG ausdrücklich geregelt ist.

Die Entscheidung nach den sonstigen wertenden Kriterien ist demzufolge einzelfallabhängig. Diese Kriterien sind also je nach dem einzelnen Fall unterschiedlich zu berücksichtigen. Zur Verdeutlichung des Ausgleichsverfahrens soll das folgende Beispiel dienen:

> Auf einem öffentlichen Platz von Stadt A gibt es ein nationalsozialistisches Denkmal. An diesem Ort haben Rechtsextremisten eine öffentliche Versammlung angemeldet. Mehrere Tausend Bürger haben von der geplanten rechtsextremistischen Versammlung erfahren. Als Protest gegen diese Versammlung haben sie für diesen Ort zur gleichen Zeit eine Gegenversammlung angemeldet. Sie haben aber keine Verhinderungsabsicht. Diese Gegenversammlung kann wegen der großen Zahl an Teilnehmern faktisch nur an diesem Ort stattfinden, weil es in dieser Stadt keinen anderen vergleichbar großen Platz gibt. Gegen wen soll die Polizei Maßnahmen ergreifen?

Es ist zuerst festzustellen, ob beide Versammlungen in den Schutzbereich des Art. 8 Abs. 1 GG fallen. Die zuerst angemeldete rechtsextremistische Versammlung ist durch Art. 8 GG geschützt, weil das Grundgesetz in Art. 5 Abs. 1 GG auch Mindermeinungen, darunter fallen auch rechtsextremistische Meinungen, schützt. Auch die Gegenversammlung der Bürger fällt in den Schutzbereich der Versammlungsfreiheit, weil sie keine Verhinderungsabsicht hat.[660] Die gegen eine andere Meinung protestierende Versammlung hat also einen eigenen politischen Charakter. Es ist demnach festzuhalten, dass beide Versammlungen in den Schutzbereich des Art. 8 Abs. 1 GG fallen. Sie sind unter Beachtung *der praktischen Konkordanz* in Ausgleich zu bringen. Mit dem *Verursacherprinzip* kommt die Behörde nicht weiter, weil beide Versammlungen friedlich und gleichmäßig kausal sind.[661] Der Ort hat aber für die Verfolgung der rechtsextremistischen Ausgangsversammlung *eine besondere Bedeutung*. An diesem Ort befindet sich ein nationalsozialistisches Mahnmal. Für die Gegenversammlung kommt diesem Ort nur mittelbar, wegen des Protestes gegen die Ausgangsversammlung, eine besondere Bedeutung zu. Die Behörde soll nur einen unmittelbaren Zusammenhang zwischen Versammlungszweck und Ort berücksichtigen.[662] Es scheint also auf einen Vorrang der rechtsextremistischen Ausgangsversammlung hinauszulaufen. In der Regel endet die behördliche Erwägung hier und eine Maßnahme wird gegen die Gegenversammlung erlassen. In diesem Fall ist aber zu berücksichtigen,

---

660 *Hong*, Versammlungsfreiheit in der Rechtsprechung des BVerfG, S. 160.

661 *Hobbeling*, Präventives Einschreiten gegen Demonstrationen, S. 129.

662 Siehe oben, 4. Teil. B. II.

dass eine beschränkende Verfügung gegen diese Versammlung einer Verbotsverfügung gleichkäme. Denn diese Versammlung kann wegen der Vielzahl der Teilnehmer nur an diesem Ort stattfinden. Außerdem ist sie wegen ihres Zwecks des Protests gegen die Ausgangsversammlung nur zu dieser Zeit durchzuführen. Aufgrund dieser Feststellung ergibt sich, dass dieser Ort für die beiden Versammlungen besonders wichtig ist; für die eine wegen des Versammlungszwecks und für die andere wegen der Teilnehmerzahl. Anhand der in dieser Arbeit vorgeschlagenen wertenden Kriterien kann also keiner Versammlung ein Vorrang gewährt werden. Die genannten Kriterien können also nicht als Auswahlkriterien fungieren. Jetzt kann das Erstanmelderprivileg als ein formales Kriterium eingesetzt werden. Die Versammlungsbehörde kann nach diesem Kriterium gegen die später angemeldete Gegenversammlung Maßnahmen nach § 15 Abs. 1 VersG erlassen. Obwohl diese Maßnahme für die später angemeldete Versammlung ein faktisches Verbot bedeutet, steht sie nicht der praktischen Konkordanz entgegen, weil sich die Behörde um die Verwirklichung der Versammlungsfreiheit beider Demonstrationen bemüht hat.

D. Resümee

In diesem Abschnitt wurde untersucht, welche Kriterien bei der Konkurrenz von Versammlungen als wertende Kriterien herangezogen werden können. Wie schon erklärt, sind die formalen Kriterien, wie z. B. das Erstanmelderprivileg, subsidiär anzuwenden. Weil diese Kriterien ohne Rücksicht auf sachliche Unterschiede zwischen Betroffenen entscheiden, ist der Gesetzeszweck mit ihnen schwer zu erreichen. Vorzugsweise sind demnach die wertenden Kriterien, die auch sachliche Unterschiede berücksichtigen, anzuwenden. Als ein wertendes Kriterium kommt zunächst das Verursacherprinzip in Betracht. Die Behörde löst die Konkurrenz zwischen Versammlungen hauptsächlich durch die Maßnahmen des § 15 Abs. 1 VersG. Die durch die Konkurrenz zwischen Versammlungen entstehende Gefahr ist demnach grundsätzlich dem Verursacher zuzurechnen. Wenn aber durch das Verursacherprinzip nicht über die Konkurrenz entschieden werden kann, weil die Gefahr für die öffentliche Sicherheit oder Ordnung durch beide bzw. alle konkurrierenden Versammlungen gleichmäßig verursacht wird, dann soll die Behörde mithilfe anderer Kriterien über die Konkurrenz entscheiden. Als andere wertende Kriterien wurden hier die Bedeutung des Ortes und des Zeitpunktes für den Versammlungszweck und ggf. auch die Teilnehmerzahl vorgeschlagen. Diese Kriterien sind bei der versammlungsrechtlichen Konkurrenzlösung deswegen zu berücksichtigen, weil die beschränkenden Verfügungen aus den hier erwähnten Gründen einen verbotsähnlichen Charakter haben können. Bei der Lösung von

Konkurrenz sind unter Beachtung der praktischen Konkordanz möglichst alle Versammlungsfreiheiten zu verwirklichen. Wenn also eine beschränkende Verfügung für eine bestimmte Versammlung einem faktischen Verbot gleichkommt, ist sie gegen eine andere Versammlung zu richten, bei der das nicht der Fall ist. Damit kann der Zweck des Versammlungsgesetzes, also die Verwirklichung bzw. der Schutz der Versammlungsfreiheit, erreicht werden. Außer dem Verursacherprinzip, das im § 15 Abs. 1 VersG ausdrücklich geregelt ist, besteht aber keine Rangordnung zwischen anderen wertenden Kriterien. Die Berücksichtigung dieser Kriterien bei der Konkurrenzlösung ist also einzelfallabhängig. Wichtig ist dabei, zu prüfen, ob eine beschränkende Verfügung für eine bestimmte Versammlung ein faktisches Verbot bedeutet.

5. Teil: Zur Normierung des Erstanmelderprivilegs und anderer Konkurrenzlösungskriterien im Versammlungsgesetz

Aus der bisherigen Untersuchung ergibt sich, dass das Erstanmelderprivileg bei der Konkurrenzlösung zwischen Versammlungen subsidiär anwendbar ist. Es ist aber noch unklar, ob es eine Rechtsgrundlage hat. Für die Grundrechtsträger ist zudem unsicher, nach welchen Kriterien die Behörde über die Konkurrenz zwischen Versammlungen entscheiden wird. Im Folgenden werden deshalb die Probleme des weiten behördlichen Ermessens bei der Konkurrenzlösung (A), das Erfordernis einer verfahrensrechtlichen Regelung (B), die Regelung des Erstanmelderprivilegs im koreanischen Versammlungsgesetz (C) und die Normierung der Konkurrenzlösungskriterien im Versammlungsgesetz (D) erörtert.

A. Problemstellung: Rechtsunsicherheit wegen des weiten behördlichen Ermessens

Das Bundesverfassungsgericht hat in seiner Entscheidung vom 26. Januar 2001 ausgeführt:

> „Die Versammlungsbehörde war auch auf Grund des Art. 8 Abs. 1 GG abzuleitenden Selbstbestimmungsrechts des Veranstalters über Ort, Zeitpunkt, Art und Inhalt der Veranstaltung an der Anordnung der Auflage nicht gehindert. Aus diesem Selbstbestimmungsrecht folgt nämlich nur, dass der Veranstalter sein Demonstrationsinteresse eigenständig konkretisieren darf. Kollidiert sein Grundrecht der Versammlungsfreiheit aber mit anderen Rechtsgütern, steht ihm nicht auch ein Bestimmungsrecht darüber zu, wie gewichtig diese Rechtsgüter in die Abwägung einzubringen sind und wie die Interessenkollision rechtlich bewältigt werden kann. Insoweit bleibt ihm nur die Möglichkeit, seine Vorstellungen im Zuge einer Kooperation mit der Verwaltungsbehörde einzubringen.“[663]

Nach dieser Entscheidung kann also die Versammlungsbehörde zur Lösung von Konkurrenz zwischen Versammlungen die Maßnahmen des § 15 Abs. 1 VersG erlassen. Demnach kann die Versammlungsbehörde die beschränkende bzw. Verbotsverfügung gegen diejenige Versammlung erlassen, die eine Gefahr für die öffentliche Sicherheit oder Ordnung unmittelbar verursacht. Wenn aber alle

663 BVerfG NJW 2001, 1409 (1410).

konkurrierenden Versammlungen friedlich verlaufen und demzufolge zu einer Gefahr gleichmäßig beitragen würden, steht es im Ermessen der Behörde, gegen welche Versammlungen welche Maßnahmen zu erlassen sind, um eine möglichst störungsfreie Durchführung der Versammlungen zu ermöglichen.[664] § 15 Abs. 1 VersG sagt also nur darüber, *ob* die zuständige Behörde beschränkende bzw. Verbotsverfügungen zur Abwehr von Gefahren erlassen kann, aber nicht darüber, *wie* die Konkurrenz zu lösen ist, wenn sie nicht anhand des Verursacherprinzips ausgeglichen werden kann. Die Versammlungsbehörde hat also ein weites Ermessen bei der Konkurrenzlösung. Diese Entscheidung unterliegt pflichtgemäßem Ermessen der Behörde.[665] Wenn die Behörde dabei gleichmäßige Maßnahmen gegen jede Versammlung erlassen kann, ist dies auch hinsichtlich des Gleichheitssatzes unproblematisch. Das Problem ist aber, dass die Behörde in den meisten Fällen keine gleichmäßigen Maßnahmen gegen alle kollidierenden Versammlungen erlassen kann. Sie soll also entscheiden, welcher Versammlung ein Vorrang zu geben und welche Versammlung zu beschränken ist. Zwar soll die Behörde dabei nach gerechten und den Zweck des Gesetzes fördernden Kriterien entscheiden. Jedoch ist ihr Ermessensspielraum so weit, dass der Bürger schwer kalkulieren kann, nach welchem Kriterium die Behörde über den Fall entscheidet. Dabei hilft der Gleichheitssatz des Art. 3 Abs. 1 GG auch nicht, weil er nur verlangt, dass die Ungleichbehandlung sachlich gerechtfertigt ist. Er fordert nicht die jeweils gerechteste und zweckmäßigste Lösung.[666] Demnach kann es mehrere Kriterien geben, die dem allgemeinen Gleichheitssatz genügen.[667] Je nachdem, welches Kriterium die Behörde bei der Konkurrenzlösung anwendet, kann es aber zu unterschiedlichen Ergebnissen führen. Obwohl die staatliche Entscheidung über die Konkurrenz sich auf die Ausübung des Grundrechts der Versammlungsfreiheit stark auswirkt, geraten die Bürger wegen des weiten Ermessens in Unsicherheit. Die Grundrechtsträger wissen also nicht, mit welchem Maßstab die Behörde über die Konkurrenz entscheiden wird und welche Versammlungsfreiheit folglich ausgeübt werden darf. Diese Rechtsunsicherheit der Grundrechtsträger hinsichtlich der Ausübung der Versammlungsfreiheit soll aber möglichst vermieden werden. Demnach taucht die Frage auf, ob der behördliche Ermessensspielraum durch die gesetzliche Regelung der Konkurrenzlösungskriterien eingeschränkt werden sollte.

---

664 *Dietel/Gintzel/Kniesel*, VersG, § 15 Rn. 47.

665 *Dietel/Gintzel/Kniesel*, VersG, § 15 Rn. 47; *Scholler*, Die Interpretation des Gleichheitssatzes als Willkürverbot oder als Gebot der Chancengleichheit, S. 78 f.

666 *Pieroth/Schlink/Kingreen/Poscher*, Grundrechte Staatsrecht II, S. 119 f.

667 *Martini*, Der Markt als Instrument hoheitlicher Verteilungslenkung, S. 89.

B. Grundrechtsschutz durch das versammlungsrechtliche Verfahrensrecht

Wie oben gezeigt, gerät die Ausübung der Versammlungsfreiheit bei der Lösung der Konkurrenz von Versammlungen wegen des weiten behördlichen Ermessens in Unsicherheit. Die Behörde kann bei der Konkurrenzlösung zwischen Versammlungen beliebige Kriterien heranziehen, soweit sie den Anforderungen des Gleichheitssatzes genügen. Es ist aber zu beachten: Je größer ein behördliches Ermessen ist, desto unberechenbarer ist die Ausübung der Versammlungsfreiheit. Demnach wird in diesem Abschnitt vorgeschlagen, durch eine verfahrensrechtliche Bestimmung über die Konkurrenzlösungsverfahren bzw. -kriterien die Grundrechte der Bürger sicherzustellen.

I. Konkurrenzlösung aufgrund des Versammlungsverfahrensrechts

Nach *Rudolf von Jhering* ist die Form „die geschworene Feindin der Willkür, die Zwillingsschwester der Freiheit."[668] Demnach kann also die Freiheit des Einzelnen insbesondere durch das Verfahrensrecht gewährleistet werden. In diesem Sinne hat auch *Poscher* ausgeführt, dass Grundrechte „nicht verfahrensblind" sind.[669] Nach ihm können staatliche Eingriffe in Grundrechte durch das Verfahren abgewehrt werden. Es ist daher anzunehmen, dass die verfahrensrechtlichen Bestimmungen bei der Ausübung von Grundrechten eine wichtige Rolle spielen. Ferner hat das Verfahrensrecht nach dem Bundesverfassungsgericht die Funktion, nicht nur eine gesetzmäßige, sondern auch eine richtige, gerechte Entscheidung zu treffen.[670] Das Verfahrensrecht hat also den Zweck, eine sachlich richtige Entscheidung zu treffen.[671]

1. Die grundrechtssichernde Funktion des Verfahrensrechts

Der Gesetzgeber ist nach dem Vorbehalt des Gesetzes verpflichtet, „die für die Grundrechtsverwirklichung maßgeblichen Regelungen im wesentlichen selbst zu treffen und diese nicht dem Handeln und der Entscheidungsmacht der Exekutive zu überlassen."[672] Diese Pflicht gilt insb. dann, „wenn miteinander konkurrierende grundrechtliche Freiheitsrechte aufeinandertreffen und deren

668 *von Jhering*, Geist des römischen Rechts, S. 471 f.
669 *Poscher*, Grundrechte als Abwehrrechte, S. 395.
670 BVerfGE 42, 64 (73 f.).
671 *Held*, Der Grundrechtsbezug des Verwaltungsverfahrens, S. 252.
672 BVerfGE 83, 130 (142).

jeweilige Grenzen fließend und nur schwer auszumachen sind."[673] Hinsichtlich der Konkurrenzlösung zwischen Versammlungen ist der Grundrechtsbezug des Verfahrensrechts besonders zu berücksichtigen, weil die behördliche Entscheidung über die Konkurrenzlage für die Ausübung der Versammlungsfreiheit eine wesentliche Rolle spielt.[674] In diesem Sinne soll der grundrechtliche Konflikt nicht der Abwägung im Einzelfall durch die Behörde oder Gerichte überlassen werden. Wenn die Konkurrenz zwischen Versammlungen eine außerordentliche, untypische Situation darstellt, kann die Entscheidung aufgrund der Abwägung im Einzelfall getroffen werden. Denn eine detaillierte gesetzliche Regelung für alle solchen Situationen ist unmöglich. Aber im heutigen Alltag stellt die Konkurrenz zwischen Versammlungen keinen Ausnahme,- sondern einen typischen Fall dar. Die Konkurrenz zwischen gegeneinander gerichteten Versammlungen taucht immer wieder auf. Dabei kann die Neutralität der Entscheidung durch die legislative Regelung der Kriterien gewahrt werden. So können subjektive Entscheidungen der Behörde vermieden werden. Weil es mehrere Kriterien geben kann, die dem allgemeinen Gleichheitssatz des Art. 3 Abs. 1 GG genügen, kann die Entscheidung der Behörde häufig zu unterschiedlichen Ergebnissen führen. Ein gleicher oder ähnlicher Sachverhalt kann also je nach Entscheidungssubjekt und -fall anders entschieden werden. Wegen des weiten behördlichen Ermessens kann also die Ausübung der Grundrechte in Unsicherheit geraten. Aus diesem Grund ist das Konkurrenzlösungsverfahren nicht allein der behördlichen Entscheidung zu überlassen, sondern es müssen gesetzliche Entscheidungsmuster geschaffen werden.[675]

In diesem Sinne hat *Häberle* ausgeführt, dass materielle Gehalte der Grundrechte durch das Verfahren gestärkt werden können (status activus processualis).[676] Nach ihm ist die verfahrensrechtliche Sicherung der Grundrechte bei Grundrechtskollisionen, in denen mehrere Grundrechtsträger betroffen sind, besonders wichtig. Das Verfahren kann also „einen Ausgleich der einander widerstreitenden Gesichtspunkte gewährleisten, bevor es zum Konflikt kommt".[677] Dabei wird, so *Häberle*, der Vorbehalt des Gesetzes zum Verfahrensvorbehalt bzw. verfahrensrechtlichen Gesetzesvorbehalt.[678] Das Verfahrensrecht entfaltet demnach bei

673 BVerfGE 83, 130 (142).

674 *Martini*, Der Markt als Instrument hoheitlicher Verteilungslenkung, S. 88.

675 *Ossenbühl*, Versammlungsfreiheit und Spontandemonstration, Der Staat 10 (1971), 53 (80 ff.).

676 *Häberle*, VVDStRL Heft 30 (1972), 43 (86 f.).

677 *Häberle*, VVDStRL Heft 30 (1972), 43 (87).

678 *Häberle*, VVDStRL Heft 30 (1972), 43 (87).

der Konkurrenzlösung zwischen Versammlungen eine grundrechtssichernde Wirkung. Hinsichtlich des Vorbehalts des Gesetzes ist es also sinnvoll, das Verfahren der Konkurrenzlösung gesetzlich zu regeln. Die gesetzliche Regelung des Verfahrens dient außerdem der Neutralität und Kalkulierbarkeit der staatlichen Entscheidung, weil die Bürger überprüfen können, ob sie willkürlich erfolgt ist.[679] Das Verfahren ist nämlich „ein essentielles Element des Rechtsstaats".[680]

2. *Das Verfahren und der Verhältnismäßigkeitsgrundsatz*

Auch aus dem Grundsatz der Verhältnismäßigkeit kann die Gestaltung eines grundrechtssichernden Verfahrensrechts abgeleitet werden. Hinsichtlich des Verhältnismäßigkeitsgrundsatzes hat das Bundesverfassungsgericht ausgeführt, dass ein Eingriff in das Recht auf informationelle Selbstbestimmung durch verfahrensrechtliche Vorkehrungen, etwa durch die Abgabe des ausgefüllten Erhebungsbogens in verschlossenem Umschlag, gemildert werden kann.[681] Auch angesichts des Grundrechts der Versammlungsfreiheit des Art. 8 GG hat das Bundesverfassungsgericht in der Brockdorf-Entscheidung „die verfahrensrechtliche Effektuierung von Freiheitsrechten" betont.[682] Demnach stellt die Heranziehung geeigneter Verfahren, wie z. B. eine rechtzeitige Kooperation zwischen Behörde und Veranstaltern, „das mildere Mittel gegenüber Eingriffen in Gestalt von Verboten oder Auflösung" dar.[683] In diesem Sinne hat auch *Poscher* erklärt, dass Grundrechtseingriffe unverhältnismäßig sind, „wenn der Einsatz eines Verfahrens zu einer geringen Belastung der Betroffenen führt".[684] Aus der Bindung des Gesetzgebers an die Grundrechte und aus dem Verhältnismäßigkeitsgrundsatz ergibt sich, dass der Gesetzgeber ein grundrechtsicherndes Verfahren zu gestalten hat.[685]

3. *Das Verfahren und die Chancengleichheit*

Die gesetzliche Regelung der Konkurrenzlösungskriterien und des -verfahrens kann auch zur Chancengleichheit der Betroffenen beitragen. Wenn die Freiheitsrechte faktisch nicht für alle Beteiligten realisierbar sind, sollen dabei zumindest gleiche

679 *Martini*, Der Markt als Instrument hoheitlicher Verteilungslenkung, S. 92.
680 *Bethge*, Zur Problematik von Grundrechtskollisionen, S. 363.
681 BVerfGE 65, 1 (58 f.).
682 BVerfGE 69, 315 (355 f.), auch *Poscher*, Grundrechte als Abwehrrechte, S. 393.
683 BVerfGE 69, 315 (356).
684 *Poscher*, Grundrechte als Abwehrrechte, S. 394.
685 *Schlink*, EuGRZ 1984, 457 (466).

Chancen zur Teilnahme an einem Verfahren gewährleistet werden.[686] In diesem Sinne hat *Poscher* betont, dass ein die chancengleiche Verteilung gewährleistendes Verfahren einzurichten ist.[687] Für die chancengleiche Verwirklichung zugangsbeschränkter Freiheitsrechte ist die Ausschreibung der Konkurrenzlösungskriterien unabdingbar.[688] Durch die gesetzliche Regelung der Kriterien hinsichtlich der Konkurrenz von Versammlungen kann also „tatsächliche Chancengleichheit in realer grundrechtlicher Freiheit für alle" geschaffen werden.[689] Insbesondere setzt die Chancengleichheit aller Betroffenen die gleiche Möglichkeit zur Kenntnisnahme der Konkurrenzlösungskriterien voraus.[690] Wie schon ausgeführt, kann die Konkurrenz unter der jetzigen Rechtslage wegen des weiten behördlichen Ermessens je nach dem Entscheidungssubjekt unterschiedlich entschieden werden. Es kann also viele Alternativen geben, die die Konkurrenz lösen können und zugleich dem allgemeinen Gleichheitssatz und dem Gerechtigkeitsgedanken genügen. Je nach Auswahl der Kriterien kann es daher zu unterschiedlichen Ergebnissen kommen. Nur wenn die anzuwendenden Kriterien und Verfahren öffentlich gemacht werden, haben alle Bürger faktisch gleiche Chancen, eigene Grundrechte zu verwirklichen und das Verfahren zu beeinflussen. Wenn aber die Konkurrenzlösungskriterien nicht offengelegt werden, kann das Entscheidungssubjekt dazu neigen, eine subjektive bzw. willkürliche Entscheidung zu treffen. Hinsichtlich des Grundrechts der Versammlungsfreiheit ist dieser Aspekt besonders wichtig, weil hier immer eine Gefahr besteht, dass die Behörde dieses Grundrecht willkürlich beschränkt.[691] Nach *Gusy* sind die für die Entscheidung maßgeblichen Kriterien *vorab* offenzulegen, damit der gleiche Zugang zum Verfahren sichergestellt ist und die behördlichen Entscheidungen kontrolliert werden können.[692]

II. Gegenwärtige Rechtslage über das Erstanmelderprivileg und andere Konkurrenzlösungskriterien

Im Folgenden wird untersucht, ob Konkurrenzlösungskriterien nach der gegenwärtigen Rechtslage hinreichend bestimmt geregelt sind, damit die gleichen Chancen zwischen den Bürgern sowie die staatliche Neutralität bei der Entscheidung der Konkurrenz zwischen Versammlungen gewährleistet werden können.

686 *Kloepfer/Reinert*, in: Gethmann/Kloepfer/Reinert (Hrsg.), S. 65.
687 *Poscher*, Grundrechte als Abwehrrechte, S. 395.
688 *Martini*, Der Markt als Instrument hoheitlicher Verteilungslenkung, S. 86.
689 *Häberle*, VVDStRL Heft 30 (1972), 43 (84).
690 *Martini*, Der Markt als Instrument hoheitlicher Verteilungslenkung, S. 86.
691 *Kang*, Der Friedlichkeitsvorbehalt der Versammlungsfreiheit, S. 193.
692 *Gusy*, NJW 1988, 2505 (2511).

1. *§ 15 Abs. 1 VersG als primäre Regelung bei der Konkurrenzlösung*

§ 15 Abs. 1 VersG lautet: „Die zuständige Behörde kann die Versammlung oder den Aufzug verbieten oder von bestimmten Auflagen abhängig machen, wenn nach den zur Zeit des Erlasses der Verfügung erkennbaren Umständen die öffentliche Sicherheit oder Ordnung bei Durchführung der Versammlung oder des Aufzuges unmittelbar gefährdet ist." Diese Vorschrift ist die primäre Regelung bei der Konkurrenzlösung zwischen Versammlungen.[693] Aufgrund dieser Vorschrift kann also die Versammlungsbehörde gegen die eine unmittelbare Gefahr verursachende Versammlung beschränkende bzw. Verbotsverfügungen erlassen. Beim Erlass von beschränkenden bzw. Verbotsverfügungen zur Lösung von Konkurrenz zwischen Versammlungen ist daher das polizeirechtliche *Verursacherprinzip* maßgebend. Wenn es ersichtlich ist, welche Versammlung eine Gefahr verursacht, kann die Behörde leicht entscheiden, gegen welche Versammlung versammlungsrechtliche Maßnahmen zu erlassen sind. Wenn aber die Gefahr für die öffentliche Sicherheit oder Ordnung durch beide bzw. alle konkurrierenden Versammlungen gleichmäßig verursacht wird, ist es unklar, gegen welche Versammlung Maßnahmen zu erlassen sind. Nach dem BVerfG verfügt die Versammlungsbehörde dabei über einen weiten Ermessensspielraum.[694] Die Behörde kann also aufgrund des Ermessens frei entscheiden, mit welchen Kriterien Konkurrenzen zwischen Versammlungen zu lösen sind. Obwohl die Ausübung der Versammlungsfreiheit von der behördlichen Auswahl von Kriterien abhängig gemacht werden kann, wissen die Bürger nicht, nach welchen Kriterien die Behörde über Konkurrenzen entscheiden wird. Es ist demnach festzuhalten, dass die Regelung des § 15 Abs. 1 VersG bei der Lösung der Konkurrenz zwischen Versammlungen zu unbestimmt und damit unzureichend ist. Durch die grobe gesetzliche Regelung werden die Bürger bei der Ausübung der Versammlungsfreiheit in Unsicherheit geraten.

2. *§ 22 VwVfG als Rechtsgrundlage des Erstanmelderprivilegs?*

Viele Autoren entnehmen das Prioritätsprinzip dem § 22 VwVfG.[695] Diese Vorschrift lautet: „Die Behörde entscheidet nach pflichtgemäßem Ermessen, ob und wann sie ein Verwaltungsverfahren durchführt. Dies gilt nicht, wenn die Behörde auf Grund von Rechtsvorschriften 1. von Amts wegen oder auf Antrag tätig

693 Siehe oben, 1. Teil. B. II.

694 BVerfG NJW 2001, 1409 (1410).

695 *Kopp/Ramsauer*, VwVfG, § 22, Rn. 34.; *Knack/Henneke*, VwVfG, § 22, Rn. 26; *Stelkens/Bonk/Sachs*, VwVfG, § 22, Rn. 60; *Martini*, Der Markt als Instrument hoheitlicher Verteilungslenkung, S. 105.

werden muss; 2. nur auf Antrag tätig werden darf und ein Antrag nicht vorliegt." Die für das Prioritätsprinzip maßgebliche Bestimmung ist § 22 S. 2 Nr. 2. Diese Vorschrift gilt für Verfahren, die einen Antrag zwingend voraussetzen. Sie können demnach nur bei Vorliegen eines Antrags eingeleitet werden.[696] Deswegen nennt man diese Verfahren auch zwingende oder reine Antragsverfahren.[697] In diesen Verfahren entscheidet also nicht die Behörde, sondern die Beteiligten darüber, ob ein Verfahren eingeleitet wird.[698] In der Praxis findet diese Art von Verfahren meistens bei der Erteilung von Genehmigungen Anwendung.[699] Dabei gilt kein Offizialprinzip, bei dem das Verwaltungsverfahren von Amts wegen eingleitet werden könnte, sondern die Dispositionsmaxime, bei welcher der Bürger über die Einleitung des Verfahrens entscheidet. Bei diesem Verfahren soll die Behörde grundsätzlich nach der Reihenfolge des Eingangs der Anträge entscheiden, soweit keine sachlichen Gründe vorliegen.[700]

Es ist aber zu prüfen, ob § 22 VwVfG auch als eine Rechtsgrundlage des *versammlungsrechtlichen* Prioritätsprinzips, also des Erstanmelderprivilegs fungieren kann. In den meisten Fällen, in denen das Verfahren öffentlichen Interessen dienen soll, gilt keine Dispositionsmaxime, also ein zwingendes Antragsverfahren, sondern das Offizialprinzip, nach dem die Behörde nach pflichtgemäßem Ermessen entscheiden kann, ob und wann sie ein Verwaltungsverfahren durchführt.[701] Auch die Regelung des § 15 Abs. 1 VersG ist ein Beispiel dafür. Ziele dieser Regelung sind, das Grundrecht der Versammlungsfreiheit zu verwirklichen und Gefahren für die öffentliche Sicherheit oder Ordnung abzuwehren. Ferner setzen Durchführungen von Versammlungen keine Anträge der Bürger voraus. Zwar unterliegt die Durchführung einer Versammlung der Anmeldepflicht des § 14 VersG, jedoch kann die Versammlungsbehörde auch ohne vorherige Anmeldung des Bürgers nach ihrem Ermessen entscheiden, ob und wann sie versammlungsrechtliche Maßnahmen erlässt. Das Antragsverfahren des § 22 S. 2 Nr. 2. VwVfG und das Verfahren des § 15 Abs. 1 VersG stimmen nicht überein und sind demnach nicht vergleichbar. Die Ableitung des Prioritätsprinzips aus § 22 VwVfG ist also abzulehnen.

---

696 *Kopp/Ramsauer*, VwVfG, § 22, Rn. 1.
697 *Kopp/Ramsauer*, VwVfG, § 22, Rn. 27.
698 *Kopp/Ramsauer*, VwVfG, § 22, Rn. 5.
699 *Kopp/Ramsauer*, VwVfG, § 22, Rn. 27.
700 *Kopp/Ramsauer*, VwVfG, § 22, Rn. 34.
701 *Kopp/Ramsauer*, VwVfG, § 22, Rn. 27.

3. Ergebnis

Aus der bisherigen Analyse ergibt sich, dass § 15 Abs. 1 VersG hinsichtlich der Konkurrenzlösung zwischen Versammlungen zu unbestimmt geregelt ist. Außerdem kann § 22 VwVfG keine Rechtsgrundlage des versammlungsrechtlichen Prioritätsprinzips, also des Erstanmelderprivilegs, sein. Um das Grundrecht der Versammlungsfreiheit des Bürgers besser zu schützen, sind weitere gesetzliche Regelungen erforderlich.

III. Ergebnis

Wie oben ausgeführt, ist das Verwaltungsverfahren zum Schutz des Grundrechts wichtig. Die Freiheitsrechte der Bürger können durch das Verfahrensrecht sichergestellt werden. Hinsichtlich des Vorbehalts des Gesetzes ist dieser Aspekt bedeutsam. Nach diesem Grundsatz hat der Gesetzgeber die für die Verwirklichung des Grundrechts maßgeblichen Regelungen selbst zu treffen. Das Verfahrensrecht ist hinsichtlich der Konkurrenzlösung zwischen Grundrechtsträgern besonders bedeutsam. Je nachdem, nach welchen Kriterien die Behörde Konkurrenzen löst, wird die Ausübung des Grundrechts stark beeinflusst. Das Auswahlverfahren beim grundrechtlichen Konflikt, auch bei der Konkurrenz zwischen Versammlungen, ist daher für die Grundrechtsverwirklichung wesentlich. Die gesetzliche Regelung des geeigneten Verfahrens kann außerdem ein milderes Mittel darstellen und die Chancengleichheit zwischen den Bürgern garantieren. Das konkurrenzlösende Verfahren ist demnach gesetzlich zu regeln.

Die jetzige Rechtslage über Konkurrenzlösungen zwischen Versammlungen ist aber unzureichend. Hinsichtlich der Konkurrenz zwischen Versammlungen ist § 15 Abs. 1 VersG zu weit gefasst. Wegen des weiten behördlichen Ermessens können die Bürger bei Konkurrenzen in Unsicherheit geraten. Die Ableitung des versammlungsrechtlichen Prioritätsprinzips aus § 22 VwVfG ist auch zu verneinen. Diese Vorschrift setzt ein zwingendes Antragsverfahren voraus. Die Durchführung der Versammlung und das Einschreiten der Behörde sind aber nicht vom Antrag abhängig. § 22 VwVfG kann also keine Rechtsgrundlage des Erstanmelderprivilegs sein. Zur Sicherung des Grundrechts der Versammlungsfreiheit bedürfte es demnach einer gesetzlichen Regelung.

C. Beispiel: Das Erstanmelderprivileg im koreanischen Versammlungsgesetz

I. Überblick

Anders als das deutsche Versammlungsgesetz ist im koreanischen Versammlungsgesetz (im Folgenden: KVersG) *ein* Konkurrenzlösungskriterium geregelt: das Erstanmelderprivileg. Der Grund dafür mag in der politischen und demographischen Lage von Südkorea liegen: Wegen der Teilung in Süd- und Nordkorea sind politische Debatten zwischen rechten und linken Szenen besonders heftig. Aus diesem Grund sind viele politische Versammlungen gegeneinander gerichtet. Außerdem konzentriert sich die koreanische Bevölkerung in Großstädten, insb. in der Hauptstadt Seoul und ihren umliegenden Städten.[702] Man kann also sagen, dass sich das politische, ökonomische, kulturelle und soziale Leben von Südkorea auf die Hauptstadt Seoul konzentriert. In diesem Sinne bezeichnet man Südkorea (offiziell: Republik Korea) auch als „Republik Seoul". Als Auswirkung davon wurden im Jahr 2013 allein in der Hauptstadt Seoul 12.278 Versammlungen (täglich 34 Versammlungen) durchgeführt. Im selben Zeitraum wurden im ganzen Land insgesamt 43.071 Versammlungen durchgeführt.[703] Daraus kann man leicht ableiten, dass die koreanische Polizei ständig schnelle, aber trotzdem möglichst allerseits befriedigende Entscheidungen treffen soll. Um diesem Bedarf zu genügen, ist das koreanische Versammlungsgesetz etwas konkreter als das deutsche geregelt. Die koreanische Polizei als Versammlungsbehörde und auch die Bürger brauchen konkrete und leicht handhabbare gesetzliche Entscheidungsmuster, weil Konkurrenzen zwischen Versammlungen oder anderen Rechten aus politischen oder demographischen Gründen häufig vorkommen. Die gesetzliche Regelung des Erstanmelderprivilegs, obwohl es nicht immer zu einer gerechten Lösung führt, spiegelt diese Umstände wider. Im Folgenden werden die einschlägigen Vorschriften vorgestellt und einer kritischen Prüfung unterzogen.

II. Das Erstanmelderprivileg des § 8 Abs. 2 des koreanischen VersG

Nach § 6 Abs. 1 des KVersG sind die Versammlung unter freiem Himmel und der Aufzug anmeldepflichtig. Nach dieser Vorschrift hat der Veranstalter einer

702 Südkorea hat etwa 51 Millionen Einwohner, davon wohnen etwa 10 Millionen, also 20 % der Gesamtbevölkerung, in der Hauptstadt Seoul. In der Metropolregion Seoul, einschließlich umliegender Großstädte, wohnen insgesamt etwa. 25 Millionen Menschen, also ein Bevölkerungsanteil von 49 % (Stand 2015, Koreanisches Statistikamt).

703 Koreanische Nationale Polizei, Polizeiliches statistisches Jahrbuch 2013, S. 201.

Versammlung unter freiem Himmel diese *frühestens* 720 und *spätestens* 48 Stunden vor dem beabsichtigten Versammlungsbeginn bei der zuständigen Polizeibehörde anzumelden. Nach dem Erhalt der Anmeldung hat die Behörde dem Bürger eine Anmeldebestätigung auszuhändigen (§ 6 Abs. 2 KVersG). Dadurch kann diesem eine klare Rechtslage und Rechtssicherheit gewährleistet werden. Nach § 8 Abs. 1 i. V. m. § 5 Abs. 1 KVersG kann die zuständige Behörde die Versammlung unter freiem Himmel oder den Aufzug verbieten oder beschränken, wenn die öffentliche Sicherheit oder Ordnung bei der Durchführung der Versammlung oder des Aufzuges insb. durch kollektive Gewalttätigkeit, Bedrohung, Sachbeschädigung oder Brandstiftung usw. unmittelbar gefährdet wird.

Der Fall der Konkurrenz zwischen Versammlungen ist im § 8 Abs. 2 KVersG gesondert geregelt. Danach kann die Polizei *später angemeldete* Versammlungen oder Aufzüge verbieten, wenn zwei oder mehrere Versammlungen an einem gleichen Ort und zu einer gleichen Zeit angemeldet sind und ihrem Zweck nach einander widerstreiten, verhindern bzw. ausschließen würden. Zur Ergänzung dieser Vorschrift ist in § 6 Abs. 3 KVersG geregelt, dass der Veranstalter der zuerst angemeldeten Versammlung es der Behörde unverzüglich mitzuteilen hat, wenn er sich dazu entschließt, die geplante Versammlung oder den geplanten Aufzug nicht durchzuführen. Nach § 6 Abs. 4 KVersG muss die Behörde dem Veranstalter der gem. § 8 Abs. 2 KVersG verbotenen Versammlung diesen Umstand, also dass die zunächst zugelassene Veranstaltung ausfällt, unverzüglich mitteilen. Nach § 6 Abs. 5 KVersG kann dieser Veranstalter die zunächst verbotene Versammlung wie ursprünglich geplant durchführen. Wenn die Durchführung der geplanten Versammlung wegen der schon erlassenen Verbotsverfügung unmöglich ist, kann der Veranstalter nach einer Anmeldung mit 24-Stunden-Frist eine neue Versammlung durchführen. Dabei wird also die Anmeldefrist von 48 Stunden gemildert. Ferner wird die *Nichtanmeldung* einer Versammlung nach § 22 Abs. 2 KVersG und die aufgrund einer *unrichtigen* Anmeldung durchgeführte Versammlung nach § 24 Nr. 2 KVersG strafrechtlich sanktioniert. Hinsichtlich der Mitteilungspflicht des Veranstalters (§ 6 Abs. 3 KVersG) ist aber keine Sanktionsvorschrift geregelt.

Resümierend ist festzustellen: Das koreanische Versammlungsgesetz sieht das Erstanmelderprivileg im Hinblick auf die einander widerstreitenden und sich ausschließenden Versammlungen (§ 8 Abs. 2 VersG) vor. Der koreanische Gesetzgeber hat auf praktische Konkordanz konkurrierender Grundrechte, zwar unzureichend, aber trotzdem Rücksicht genommen. Der Veranstalter hat nach § 6 Abs. 3 KVersG der Behörde sofort mitzuteilen, wenn er sich dazu entschließt, die geplante Versammlung nicht durchzuführen. Aufgrund dieser Mitteilung bemüht sich die Behörde darum, die wegen der Konkurrenz zunächst verbotene

Versammlungsfreiheit zu ermöglichen. Diese Regelungen über die Konkurrenz zwischen Versammlungen dienen dazu, dass die Versammlungsbehörde eine schnelle Entscheidung trifft. Auch die Grundrechtsträger wissen genau, wie die Behörde entscheiden wird, wenn eine Konkurrenz zwischen Versammlungen entsteht. Jedoch sind diese Regelungen nicht unproblematisch. Es ist also fraglich, ob die praktische Konkordanz bzw. der schonende Ausgleich bei der Konkurrenzlösung zwischen Versammlungen dadurch hergestellt werden kann. Im Folgenden werden Nachteile des koreanischen Erstanmelderprivilegs anhand von Rechtsprechung und Literatur vorgestellt und kritisch analysiert.

III. Meinungsstand in der koreanischen Rechtsprechung und Literatur

1. Rechtsprechung

a) Kor. VerfG, Beschluss vom 29.5.2008[704]

Bei diesem Fall handelt sich um die gleichzeitigen Anmeldungen zeitlich und örtlich konkurrierender Versammlungen und deren Zurückweisung durch die Polizei. Unter der koreanischen Rechtslage muss der Veranstalter vor der zuständigen Polizeibehörde erscheinen und eine geplante Versammlung schriftlich anmelden. Aus diesem Grund sind die Veranstalter der konkurrierenden Versammlungen zum frühestmöglichen Zeitpunkt der Anmeldung, also 720 Stunden vor der geplanten Durchführung der Versammlung, an der Polizeibehörde gleichzeitig erschienen und haben zur schnelleren Anmeldung miteinander körperlich gestritten. Wegen der Gefahr körperlicher Verletzungen hat die Polizei die beiden Anmeldungen entgegengenommen. Im Anschluss daran hat sie wegen der Unmöglichkeit der Bestimmung der zeitlichen Reihenfolge des Eingangs der Anmeldungen und der Gefahr einer Kollision zwischen den gegeneinander gerichteten Versammlungen die beiden Anmeldungen zurückgewiesen.

Das koreanische Verfassungsgericht hat ausgeführt, dass die Zurückweisung der Anmeldungen ohne Rechtsgrundlage erfolgte. Die Versammlungsfreiheit des Art. 21 Abs. 1 KorVerf ist also nur durch das Gesetz zu beschränken. Die Polizei hat aber ohne Rechtsgrundlage die Anmeldungen auf der Grundlage der tatsächlichen Unmöglichkeit der Rangbestimmung zurückgewiesen. Dies sei ohne Prüfung des Verhältnismäßigkeitsgrundsatzes schon wegen des Verstoßes gegen den Vorbehalt des Gesetzes verfassungswidrig. Außerdem komme die Zurückweisung der Anmeldungen durch die Behörde für die Veranstalter einem

704 Kor. VerfG, 2007 Heon Ma 712.

faktischen Verbot gleich. Nach dem koreanischen Verfassungsgericht sollte die Polizeibehörde nur aufgrund des im koreanischen Versammlungsgesetz geregelten Verfahrens die konkurrierenden Versammlungen beschränken bzw. verbieten. Sie sollte sich also trotz der faktischen Schwierigkeit der Rangbestimmung darum bemühen, die zeitliche Reihenfolge der Anmeldungen zu bestimmen und gem. § 8 Abs. 2 KVersG die später angemeldete Versammlung verbieten bzw. beschränken. Als abweichende Meinung hat jedoch Richter *D.-H. Lee* ausgeführt, dass die faktische Unmöglichkeit der zeitlichen Rangbestimmung zwischen den Anmeldungen anerkannt werden solle und eine gesetzliche Regelung über die gleichzeitigen Anmeldungen erforderlich sei. Als Ergebnis ist festzustellen, dass das koreanische Verfassungsgericht die Regelung des § 8 Abs. 2 KVersG ohne Kritik bzw. Einschränkung anerkennt.

b) Kor. OGH, Urteil vom 11.12.2014[705]

In diesem Fall hat die Polizeibehörde nach § 8 Abs. 2 KVersG der später angemeldeten Versammlung eine Verbotsverfügung erlassen, weil eine andere Versammlung am gleichen Ort und zur gleichen Zeit zuerst angemeldet war. Der Veranstalter der zuerst angemeldeten Versammlung hatte aber allein im Juni 2009 achtmalig Versammlungen angemeldet, sie aber trotzdem niemals durchgeführt. Aus diesem Anlass hat der Veranstalter der später angemeldeten Versammlung ungeachtet der polizeilichen Verbotsverfügung die geplante Versammlung durchgeführt. Er wurde nach § 22 Abs. 2 mit Strafe bedroht.

Dazu hat der koreanische Oberste Gerichtshof erklärt: Nach § 8 Abs. 2 KVerG könne die Polizeibehörde bei Nichtvorliegen besonderer Umstände aufgrund der zeitlichen Reihenfolge der Anmeldungen die später angemeldete Versammlung verbieten. Jedoch habe sie zunächst zu prüfen, ob die früher angemeldete Versammlung tatsächlich geplant ist und eine Verhinderungsabsicht anderer Versammlungen hat oder nicht. Sie hat demnach aufgrund des Zwecks, der Teilnehmerzahl, des geplanten Ortes und Zeitpunktes der Versammlung und des früheren Verhaltens des betroffenen Veranstalters zu prüfen, ob es sich dabei um eine Scheinanmeldung oder eine Anmeldung mit Verhinderungsabsicht handelt. Hinsichtlich § 8 Abs. 2 KVersG sei außerdem zu prüfen, ob zwei oder mehrere Versammlungen *tatsächlich* widerstreiten bzw. einander ausschließen würden. Wenn die betroffene Lage so zu beurteilen sei, dürfe die Behörde die später angemeldete Versammlung nicht verbieten. Wenn die Behörde die oben ausgeführte Prüfung versäumt habe, sei die Verbotsverfügung rechtswidrig. Wegen der rechtswidrigen

705 Kor. OGH, 2011 Do 13299.

Verbotsverfügung sei die Durchführung der späteren Versammlung demnach auch nicht strafbar. Nach der Meinung des koreanischen Obersten Gerichtshofes handelt es sich bei der in diesem Fall zuerst angemeldeten Versammlung um eine Scheinanmeldung bzw. eine Anmeldung mit Verhinderungsabsicht, weil der Veranstalter dieser Versammlung allein im Juni 2009 achtmal Versammlungen angemeldet und niemals durchgeführt hatte. Aufgrund dieser Tatsache sollte also die Polizeibehörde die später angemeldete Versammlung nicht verbieten.

c) VG Seoul, Urteil vom 24.11.2011[706]

Der Antragsteller hat Versammlungen unter freiem Himmel für den Zeitraum ab 20.10. bis 6.11.2011 angemeldet. Die zuständige Polizeibehörde hat sie aber nach § 8 Abs. 2 KVersG verboten, weil sie mit einer früher angemeldeten Versammlung zeitlich und örtlich konkurrierten und demnach die gleichzeitige Durchführung beider Versammlungen unmöglich gewesen wäre.

Das Verwaltungsgericht Seoul hat aber ausgeführt, dass das Verbot der später angemeldeten Versammlung nach § 8 Abs. 2 KVersG rechtswidrig war. In diesem Fall sei es fraglich, ob die beiden konkurrierenden Versammlungen ihrem Zweck nach tatsächlich einander widerstritten hätten. Zwar habe der Veranstalter der zuerst angemeldeten Versammlungen sie angemeldet, jedoch habe er sie meistens nicht durchgeführt. Auch die seiner Behauptung nach durchgeführten Versammlungen seien erst nach der Anmeldung der später angemeldeten Versammlungen durchgeführt worden. Außerdem habe er die Versammlungen immer am frühestmöglichen Zeitpunkt wiederholend angemeldet. Aufgrund dieser Tatsache sei anzunehmen, dass der Veranstalter zur Verhinderung anderer Versammlungen tatsächlich nicht geplante Versammlungen wiederholt angemeldet habe. Daraus könne man folgern, dass die Gefahr einer Kollision zwischen den konkurrierenden Versammlungen sehr unwahrscheinlich ist. Auch wenn eine Kollision zwischen den Versammlungen zu erwarten sei, habe die Behörde sich zuerst zu bemühen, durch den Einsatz der Polizeikräfte die freie Durchführung der konkurrierenden Versammlungen zu ermöglichen. Demnach stelle das Verbot der späteren Versammlung einen übermäßigen Eingriff in die Versammlungsfreiheit des Art. 21 Abs. 1 KorVerf dar.

d) Ergebnis

Als Ergebnis ist festzustellen, dass die koreanischen Gerichte in der Regelung des Erstanmelderprivilegs in § 8 Abs. 2 KVersG kein Problem sehen. Sie sind

---

706 VG Seoul, 2011 Gu Hap 34122.

also der Auffassung, dass die zeitliche und örtliche Konkurrenz von Versammlungen nach der zeitlichen Reihenfolge der Anmeldungen entschieden werden kann, wenn sie ihrem Zweck nach einander widerstreiten bzw. sich gegenseitig verhindern würden. Sie befürchten aber unerwartete Nebenwirkungen, also die Scheinanmeldung, bei der Durchführung. Die Gerichte verlangen deshalb von der Polizeibehörde, genau zu prüfen, ob es sich bei der früheren Anmeldung um eine Scheinanmeldung handelt und sich die konkurrierenden Versammlungen tatsächlich gegenseitig verhindern und ausschließen.

2. Literatur

Im Jahr 2013 wurden in Korea insgesamt 1.126.921 Versammlungen angemeldet. Davon wurden aber nur 42.562 Versammlungen tatsächlich durchgeführt.[707] Es wurden also etwa 96 % der angemeldeten Versammlungen nicht durchgeführt. Man kann also annehmen, dass es sich bei den meisten Anmeldungen von Versammlungen um Vorrats- oder Scheinanmeldungen handelt. Weil die politische Debatte in Südkorea so heftig ist und viele Veranstalter an einem attraktiven Ort ihre Versammlungen durchführen wollen, melden sie zur Reservierung oder zur Verhinderung von anderen Versammlungen im Vorrat an. Weil diese Versammlungen in den meisten Fällen nicht durchgeführt werden, bezeichnet man diese auch als „Geisterversammlungen". Obwohl es sich bei vielen Anmeldungen um Scheinanmeldungen handelt, wurden die meisten Verbotsverfügungen aufgrund des Erstanmelderprivilegs des § 8 Abs. 2 KVersG erlassen.[708] Die Scheinanmeldungen wurden also nicht verhindert, sondern sie haben ihren Zweck erreicht.

Nach der Auffassung der koreanischen nationalen Menschenrechtskommission werden die Verbotsverfügungen des § 8 Abs. 2 KVersG durch die Polizeibehörde ohne detaillierte Begründungen und Prüfungen von konkreten Fällen schematisch erlassen.[709] Infolgedessen wurde diese Vorschrift durch Personen, die eigene Versammlungen reservieren und andere Versammlungen verhindern wollen, häufig missbraucht. Nach ihrer Meinung können Konkurrenzen zwischen Versammlungen unter Beachtung des Grundsatzes der Verhältnismäßigkeit

---

707 Koreanische Nationale Polizei, Polizeiliches statistisches Jahrbuch 2013, S. 202.

708 Die koreanische nationale Menschenrechtskommission, Beschluss vom 28.1.2008, Empfehlung zur Verbesserung des Gesetzes und der Praxis über die Verbotsverfügung und die vorherigen Ausschließungen der Teilnahme an Versammlungen, S. 28.

709 Die koreanische nationale Menschenrechtskommission, Beschluss vom 28.1.2008, Empfehlung zur Verbesserung des Gesetzes und der Praxis über die Verbotsverfügung und die vorherigen Ausschließungen der Teilnahme an Versammlungen, S. 20 f.

durch den Einsatz der Polizei oder beschränkende Verfügungen gelöst werden.[710] § 8 Abs. 2 KVersG sieht aber nur die Möglichkeit der Verbotsverfügung vor. Diese Regelung stellt also einen übermäßigen Eingriff in die Versammlungsfreiheit dar. Die koreanische nationale Menschenrechtskommission hat demnach empfohlen, dass diese Vorschrift abgeschafft wird. In diesem Sinne ist *J.-S. Kim* der Meinung, dass diese Regelung bei der zeitlichen und örtlichen Konkurrenz immer nur die Durchführung *einer* Versammlung ermögliche.[711] Nach ihm steht dies dem staatlichen Schutzauftrag der Versammlungsfreiheit entgegen. Er hat daher gesagt, dass der Konflikt zwischen Versammlungen nicht durch die Verbotsverfügung des § 8 Abs. 2 KVersG, sondern durch beschränkende Verfügungen, wie z. B. örtliche oder zeitliche Trennung konkurrierender Versammlungen, gelöst werden soll.

3. *Stellungnahme: Kritik an der Regelung des KVersG*

Obwohl das Erstanmelderprivileg des § 8 Abs. 2 KVersG zur Vermeidung von Nachteilen durch die Mitteilungspflicht des § 6 Abs. 3 KVersG ergänzt wird, treten wegen der schematischen Anwendung des Erstanmelderprivilegs durch die Polizei Probleme, z. B. sog. Geisterversammlungen und Scheinanmeldungen, auf. Die Gründe dafür können folgende sein: *Erstens* ist das Erstanmelderprivileg im koreanischen Versammlungsgesetz ein einziges, *primäres Kriterium* bei der Konkurrenzlösung. Bei Vorliegen einer Konkurrenz zwischen Versammlungen entscheidet daher die Polizei allein aufgrund der zeitlichen Reihenfolge der Anmeldungen über die Konkurrenz. Demnach können häufig exzessive Konkurrenzen um den vorderen Platz entstehen. Das Erstanmelderprivileg als überwiegend formales Kriterium sollte aber nur subsidiär anzuwenden sein.[712] Es kann also nur bei Nichtvorhandensein wertender Kriterien als ein Reservekriterium eingesetzt werden. Dadurch können die Ziele des Versammlungsgesetzes besser verwirklicht und die exzessive Konkurrenz um den vorderen Platz gemildert werden. *Zweitens* muss der Veranstalter unter der koreanischen Rechtslage vor der zuständigen Behörde *persönlich erscheinen* und dabei seine Versammlung schriftlich anmelden. Durch diese Anforderungen wird das Problem verschärft. In Deutschland kann man dagegen Versammlungen unter freiem Himmel schriftlich, telefonisch oder

---

710 Die koreanische nationale Menschenrechtskommission, Beschluss vom 28.1.2008, Empfehlung zur Verbesserung des Gesetzes und der Praxis über die Verbotsverfügung und die vorherigen Ausschließungen der Teilnahme an Versammlungen, S. 28 f.

711 *J.-S. Kim*, Democratic Legal Studies 41 (2009), 349 (366).

712 Siehe oben, 3. Teil. E. II. 1.

auch per E-Mail anmelden.[713] Dadurch kann nicht nur die Chancengleichheit von Grundrechtsträgern garantiert, sondern auch Nachteile des Erstanmelderprivilegs, wie z. B. eine exzessive, sogar körperliche Konkurrenz um den vorderen Platz, vermieden werden. *Drittens* gewährt das Erstanmelderprivileg im koreanischen Versammlungsgesetz auch demjenigen einen Vorrang, der z. B. nur eine Sekunde vor einer anderen Person die eigene Versammlung angemeldet hat. So entsteht ein übermäßiger Wettlauf um die frühere Anmeldung. Diesbezüglich ist außerdem fraglich, ob es gerecht ist, aufgrund eines solchen kurzen zeitlichen Vorsprunges einen Vorrang einzuräumen. In dieser Untersuchung wurde demnach ein *versammlungsrechtliches Gruppenprinzip* vorgeschlagen. Nach diesem Prinzip haben all diejenigen einen gleichen Rang, die am selben Tag Versammlungen anmelden. Die noch ungelöste Konkurrenz zwischen den am gleichen Tag angemeldeten Versammlungen kann durch Absprache zwischen den Veranstaltern und als Ultima Ratio durch das Losverfahren gelöst werden.[714] *Viertens* ist die *Möglichkeit der beschränkenden Verfügungen* auch bei der Anwendung des Erstanmelderprivilegs zu regeln. Dadurch führt die Anwendung dieses Prinzips nicht immer zur Ausschließung anderer Versammlungen. Die Behörde kann also nach der durch das Erstanmelderprivileg festgestellten Rangordnung bzw. Vorrangentscheidung gegen eine spätere Versammlung eine beschränkende Verfügung erlassen. Dies entspricht auch dem Grundsatz der praktischen Konkordanz. Die Verbotsverfügung ist nur als Ultima Ratio zu erlassen. § 8 Abs. 2 KVersG ist daher hinsichtlich des Verhältnismäßigkeitsgrundsatzes problematisch. *Sechstens* ist gegen die Scheinanmeldung die Möglichkeit der Sanktionierung als Ordnungswidrigkeit zu schaffen.[715] Obwohl § 6 Abs. 3 KVersG die Mitteilungspflicht des Erstanmelders hinsichtlich der nicht durchzuführenden Versammlung vorschreibt, handelt es sich bei vielen Versammlungsanmeldungen in Südkorea um Scheinanmeldungen. M. E. hat diese Regelung deswegen keine *faktische* Verbindlichkeit, weil es ihr an einer Sanktionsregelung fehlt. Durch die Sanktionsbewehrung kann die gesetzliche Regelung eine Durchsetzungskraft gewinnen.

713 Siehe oben, 3. Teil. B. II.
714 Siehe oben, 3. Teil. E. II. 2. b).
715 Siehe oben, 3. Teil. E. II. 3.

D. Vorschlag zur Normierung versammlungsgesetzlicher Konkurrenzlösungskriterien

I. Problemstellung

Unter der jetzigen Rechtslage in Deutschland unterliegt die Ausübung der Versammlungsfreiheit bei der Konkurrenz zwischen Versammlungen vielen Unsicherheiten, weil das Gesetz nicht regelt, wie Konkurrenzen zu lösen sind. Hinsichtlich der Lösung von Konkurrenz ist also § 15 Abs. 1 VersG die einzige Regelung. Die zuständige Behörde kann nach dieser Regelung gegen denjenigen gefahrenabwehrende Maßnahmen erlassen, der eine unmittelbare Gefahr verursacht. Nach dieser Vorschrift verfügt die Behörde aber über ein weites Ermessen. Dies führt in den einzelnen Fällen zu sehr unterschiedlichen behördlichen Entscheidungen. Weil die Unsicherheit bei der Konkurrenzlösung die Ausübung des Grundrechts der Versammlungsfreiheit erschwert, sind präzise Regelungen zur Sicherung der Versammlungsfreiheit erforderlich.[716] Aufgrund der in dieser Arbeit entwickelten Ergebnisse werden im Folgenden gesetzliche Regelungen zur versammlungsrechtlichen Konkurrenzlösung vorgeschlagen.

II. Gesetzesvorschlag[717] und Begründung

1. Gesetzesvorschlag

§ 14 Anmeldung

(...)

(3) Wenn angemeldete Versammlungen oder Aufzüge nicht durchgeführt werden, hat der Veranstalter dies der zuständigen Behörde unverzüglich mitzuteilen.

§ 15a Konkurrenzlösung zwischen Versammlungen

(1) Konkurrieren mehrere Versammlungen örtlich und zeitlich, sind Maßnahmen der Gefahrenabwehr grundsätzlich gegen diejenige Versammlung zu richten, die eine Gefahr für die öffentliche Sicherheit oder Ordnung unmittelbar verursacht. Kann dadurch auch unter Heranziehung von landes- oder bundesweit verfügbaren Polizeikräften eine unmittelbare Gefahr nicht

716 Siehe oben, 5. Teil. B.

717 Die hier genannten Paragraphen knüpfen an die des Bundesrechts an.

abgewehrt werden, dürfen Maßnahmen auch zulasten der Versammlung ergriffen werden, von der die Gefahr nicht ausgeht.[718]

(2) Wenn die Konkurrenz durch Abs. 1 nicht zu lösen ist, kann die Behörde zur Lösung der Konkurrenz auch andere gewichtige Gründe, z. B. eine besondere Bedeutung eines Ortes oder Zeitpunktes, soweit sie für die Verfolgung eines Versammlungszwecks unabdingbar sind, berücksichtigen.

(3) Wenn die Konkurrenz auch durch Abs. 2 nicht zu lösen ist, kann die Behörde nach der Reihenfolge der Anmeldungen entscheiden (Erstanmelderprivileg). Dabei haben die Anmeldungen, die an einem gleichen Kalendertag erfolgt sind, den gleichen Rang.

(4) Wenn die Konkurrenz auch durch Abs. 3 nicht zu lösen ist, gibt die zuständige Behörde den Veranstaltern die Gelegenheit, Einzelheiten der Durchführung der Versammlungen miteinander abzusprechen. Wenn dies keinen Erfolg hat, kann sie durch das Los entscheiden.

§ 29 Ordnungswidrigkeiten

(1) Ordnungswidrig handelt, wer

1 als veranstaltende oder leitende Person eine öffentliche Versammlung unter freiem Himmel wesentlich anders als wirklich geplant anmeldet.

2. der Mitteilungspflicht gemäß § 14 Abs. 3 nicht nachkommt,

(...).

(2) Die Ordnungswidrigkeit kann mit einer Geldbuße bis zu eintausendfünfhundert Euro geahndet werden.

2. Begründung der einzelnen Vorschriften

Weil das Gesetzesvorschlag der ganzen Untersuchung zugrunde liegt, wird hier nur kurz begründet und auf die entsprechenden Stellen in Fußnoten hingewiesen.

a) Zu § 14 Abs. 3 – Mitteilungspflicht

Die Vorschrift erlegt denjenigen die Mitteilungspflicht auf, die angemeldete Versammlungen unter freiem Himmel oder Aufzüge wegen geänderter Umstände oder Pläne nicht durchführen. Diese Regelung wird insbesondere zur Herstellung praktischer Konkordanz zwischen konkurrierenden Versammlungen vorgeschlagen. Wenn z. B. eine Versammlung wegen der Konkurrenz mit anderer

718 Dieser Absatz wurde nach *Enders/Hoffmann-Riem/Kniesel/Poscher/Schulze-Fielitz*, ME VersG, § 13 Abs. 3, erarbeitet.

Versammlung verboten ist, aber nachher die Nicht-Durchführung der zugelassenen Versammlung mithilfe der Mitteilungspflicht festgestellt wird, kann die früher verbotene Versammlung aufgrund dieser Mitteilung wieder durchgeführt werden. Diese Vorschrift kann ferner auch dazu beitragen, die Scheinanmeldung zu verhindern. Hinsichtlich der Sanktionierung unrichtiger Anmeldungen ist es für die Behörde immer schwierig, einen Vorsatz des Anmelders als subjektive Voraussetzung zu beweisen. Trotz der Sanktionierung unrichtiger Anmeldungen können demnach Scheinanmeldungen nicht verhindert werden. Durch die Auferlegung der Mitteilungspflicht kann aber die Scheinanmeldung, also die „Anmeldung ohne Versammlung"[719] abgewehrt werden. Die Beispiele aus Südkorea zeigen aber, dass die Scheinanmeldung allein durch die Mitteilungspflicht, also *ohne Sanktionsbewehrung* nicht effektiv zu verhindern ist. Die gesetzliche Regelung kann ihre Durchsetzungskraft durch die Sanktionsbewehrung gewinnen. In diesem Sinne wird in § 29 Abs. 1 Nr. 2 des Gesetzesvorschlages die Sanktionierung der unterbliebenen Mitteilungspflicht geregelt. Durch diese Pflicht und Sanktionierung wird das Grundrecht der Versammlungsfreiheit nicht beschränkt, weil diese Regelung den Grundrechtsträger, der eine Versammlung tatsächlich durchführen will, nicht betrifft. Dagegen betrifft sie nur diejenigen, die Versammlungen nicht durchführen wollen. Stattdessen trägt sie zur Verwirklichung des Grundrechts der Versammlungsfreiheit bei, weil dadurch zunächst verbotene Versammlungen wie ursprünglich geplant durchgeführt werden können. Zur Verwirklichung dieses Gesetzeszwecks kann die kleine Unbequemlichkeit, also die Mitteilungspflicht, hingenommen werden.

b) Zu § 15a – Konkurrenzlösungskriterien

aa) Zu Abs. 1 – Das Verursacherprinzip als ein Grundsatz

Als ein zuerst zu prüfendes Kriterium ist das Verursacherprinzip in Abs. 1 geregelt. Maßnahmen der Gefahrenabwehr des § 15 Abs. 1 VersG sind, wie im allgemeinen Polizeirecht, grundsätzlich gegen den Verursacher zu richten.[720] Dies gilt auch bei der Konkurrenz zwischen Versammlungen unter freiem Himmel. Maßnahmen gegen den Nichtstörer sind dagegen ausnahmsweise nur im polizeilichen Notstand zu erlauben.[721]

719 *Ebert*, LKV 2001, 60 (61).

720 Siehe oben, 4. Teil. B. I. und 4. Teil. C. II.

721 Siehe oben, 4. Teil. B. I. 3.

bb) Zu Abs. 2 – Wertende Kriterien zur Herstellung praktischer Konkordanz

Für Fälle, in denen die Konkurrenz durch das Verursacherprinzip nicht zu lösen ist, z. B. weil eine Gefahr von beiden Versammlungen gleichmäßig verursacht ist, sind andere Möglichkeiten in Abs. 2 vorgeschrieben. In diesem Absatz werden demnach wertende Kriterien, die sachliche Unterschiede zwischen konkurrierenden Versammlungen berücksichtigen, genannt. Ein Beispiel dafür ist die Bedeutung eines Ortes oder Zeitpunktes für die Verfolgung eines Versammlungszwecks. Sie soll bei der Lösung einer Konkurrenz zwischen Versammlungen deswegen berücksichtigt werden, weil eine zeitliche oder örtliche Beschränkung gegen eine bestimmte Versammlung einem *faktischen Verbot* gleichkommen kann, wenn dieser Ort und Zeitpunkt für den Versammlungszweck eine besondere Bedeutung haben würde. Dies entspricht dem Grundsatz der praktischen Konkordanz: Nach diesem Grundsatz sollen möglichst alle konkurrierenden Grundrechte verwirklicht werden. Wenn also eine beschränkende Maßnahme für eine bestimmte Versammlung ein faktisches Verbot bedeutet und dies für eine andere Versammlung nicht so ist, ist die Maßnahme gegen die letztere zu erlassen. In diesem Sinne kann ausnahmsweise auch die Teilnehmerzahl bei der Konkurrenzlösung in Betracht kommen, wenn eine Versammlung wegen der großen Zahl nur an einem Ort, z. B. am Marktplatz einer Stadt, stattfinden kann. Wenn die Behörde gegen diese Versammlung eine örtlich beschränkende Verfügung erlassen würde, bedeutete sie für diese Versammlung ein faktisches Verbot. Auch in diesem Fall ist die Maßnahme gegen die andere Versammlung zu erlassen.

cc) Zu Abs. 3 – Das Erstanmelderprivileg als ein subsidiäres Kriterium

Wenn die Behörde auch nach Abs. 2 nicht entscheiden kann, wem sie bei der Konkurrenzlösung einen Vorrang zu geben hat, hat sie nach dem Erstanmelderprivileg als überwiegend formales Kriterium über die Konkurrenz zu entscheiden.[722] Dadurch kann die Behörde auch in Ermangelung wertender Kriterien eine inhaltlich neutrale Entscheidung treffen. Zur Vermeidung einer übermäßigen Konkurrenz um eine frühere Anmeldung wird hier vorgeschlagen, dass Anmeldungen, die an einem gleichen Tag erfolgt sind, ein gleicher Rang zuzuerkennen ist. Außerdem entspricht dies auch dem Gerechtigkeitsempfinden der Rechtsgemeinschaft, weil es ungerecht erscheint, einer Versammlung, die nur kurze Zeit, z. B. eine Stunde oder sogar eine Sekunde, früher als eine andere Versammlung angemeldet wurde, einen Vorrang einzuräumen.

---

722 Siehe oben, Teil 3. D. und E.

dd) Zu Abs. 4 – Die Absprache und das Losverfahren als Ultima Ratio

Wenn die zuständige Behörde auch nach dem Erstanmelderprivileg des Abs. 3 über die Konkurrenz nicht entscheiden kann, verbleibt ihr nur die Möglichkeit, nach dem höchst formalen und neutralen Kriterium, also nach dem Losverfahren zu entscheiden.[723] Die Entscheidung nach dem Los, also dem Zufall, erscheint für viele ungerecht. Durch das Losverfahren kann auch ein unqualifizierter Bewerber gewählt werden. Diesem Zweifel am Losverfahren kann man dadurch begegnen, dass man das Los, wie hier vorgeschlagen, als Ultima Ratio nur unter gleichqualifizierten Bewerbern anwendet. Bei der Konkurrenz zwischen Versammlungen wird das Losverfahren daher nur dort eingesetzt, wo keine wertenden, sachlichen Kriterien vorhanden und alle konkurrierenden Versammlungen gleichberechtigt und -rangig sind. Auf diese Weise kann die Behörde auch in einem schwer zu entscheidenden Fall eine höchst neutrale Entscheidung treffen.

c) Zu § 29 Abs. 1 – Sanktionierung als Ordnungswidrigkeit

Nach § 29 des Gesetzesvorschlages werden *wesentlich unrichtige* Anmeldungen nicht nur von durchgeführten, sondern auch von nicht durchgeführten Versammlungen sanktioniert.[724] Er bezweckt also die Verhinderung von Scheinanmeldungen. Unter der jetzigen Rechtslage werden nur Versammlungen, die aufgrund einer unrichtigen Anmeldung durchgeführt worden sind, bestraft (§ 25 Nr. 1 VersG). Die Scheinanmeldung, also eine Anmeldung ohne Versammlung, wird aber nach dieser Vorschrift nicht sanktioniert. Weil die Anmeldepflicht häufig dazu missbraucht wird, eine andere Versammlung zu verhindern oder eine eigene Versammlung zu reservieren, besteht insoweit ein gesetzlicher Regelungsbedarf. Scheinanmeldungen sind insbesondere deshalb zu sanktionieren, weil sie die Behörde irreführen und dadurch die Erfüllung der staatlichen Schutzaufgabe erschweren.[725] Außerdem wird hier vorgeschlagen, die Verletzung der Mitteilungspflicht von nicht durchzuführenden Versammlungen des § 14 Abs. 3 des Gesetzesvorschlages zu sanktionieren, um die Durchsetzungskraft dieser Pflicht zu garantieren.[726] Durch die Mitteilungspflicht kann das Interesse der wegen der Konkurrenz verbotenen Versammlung effektiv geschützt werden.

---

723 Siehe oben, Teil 3. E. II. 2. b) bb).
724 Siehe oben, Teil 3. E. II. 3.
725 *Enders/Hoffmann-Riem/Kniesel/Poscher/Schulze-Fielitz*, ME VersG, S. 79.
726 Siehe oben, Teil 5. D. II. 2. a).

Zusammenfassung der Ergebnisse

1. Nach Art. 8 GG haben alle Deutschen das Recht, sich ohne Anmeldung oder Erlaubnis friedlich und ohne Waffen zu versammeln. In einer mittelbaren Demokratie spielt das Grundrecht der Versammlungsfreiheit eine wesentliche Rolle, weil auch politische Minderheiten mithilfe dieses Grundrechts am politischen Willensbildungsprozess teilnehmen können. Wenn aber mehrere Versammlungen für die gleiche Zeit an demselben Ort angemeldet werden, ist die unbeschränkte Ausübung der Versammlungsfreiheit für die Teilnehmer an beiden Versammlungen faktisch unmöglich. Dabei muss die Versammlungsbehörde einschreiten, um die Ausübung der Versammlungsfreiheit aller Beteiligten zu ermöglichen und ferner, um Gefahren für die öffentliche Sicherheit oder Ordnung abzuwehren. Hier stellt sich die Frage, welche Maßnahme die Behörde nach welchen Kriterien gegen wen erlassen darf. Hinsichtlich der Konkurrenzlösung zwischen Versammlungen hat das Bundesverfassungsgericht in seinem Beschluss vom 6.5.2005 ausgeführt, dass die Behörde aus hinreichend gewichtigen Gründen unter strikter Berücksichtigung der staatlichen Neutralität vom Erstanmelderprivileg abweichen kann.[727] Nach ihm ist also das Erstanmelderprivileg grundsätzlich anwendbar. Die Behörde kann nur bei Vorliegen hinreichend gewichtiger Gründe von diesem Gurndsatz abweichen. In dieser Arbeit wurde untersucht, ob das Erstanmelderprivileg im Versammlungsrecht – insb. *grundsätzlich* – anwendbar ist. (Einleitung)

2. Bei der Problematik konkurrierender Versammlungen handelt es sich um einen Grundrechtskonflikt verschiedener Versammlungen. Wenn also zwei oder mehrere Versammlungsveranstalter ihr Grundrecht der Versammlungsfreiheit an einem bestimmten Ort gleichzeitig ausüben wollen, wird der tatsächliche Konflikt ausgelöst. Diese Problematik wird aber im Allgemein fälschlicherweise als Grundrechtskollision bezeichnet. In dieser Arbeit wurde aber auf diese weit verbreitete Terminologie verzichtet, weil sich die *Grundrechte als Abwehrrechte* gegen den Staat richten und demzufolge nicht miteinander kollidieren können. Grundrechtlich geschützte Lebensbereiche der Grundrechtsträger können nur *faktisch* kollidieren. Demzufolge ist diese Problematik nicht als Grundrechtskollision, sondern als grundrechtlicher Konflikt zwischen den Bürgern zu kennzeichnen. Auch bei der Lösung von grundrechtlichen Konflikten ist das abwehrrechtliche Grundrechtsverständnis maßgeblich. Grundrechte als

727 BVerfG, NVwZ 2005, 1055 (1057).

Abwehrrechte kontrollieren nur negativ die staatliche Regelung der Konfllikte. Deswegen kann der angemessene, schonende Ausgleich zwischen kollidierenden Interessen nicht durch die Güterabwägung, die praktische Konkordanz oder den Verhältnismäßigkeitsgrundsatz erreicht werden. Die Verfassung und die Grundrechte geben also nicht konkrete, sondern nur negative Vorgaben für die staatliche Entscheidung. Weil die Abwägung zwischen kollidierenden Interessen eine subjektive Entscheidung bzw. ein Werturteil ist, ist sie grundsätzlich dem Gesetzgeber als Repräsentant der Gemeinschaft zu überlassen. Konflikte zwischen Grundrechtsträgern sind also nicht durch die Gerichte, sondern durch die Gesetzgebung zu lösen. (1. Teil. A.)

3. Sodann wurde untersucht, welche Regelungen bei der Konfliktlösung zwischen Versammlungen zur Anwendung kommen können. Versammlungen unter freiem Himmel, auf die sich diese Untersuchung bezieht, können gemäß Art. 8 Abs. 2 GG durch das Gesetz oder auf Grund eines Gesetzes beschränkt werden. Als Vorbehaltsgesetz fungiert das Versammlungsgesetz. Insb. nach § 15 Abs. 1 VersG kann die Behörde bei Vorliegen einer unmittelbaren Gefahr beschränkende oder Verbotsverfügungen erlassen. Zur Konkurrenzlösung zwischen Versammlungen kann die Behörde nach dieser Norm auch konfliktlösende Maßnahmen ergreifen. Dabei soll sie aber entscheiden, bei welchen Versammlungen inwieweit einzugreifen sind. Diese Entscheidung unterliegt unter der jetzigen Rechtslage dem pflichtgemäßen Ermessen der Behörde. M. M. nach sind aber zur Konkurrenzlösung konkrete, rangbestimmende Kriterien gesetzlich zu regeln. (1. Teil. B.)

4. Zur Untersuchung der Anwendbarkeit des Erstanmelderprivilegs im Versammlungsrecht ist es unerlässlich, zu ermitteln, was das Erstanmelderprivileg ist und wo es seinen Ursprung hat. Nach diesem Prinzip hat diejenige Versammlung einen Vorrang, die zeitlich früher als andere, konkurrierende Versammlungen angemeldet wurde. Das Erstanmelderprivileg schlichtet einen Konflikt durch die zeitliche Reihenfolge des Anmeldeeingangs. Aufgrund dieser Begriffsbestimmung ist festzustellen, dass dieses Prinzip auf das (zeitliche) Prioritätsprinzip zurückzuführen ist. Gelegentlich wird jedoch behauptet, dass das Erstanmelderprivileg im polizeirechtlichen Verursacherprinzip seinen Ursprung hat. Nach dieser Auffassung hat die zuerst angemeldete Versammlung einen Vorrang, weil eine Gefahr meistens von der zeitlich nachrangig angemeldeten Versammlung verursacht wird. Diese unterschiedlichen Verständnisse über den Ursprung des Erstanmelderprivilegs führen zu unterschiedlichen Ergebnissen über dessen Anwendbarkeit im Versammlungsrecht. Diejenigen, die das zeitliche Prioritätsprinzip als Ursprung ansehen, sind der Auffassung, dass das Erstanmelderprivileg *subsidiär*

anwendbar ist. Dagegen führen diejenigen, die das Verursacherprinzip als Ursprung annehmen, aus, dass das Prinzip *grundsätzlich* gilt. Der Wortlaut und die Anwendung in verschiedenen Rechtsgebieten zeigen aber, dass das Erstanmelderprivileg sich allein nach der zeitlichen Reihenfolge der Anmeldungen richtet. Das Erstanmelderprivileg ist also das versammlungsrechtliche Prioritätsprinzip und vom Verursacherprinzip streng zu unterscheiden. (2. Teil)

5. Zur Anerkennung des Erstanmelderprivilegs sollte zunächst untersucht werden, welche Rechtswirkung der Versammlungsanmeldung zu gewähren ist. Denn erst nach Bejahung irgendeiner Rechtswirkung kann dem Erstanmelder ein Vorrang eingeräumt werden. Wenn also eine Versammlungsanmeldung gar keine Wirkung hat, gibt es keinen Grund, dem Erstanmelder ein Privileg zuzusprechen. Die teleologische und historische Analyse hat gezeigt, dass der Versammlungsanmeldung nach angemessener Zeit eine gewisse Bindungswirkung einzuräumen ist. Die Grundrechtsträger sollen also bei einer anmeldebedürftigen Tätigkeit nicht schlechter behandelt werden als bei einer erlaubnisbedürftigen. Dadurch kann auch die Rechtssicherheit des Bürgers gewährleistet werden. (3. Teil. A.)

6. Das Erstanmelderprivileg kann auch verfassungsrechtlich gerechtfertigt werden. Es ist also mit dem allgemeinen Gleichheitssatz und dem Grundsatz der Chancengleichheit vereinbar. Bei der Anwendung des Erstanmelderprivilegs werden konkurrierende Versammlungen aufgrund des Differenzierungskriteriums der zeitlichen Reihenfolge ihrer Anmeldung mit dem Differenzierungsziel der Verwirklichung der Versammlungsfreiheit und der Gefahrenabwehr ungleich behandelt. Diese Ungleichbehandlung ist verfassungsrechtlich gerechtfertigt, weil sie nicht willkürlich und bei richtiger Anwendung auch verhältnismäßig ist. Bei der Anwendung des Prioritätsprinzips soll daneben die Chancengleichheit zwischen konkurrierenden Bewerbern sichergestellt werden. Die Konfliktlösung nach Maßgabe der zeitlichen Reihenfolge von Anmeldungen ist nur gerecht, soweit jeder die gleiche Chance hat, als Erster eine Versammlung anzumelden. Aufgrund der Entwicklung der Kommunikationsmittel kann jeder so schnell wie möglich eine eigene Versammlung anmelden, weil das Versammlungsgesetz auch die Anmeldung per Telefon, E-Mail usw. erlaubt. Jedoch ist es wichtig, dass alle potenziellen Bewerber gleichermaßen zur Kenntnis nehmen können, dass die Reihenfolge der Anmeldung unter Umständen bei der Lösung von Konflikten eine Rolle spielt. Dies kann insb. durch die gesetzliche Regelung der Kriterien erreicht werden. (3. Teil. B.)

7. Die Gerichte und die h. M. erkennen die Anwendbarkeit des Erstanmelderprivilges im Versammlungsrecht an. Jedoch sind sie hinsichtlich der tatsächlichen

Anwendung des Grundsatzes weithin zurückhaltend. Der Grund liegt darin, dass sie einen Missbrauch dieses Grundsatzes z. B. durch Rechts- bzw. Linksextreme vermeiden wollen. Im Bundestag und in den Landtagen ist diese Tendenz noch spürbar. In wenigen Landtagen wurde das Erstanmelderprivileg nur begrenzt und in den meisten Landtagen sowie im Bundestag gar nicht diskutiert. Das vom Bundesverfassungsgericht anerkannte Erstanmelderprivileg sollte aber nicht so undiskutiert, verdeckt bleiben. Wie oben schon festgestellt ist das Erstanmelderprivileg ein verfassungsmäßiges Konkurrenzlösungskriterium. Über die Anwendbarkeit und die Voraussetzungen der Anwendung dieses verfassungsrechtlich anerkannten Grundsatzes sollte offen diskutiert werden, damit die Grundrechtsträger genau wissen, wo die Grenze des Erstanmelderprivilegs liegt und unter welchen Voraussetzungen es angewendet werden kann. (3. Teil. C.)

8. Zur Anwendung des Erstanmelderprivilegs muss eine Konkurrenz um begrenzt zur Verfügung stehende öffentliche Plätze vorliegen. Dabei sind die echte und die unechte Konkurrenz zu unterscheiden. Bei einer echten Konkurrenz wirkt der Grundsatz als *ausschließendes* Erstanmelderprivileg. Wenn also eine Konkurrenz nicht durch zeitliche bzw. örtliche Beschränkungen vermieden und somit an diesem Ort nur eine Versammlung durchgeführt werden kann, ist die später angemeldete Versammlung durch die Anwendung des Erstanmelderprivilegs völlig ausgeschlossen. Bei einer unechten Konkurrenz funktioniert der Grundsatz als ein *rangordnendes* Erstanmelderprivileg. Wenn also eine Konkurrenz durch zeitliche oder örtliche Beschränkungen vermieden werden kann, wirkt das Prinzip nicht ausschließend, sondern bestimmt nur, gegen wen die behördlichen Maßnahmen zu erlassen sind. Außerdem sollen zur Anwendung des Erstanmelderprivilegs keine wertenden Kriterien vorliegen. Als ein formales Kriterium berücksichtigt das Erstanmelderprivileg keine sachlichen Unterschiede zwischen Versammlungen. Demnach kann dieser Grundsatz zum Zweck des Versammlungsgesetzes weniger beitragen als wertende Kriterien. Das Erstanmelderprivileg ist demnach nur bei Nichtvorliegen wertender Kriterien *subsidiär* anwendbar. Ferner muss der Staat unter Handlungszwang stehen. Dies kann bei Vorliegen von Konkurrenz meistens bejaht werden, weil der Staat die Selbsthilfe des Bürgers verbietet. (3. Teil. D.)

9. Hinsichtlich des Erstanmelderprivilegs wird befürchtet, dass seine Anwendung im Versammlungsrecht unerwartete Nebenwirkungen, wie z. B. vorsorgliche bzw. Scheinanmeldungen, hervorrufen kann. Ferner ist fraglich, wie das Problem zu lösen ist, wenn mehrere Versammlungen gleichzeitig angemeldet werden. Damit eine exzessive Konkurrenz aufgrund der Anwendung des Erstanmelderprivilegs möglichst vermieden werden kann, werden hier einige Lösungen vorgeschlagen.

Grundsätzlich ist das Erstanmelderprivileg als überwiegend formales Kriterium nur subsidiär anzuwenden. Primär sind wertende Kriterien, z. B. die Bedeutung des Ortes und des Zeitpunktes für den Versammlungszweck, anzuwenden, weil sie zum Ziel des Versammlungsgesetzes besser beitragen können. Durch die subsidiäre Anwendung des Erstanmelderprivilegs kann ferner auch die vorsorgliche Anmeldung von Versammlungen verhindert bzw. reduziert werden, weil der Bürger weiß, dass die zeitliche Reihenfolge der Anmeldung bei der Konkurrenzlösung kein einzig maßgebliches, sondern nur ein subsidiär anwendbares Kriterium ist. Außerdem ist die Einführung des versammlungsrechtlichen Gruppenprinzips als Modifizierung bzw. Abschwächung des Erstanmelderprivilegs denkbar. Wenn z. B. dem Erstanmelder, der nur eine Stunde oder sogar eine Sekunde früher als andere Anmelder die eigene Versammlung angemeldet hat, ein Vorrang eingeräumt wird, kann dadurch eine exzessive Konkurrenz entstehen. Es ist auch fraglich, ob es gerecht ist, demjenigen, der nur kurz zuvor angemeldet hat, einen Vorrang einzuräumen. In dieser Arbeit ist demnach vorgeschlagen worden, denjenigen, die an einem gleichen Tag eigene Versammlungen angemeldet haben, gleichermaßen Vorrang einzuräumen. Durch diese Abschwächung des Erstanmelderprivilegs kann auch die unerwünschte Nebenwirkung einer exzessiven Konkurrenz vermieden werden. Es soll aber auch beantwortet werden, wie die Konkurrenz zu lösen ist, wenn sie durch das Erstanmelderprivileg nicht gelöst werden kann. Für diese außergewöhnliche, aber auch denkbare Konstellation wird vorgeschlagen, die Konkurrenz durch das Losverfahren als letzten Ausweg zu lösen. Der Staat, der über das Gewaltmonopol verfügt, muss also die Konkurrenz auch mit Hilfe des Zufalls entscheiden. Vor der Entscheidung durch den Zufall ist jedoch den Bürgern eine letzte Chance einzuräumen, durch Absprache die Konkurrenz selbst zu lösen, um die Versammlungsautonomie zu gewährleisten. Zu beachten ist, dass das zufallsabhängige Losverfahren nur dann ein gerechtes und rationales Kriterium ist, wenn es ausschließlich unter gleich qualifizierten Bewerbern bzw. bei Fehlen anderer Kriterien angewendet wird. Schließlich wurde vorgeschlagen, wesentlich unrichtige Anmeldungen zu sanktionieren. Zwar sanktioniert das jetzige Versammlungsgesetz eine aufgrund einer unrichtigen Anmeldung durchgeführte Versammlung, jedoch sanktioniert es nicht die unrichtige Anmeldung *ohne* Versammlung, also die Scheinanmeldung. Weil es für die Versammlungsbehörde fast unmöglich ist, die Scheinanmeldung vorher zu erkennen, ist eine Regelung erforderlich, die solche Anmeldungen nachträglich sanktioniert. (3. Teil. E.)

10. Aus der bisherigen Untersuchung hat sich ergeben, dass das Erstanmelderprivileg nur *subsidiär* anwendbar ist. Dann stellt sich die Frage, welche Kriterien

bei der Konkurrenzlösung zwischen Versammlungen als *primäre* Kriterien herangezogen werden können. Zwar geht es bei dieser Arbeit um die Anwendbarkeit des Erstanmelderprivilegs im Versammlungsrecht, jedoch müssen der Vollständigkeit halber auch die wertenden Kriterien erörtert werden. Als ein wertendes Kriterium kommt zunächst das Verursacherprinzip in Betracht. Die Behörde löst die Konkurrenz zwischen Versammlungen hauptsächlich durch die Maßnahmen des § 15 Abs. 1 VersG. Die durch die Konkurrenz zwischen Versammlungen entstehende Gefahr ist demnach grundsätzlich dem Verursacher zuzurechnen. Wenn aber durch das Verursacherprinzip nicht über die Konkurrenz entschieden werden kann, weil die Gefahr für die öffentliche Sicherheit oder Ordnung durch beide bzw. alle konkurrierenden Versammlungen gleichmäßig verursacht wird, dann soll die Behörde mithilfe anderer Kriterien über die Konkurrenz entscheiden. Als andere wertende Kriterien wurden hier die Bedeutung des Ortes und des Zeitpunktes für den Versammlungszweck und ggf. auch die Teilnehmerzahl vorgeschlagen. Diese Kriterien sind bei der versammlungsrechtlichen Konkurrenzlösung deswegen zu berücksichtigen, weil die beschränkenden Verfügungen aus den hier erwähnten Gründen einen *verbotsähnlichen Charakter* haben können. Bei der Lösung von Konkurrenz sind grundsätzlich unter Beachtung der praktischen Konkordanz möglichst alle Versammlungsfreiheiten zu verwirklichen. Wenn also eine beschränkende Verfügung für eine bestimmte Versammlung einem faktischen Verbot gleichkommt, ist sie gegen eine andere Versammlung zu richten, bei der das nicht der Fall ist. Damit kann der Zweck des Versammlungsgesetzes, also die Verwirklichung bzw. der Schutz der Versammlungsfreiheit, erreicht werden. Außer dem Verursacherprinzip, das im § 15 Abs. 1 VersG ausdrücklich geregelt ist, besteht aber keine Rangordnung zwischen anderen wertenden Kriterien. Die Berücksichtigung dieser Kriterien bei der Konkurrenzlösung ist also einzelfallabhängig. Wichtig ist dabei, zu prüfen, ob eine beschränkende Verfügung für eine bestimmte Versammlung ein faktisches Verbot bedeutet. (4. Teil)

11. Bei der Konkurrenzlösung zwischen Versammlungen gerät die Ausübung der Versammlungsfreiheit wegen des weiten behördlichen Ermessens in Unsicherheit. Demnach wird hier vorgeschlagen, durch eine verfahrensrechtliche Bestimmung über die Konkurrenzlösungsverfahren bzw. -kriterien die Grundrechte der Bürger zu garantieren. Die Freiheitsrechte der Bürger können also durch das Verfahrensrecht sichergestellt werden. Die jetzige Rechtslage über Konkurrenzlösungen zwischen Versammlungen ist aber unzureichend. Hinsichtlich der Konkurrenz zwischen Versammlungen ist § 15 Abs. 1 VersG zu weit gefasst. Wegen des weiten behördlichen Ermessens können die Bürger bei Konkurrenzen in Unsicherheit geraten. Die Ableitung des versammlungsrechtlichen Prioritätsprinzips

aus § 22 VwVfG ist ebenfalls zu verneinen. Diese Vorschrift setzt ein zwingendes Antragsverfahren voraus. Die Durchführung der Versammlung und das Einschreiten der Behörde sind aber nicht vom Antrag abhängig. § 22 VwVfG kann also keine Rechtsgrundlage des Erstanmelderprivilegs sein. Zur Sicherung des Grundrechts der Versammlungsfreiheit bedürfte es demnach einer gesetzlichen Regelung. (5. Teil. A. und B.)

12. Anders als das deutsche Versammlungsgesetz ist im koreanischen Versammlungsgesetz ein Konkurrenzlösungskriterium geregelt: das Erstanmelderprivileg. Nach § 8 Abs. 2 KVersG kann also die Polizei später angemeldete Versammlungen oder Aufzüge verbieten, wenn zwei oder mehrere Versammlungen an einem gleichen Ort und zu einer gleichen Zeit angemeldet sind und ihrem Zweck nach einander widerstreiten, verhindern bzw. ausschließen würden. In Korea treten aber wegen der schematischen Anwendung des Erstanmelderprivilegs viele Probleme, z. B. sog. Geisterversammlungen und Scheinanmeldungen, auf. Die Gründe dafür können folgende sein: Erstens ist das Erstanmelderprivileg im koreanischen Versammlungsgesetz das *einzige Kriterium* bei der Konkurrenzlösung. Bei Vorliegen einer Konkurrenz zwischen Versammlungen entscheidet daher die Polizei allein aufgrund der zeitlichen Reihenfolge der Anmeldungen über die Konkurrenz. Demnach können häufig exzessive Konkurrenzen um den vorderen Platz entstehen. Zweitens muss der Veranstalter unter der koreanischen Rechtslage vor der zuständigen Behörde *persönlich erscheinen* und dabei seine Versammlung schriftlich anmelden. Durch diese Anforderungen wird das Problem verschärft. In Deutschland kann man dagegen Versammlungen unter freiem Himmel schriftlich, telefonisch oder auch per E-Mail anmelden. Dadurch kann nicht nur die Chancengleichheit von Bürgern garantiert, sondern auch Nachteile des Erstanmelderprivilegs, wie z. B. eine exzessive, sogar körperliche Konkurrenz um den vorderen Platz, vermieden werden. Drittens gewährt das Erstanmelderprivileg im koreanischen Versammlungsgesetz auch demjenigen einen Vorrang, der z. B. nur eine Sekunde vor einer anderen Person die eigene Versammlung angemeldet hat. So entsteht ein übermäßiger Wettlauf um die frühere Anmeldung. In dieser Untersuchung wurde demnach ein *versammlungsrechtliches Gruppenprinzip* vorgeschlagen. Nach diesem Prinzip haben all diejenigen einen gleichen Rang, die an einem gleichen Tag Versammlungen anmelden. Die noch ungelöste Konkurrenz zwischen den am gleichen Tag angemeldeten Versammlungen kann durch Absprache zwischen den Veranstaltern und als Ultima Ratio durch das Losverfahren gelöst werden. *Viertens* ist die *Möglichkeit der beschränkenden Verfügungen* auch bei der Anwendung des Erstanmelderprivilegs zu regeln. Die Behörde kann also nach der durch das Erstanmelderprivileg

festgestellten Rangordnung bzw. Vorrangentscheidung gegen eine spätere Versammlung eine beschränkende Verfügung erlassen. Dies entspricht auch dem Verhältnismäßigkeitsgrundsatz. *Sechstens* ist gegen die Scheinanmeldung die Möglichkeit der Sanktionierung als Ordnungswidrigkeit zu schaffen.[728] Obwohl § 6 Abs. 3 KVersG die Mitteilungspflicht des Erstanmelders hinsichtlich der nicht durchzuführenden Versammlung vorschreibt, handelt es sich bei vielen Versammlungsanmeldungen in Südkorea um Scheinanmeldungen. Durch die Sanktionsbewehrung kann die gesetzliche Regelung eine Durchsetzungskraft gewinnen. (5. Teil. C.)

13. Schließlich wurden aufgrund der in dieser Arbeit entwickelten Ergebnisse gesetzliche Regelungen zur versammlungsrechtlichen Konkurrenzlösung vorgeschlagen. (5. Teil. D.)

728 Siehe oben, 3. Teil. E. II. 3.

Literaturverzeichnis

Aden, Hartmut: Stellungnahme zum Entwurf eines Gesetzes zum Schutz der Versammlungsfreiheit für das Land Schleswig-Holstein vom 5. März 2012, Schleswig-Holsteinischer Landtag Umdruck 17/3755.

Aristoteles: Der Staat der Athener. Übersetzt und herausgegeben von Martin Dreher, Stuttgart, 1993.

Baumann, Jürgen/*Frosch*, Hartmut: Der Entwurf des 3. Strafrechtsreformgesetzes. Schutz des Gemeinschaftsfriedens, JZ 1970, 113 ff.

Becker, Colin: First in time, first in right. Das Prioritätsprinzip im deutschen und US-amerikanischen Zwangsvollstreckungsrecht, Berlin 2000. [zit.: First in time, first in right]

Berg, Wilfried: Die Verwaltung des Mangels. Verfassungsrechtliche Determinanten für Zuteilungskriterien bei knappen Ressourcen, Der Staat 15 (1976), 1 ff.

Bethge, Herbert: Zur Problematik von Grundrechtskollisionen, München 1977.

Blaesing, Heiner: Grundrechtskollisionen, Diss. Bochum 1974.

Bleckmann, Albert: Staatsrecht II – Die Grundrechte, 4. Aufl., Köln u. a. 1997. [zit.: Grundrechte]

Bleicken, Jochen: Die athenische Demokratie, 4., völlig überarb. und wesentlich erw. Aufl., Paderborn u. a. 1995.

Böckenförde, Werner: Der allgemeine Gleichheitssatz und die Aufgabe des Richters. Ein Beitrag zur Frage der Justitiabilität von Art. 3 Abs. 1 des Bonner Grundgesetzes, Berlin 1957.

Brenneisen, Hartmut: Stellungnahme zum Entwurf eines Gesetzes zum Schutz der Versammlungsfreiheit für das Land Schleswig-Holstein vom 2. Feb. 2012, Schleswig-Holsteinischer Landtag Umdruck 17/3651.

Britz, Gabriele: Der allgemeine Gleichheitssatz in der Rechtsprechung des BVerfG. Anforderungen an die Rechtfertigung von Ungleichbehandlungen durch Gesetz, NJW 2014, 346 ff.

Burckhardt, Albrecht: Ueber die Wahlart der Basler Professoren, besonders im 18. Jahrhundert, Basler Zeitschrift für Geschichte und Altertumskunde, 15 (1916), S. 28 ff.

Czepull, Tobias: Rechtsfragen bei der Rettung Verschütteter, Hamburg 2011. [zit.: Rettung Verschütteter]

Dahm, Diethard/*Peters*, Wilfried: Aktuelle Fragen des Versammlungsrechts. Rechtsprechungsübersicht, LKV 2012, 443 ff.

Delius, Hans: Das öffentliche Vereins- und Versammlungsrecht unter besonderer berücksichtigung des preußischen Rechts, 5. verbesserte und wesentlich vermehrte Aufl., Berlin 1912.

Denninger, Erhard/*Hoffmann-Riem*, Wolfgang/*Schneider*, Hans-Peter/*Stein*, Ekkehart: Kommentar zum Grundgesetz für die Bundesrepublik Deutschland, Reihe Alternativkommentare, 3. Aufl., München 2001. [zit.: AK-GG]

Depenheuer, Otto: Zufall als Rechtsprinzip? – Der Losentscheid im Rechtsstaat, JZ 1993, 171 ff.

Dietel, Alfred/*Gintzel*, Kurt/*Kniesel*, Michael: Versammlungsgesetz. Kommentar zum Gesetz über Versammlungen und Aufzüge, 16. Aufl., Köln u.a. 2011.

Dreier, Horst: Grundgesetz. Kommentar, 3. Aufl., Tübingen 2013.

Dreier, Ralf: Was ist Gerechtigkeit?, JuS 1996, 580 ff.

Drews, Bill/*Wacke*, Gerhard/*Vogel*, Klaus/*Martens*, Wolfgang: Gefahrenabwehr, 9. Aufl., Köln u. a. 1986.

Ebert, Frank: Versammlungsrechtliche Schein- und Mehrfachanmeldungen. Ein Dilemma an der Grundrechtsperipherie, LKV 2001, 60 ff.

Enders, Christoph/*Hoffmann-Riem*, Wolfgang/*Kniesel*, Michael/*Poscher*, Ralf/*Schulze-Fielitz*, Helmuth: Musterentwurf eines Versammlungsgesetzes (ME VersG), Gesetzestext mit Begründungen, München 2011. [zit.: ME VersG]

Engisch, Karl: Einführung in das juristische Denken, 10. Aufl. (herausgegeben und bearbeitet von *Würtenberger*, Thomas/*Otto*, Dirk), Stuttgart 2005.

Epping, Volker: Grundrechte, 6. Aufl., Berlin u. a. 2015.

Epping, Volker/*Hillgruber*, Christian: BeckOK Grundgesetz, 27. Edition, Stand: 01.12.2015, München 2016. [zit.: BeckOK GG]

Foth, Albrecht: Gelehrtes römisch-kanonisches Recht in deutschen Rechtssprichwörtern, Tübingen 1971. [zit.: Römisch-kanonisches Recht]

Gadesmann, Christoph: Rechtssicherheit im Versammlungsrecht durch die Anmeldebestätigung?, Tönning u. a. 2005.

Geis, Max-Emanuel: Die „Eilversammlung" als Bewährungsprobe verfassungskonformer Auslegung – Verfassungsrechtsprechung im Dilemma zwischen Auslegung und Rechtsschöpfung, NVwZ 1992, 1025 ff.

Geis, Max-Emanuel: Polizeiliche Handlungsspielräume im Vorbereich und Verlauf von außergewöhnlichen Demonstrationslagen, Die Polizei 1993, 293 ff.

Gethmann, Carl Friedrich/*Kloepfer*, Michael/*Reinert*, Sigrid: Verteilungsgerechtigkeit im Umweltstaat, Bonn 1995.

Gusy, Christoph: Polizei- und Ordnungsrecht, 7. Aufl., Tübingen 2009.

Gusy, Christoph: Rechtsextreme Versammlungen als Herausforderung an die Rechtspolitik, JZ 2002, 105 ff.

Gusy, Christoph: Aktuelle Fragen des Versammlungsrechts, JuS 1993, 555 ff.

Gusy, Christoph: Der Gleichheitssatz, NJW 1988, 2505 ff.

Häberle, Peter: Die Wesensgehaltgarantie des Art. 19 Abs. 2 Grundgesetz. Zugleich ein Beitrag zum institutionellen Verständnis der Grundrechte und zur Lehre vom Gesetzesvorbehalt, 3., stark erw. Aufl., Heidelberg 1983.

Häberle, Peter: Grundrechte im Leistungsstaat, VVDStRL 30 (1972), S. 43 ff.

Held, Jürgen: Der Grundrechtsbezug des Verwaltungsverfahrens, Berlin 1984.

Hesse, Konrad, Grundzüge des Verfassungsrechts der Bundesrepublik Deutschland, 20. Aufl., Heidelberg 1995.

Hettich, Matthias: Versammlungsrecht in der kommunalen Praxis, Grundlagen – Eingriffsnormen – Rechtsschutz, Berlin 2003.

Hobbeling, Erich: Zulässigkeit und Grenzen präventiven Einschreitens gegen Demonstrationen nach § 15 Abs. (1) VersG, Diss. Münster 1973. [zit.: Präventives Einschreiten gegen Demonstrationen]

Hoffmann-Riem, Wolfgang: Neuere Rechtsprechung des BVerfG zur Versammlungsfreiheit NVwZ 2002, 257 ff.

Höllein, Hans-Joachim: Das Verbot rechtsextremistischer Veranstaltungen, NVwZ 1994, 635 ff.

Hong, Mathias: Die Versammlungsfreiheit in der Rechtsprechung des Bundesverfassungsgerichts, in: Brink, Stefan/Rensen, Hartmut (Hrsg.), Linien der Rechtsprechung des Bundesverfassungsgerichts, erörtert von den wissenschaftlichen Mitarbeitern, Berlin 2009, S. 155–197. [zit.: Versammlungsfreiheit in der Rechtsprechung des BVerfG]

Ipsen, Jörn: Gesetzliche Einwirkungen auf grundrechtlich geschützte Rechtsgüter, JZ 1997, S. 473 ff.

Isensee, Josef/*Kirchhof*, Paul: Handbuch des Staatsrechts, 2. Aufl., Heidelberg 2000.

Jakobs, Michael: Der Grundsatz der Verhältnismäßigkeit, DVBl. 1985, 97 ff.

Jarass, Hans D./*Pieroth*, Bodo: Grundgesetz für die Bundesrepublik Deutschland Kommentar, 13. Aufl. München 2014.

Jarass, Hans D.: Grundrechte als Wertentscheidungen bzw. objektivrechtliche Prinzipien in der Rechtsprechung des Bundesverfassungsgerichts, AöR 110 (1985), S. 363 ff.

Jellinek, Walter: Verwaltungsrecht, 3. Auflage, unveränderter Neudruck, Offenburg 1948.

Jenssen, Katharina: Die versammlungsrechtliche Auflage. Praxis und rechtliche Bewertung, Hamburg 2009.

von Jhering, Rudolf: Geist des römischen Rechts auf den verschiedenen Stufen seiner Entwicklung. Zweiter Teil, Zweite Abteilung, 3. verb. Aufl., Leipzig, 1875.

Kang, Tae-Soo: Der Friedlichkeitsvorbehalt der Versammlungsfreiheit. Zu Genealogie und Dogmatik des Grundrechtsvorbehalts „friedlich und ohne Waffen", Diss. Bonn 1993.

Kaufmann, Erich, Die Gleichheit vor dem Gesetz im Sinne des Art. 109 der Reichsverfassung, in VVDStL Heft 3, Berlin 1927, S. 2 ff.

Kersting, Wolfgang: Theorien der sozialen Gerechtigkeit, Stuttgart u. Weimar 2000.

Kim, Jong-Seo: The Unconstitutionality of the Assembly and Demonstration Act, Democratic Legal Studies 41 (2009), 349 ff.

Kloepfer, Michael: Gleichheit als Verfassungsfrage, Berlin 1980.

Knack, Hans Joachim/*Henneke*, Hans-Günter: Verwaltungsverfahrensgesetz. Kommentar, 9. Aufl., Köln u. a. 2010.

Knape, Michael: Ausgewählte Problemstellungen des Versammlungsrechts im Zusammenhang mit unfriedlichen Demonstrationen, insbesondere Auseinandersetzungen Links – Rechts, Die Polizei 2007, 151 ff.

Kniesel, Michael: Die Versammlungs- und Demonstrationsfreiheit. Aktuelle höchstrichterliche Rechtsprechung zu Art. 8 GG, NJW 1996, 2606 ff.

Kniesel, Michael/*Poscher*, Ralf: Versammlungsrecht, in: Lisken, Hans/Denninger, Erhard (Hrsg.), Handbuch des Polizeirechts, 5. Aufl., München 2012.

Kniesel, Michael/*Poscher*, Ralf: Die Entwicklung des Versammlungsrechts 2000 bis 2003, NJW 2004, 422 ff.

Kopp, Ferdinand O./*Ramsauer*, Ulrich: Verwaltungsverfahrensgesetz. Kommentar, 15. vollst. überarb. Aufl., München 2014.

Küchenhoff, Klaus: Die Geistesgeschichtliche Entwicklung der Vereins- und Versammlungsfreiheit, in: Küchenhoff, Klaus/Wurzbacher, Gerhard/von Schrötter, Gertrud Freifrau (Hrsg.), Vereinigungs- und Versammlungsfreiheit, Hannover, 1966.

Kugelmann, Dieter: Polizei- und Ordnungsrecht, 2. Aufl., Berlin u. a. 2011.

von Landmann, Robert/*Rohmer*, Gustav: Gewerbeordnung und Ergänzende Vorschriften, Bd. I: Gewerbeordnung, Kommentar, München, Stand: 69. Ergänzungslieferung. März 2015.

Leibholz, Gerhard: Die Gleichheit vor dem Gesetz. Eine Studie auf rechtsvergleichender und rechtsphilosophischer Grundlage, Berlin 1925.

Lenz, Sebastian: Vorbehaltlose Freiheitsrechte. Stellung und Funktion vorbehaltloser Freiheitsrechte in der Verfassungsordnung, Tübingen 2006.

Lenz, Sebastian/*Leydecker*, Philipp: Kollidierendes Verfassungsrecht. Verfassungsrechtliche Maßstäbe der Einschränkbarkeit vorbehaltloser Freiheitsrecht, DÖV 2005, S. 841 ff.

Lepa, Manfred: Grundrechtskonflikte, DVBl. 1972, 161 ff.

Lerche, Peter: Übermaß und Verfassungsrecht, Köln u. a. 1961.

von Liszt, Franz: Der Zweckgedanke im Strafrecht. Marburger Universitätsprogramm 1882, in: ders., Strafrechtliche Vorträge und Aufsätze. Erster Band 1875 bis 1891, Berlin 1905, S. 126 ff.

Malaviya, Nina: Verteilungsentscheidungen und Verteilungsverfahren. Zur staatlichen Güterverteilung in Konkurrenzsituationen, Tübingen 2009. [zit.: Verteilungsentscheidungen]

v. Mangoldt, Hermann/*Klein*, Friedrich/*Starck*, Christian: Kommentar zum Grundgesetz, 6. Aufl., München 2010.

Martini, Mario: Der Markt als Instrument hoheitlicher Verteilungslenkung. Möglichkeiten und Grenzen einer marktgesteuerten staatlichen Verwaltung des Mangels, Tübingen 2008.

Maunz, Theodor/*Dürig*, Günter: Grundgesetz. Kommentar, Stand: Lfg. 73 Dezember 2014.

Maurer, Hartmut: Allgemeines Verwaltungsrecht, 18. Aufl., München 2011.

Müller, Ernst/*Schmid*, Georg: Vereinsgesetz vom 19. April 1908. nebst den Ausführungsbestimmungen der sämtlichen deutschen Bundesstaaten und Anhang (bisheriges preußisches, bayerisches, ausländisches Vereinsrecht usw.), München 1908.

Müller, Friedrich: Die Positivität der Grundrechte, 2., erw. Aufl., Berlin 1990.

v. Münch, Ingo: Grundgesetz Kommentar, Band 1, 3., neubearbeitete Aufl., München 1985.

v. Münch, Ingo/*Kunig*, Philip: Grundgesetz Kommentar, 6. Aufl., München 2012.

Murswiek, Dietrich: Die staatliche Verantwortung für die Risiken der Technik. Verfassungsrechtliche Grundlagen und immissionsschutzrechtliche Ausformung, Berlin 1985 (Duncker & Humblot).

Neuner, Jörg: Der Prioritätsgrundsatz im Privatrecht, AcP 203 (2003), 46 ff.

Ossenbühl, Fritz: Versammlungsfreiheit und Spontandemonstration, Der Staat 10 (1971), 53 ff.

Ott, Sieghart: Gesetz über Versammlungen und Aufzüge (Versammlungsgesetz), 5. neubearbeitete Aufl., Stuttgart u. a. 1987.

Otto, Kai-A.: Der Anspruch auf ein Verfahren innerhalb angemessener Zeit, Pfaffenweiler 1995.

Papier, Hans-Jürgen: Verfassungs- und verwaltungsrechtliche Probleme der Zweitanmeldung, NJW 1985, 12 ff.

Paulson, Stanley. L.: Zum Problem der Normenkonflikte, ARSP Bd. 66 (1980), 487 ff.

Pielow, Johann-Christian: Gewerbeordnung Kommentar, München 2009.

Pieroth, Bodo/*Schlink*, Bernhard/*Kingreen*, Thorsten/*Poscher*, Ralf: Grundrechte Staatsrecht II, 30. Aufl., Heidelberg u. a. 2014.

Pieroth, Bodo/*Schlink*, Bernhard/*Kniesel*, Michael: Polizei- und Ordnungsrecht – mit Versammlungsgesetz, fortgeführt von *Kingreen*, Thorsten/*Poscher*, Ralf, 8. Aufl., München 2014.

Pischel, Gerhard: Konkurrenz und Kollision von Grundrechten, JA 2006, 357 ff.

Podlech, Adalbert: Gehalt und Funktionen des allgemeinen verfassungsrechtlichen Gleichheitssatzes, Berlin 1971.

Poscher, Ralf: Grundrechte als Abwehrrechte. Reflexive Regelung rechtlich geordneter Freiheit, Tübingen 2003.

Poscher, Ralf: Neue Rechtsgrundlagen gegen rechtsextremistische Versammlungen. Zu den verfassungsrechtlichen Grenzen der Entpolitisierung der Versammlungsfreiheit, NJW 2005, 1316 ff.

Poscher, Ralf: Die gefahrenabwehrrechtliche Verantwortlichkeit. Zugleich ein Beitrag zur Lehre von der rechtswidrigen Verursachung, Jura 2007, 801 ff.

Ridder, Helmut/*Breitbach*, Michael/*Rühl*, Ulli/*Steinmeier*, Frank: Versammlungsrecht Kommentar, 1. Aufl., Baden-Baden 1992.

Röger, Ralf: Stellungnahme zum Gesetzentwurf der Fraktion der FDP „Entwurf eines Gesetzes zum Versammlungsrecht in Schleswig-Holstein" (Drs. 18/119 vom 20.08.2012) sowie zu den Änderungsanträgen der Fraktionen von SPD/ Bündnis 90/Die Grünen und der Abgeordneten des SSW (Umdruck 18/1269 vom 05.06.2013), der Fraktion der CDU (Umdruck 18/1314 vom 11.06.2013), der Fraktion der Piraten (Umdruck 18/1318 vom 12.06.2013) vom 8. Aug. 2013, Schleswig-Holsteinischer Landtag Umdruck 18/1566.

Rolshoven, Michael: Wer zuerst kommt, mahlt zuerst? – Zum Prioritätsprinzip bei konkurrierenden Genehmigungsanträgen – Dargestellt anhand aktueller Windkraftfälle, NVwZ 2006, 516 ff.

Roth, Andreas: Rechtsextremistische Demonstrationen in der verwaltungsgerichtlichen Praxis, VBlBW 2003, 41 ff.

Rüfner, Wolfgang: Grundrechtskonflikte, in: Starck, Christian (Hrsg.), Festschrift 25 Jahre Bundesverfassungsgericht, Band II, Tübingen 1976, 453 ff.

Rühl, Ulli F. H.: Die Polizeipflichtigkeit von Versammlungen bei Störungen durch Dritte und bei Gefahren für die öffentliche Sicherheit bei Gegendemonstrationen, NVwZ 1988, 577 ff.

Rühl, Ulli F. H.: Versammlungsrechtliche Maßnahmen gegen rechtsradikale Demonstrationen und Aufzüge, NJW 1995, 561 ff.

Rupp, Hans Heinrich: Das Urteil des Bundesverfassungsgerichts zum Sammlungsgesetz – eine Wende in der Grundrechtsinterpretation des Art. 2 Abs. 1 GG?, NJW 1966, 2037 ff.

Sachs, Michael: Verfassungsrecht II. Grundrechte, 2. Aufl., Berlin u. a. 2003.

Sander, Hilmar: Wiederkehrthema: Die öffentliche Ordnung – das verkannte Schutzgut? NVwZ 2002, 831 ff.

Schick, Walter: Das Verbot mit Anzeigevorbehalt, BayVBl. 1967, 341 ff.

Schlink, Bernhard: Abwägung im Verfassungsrecht, Berlin 1976.

Schlink, Bernhard: Freiheit durch Eingriffsabwehr. Rekonstruktion der klassischen Grundrechtsfunktion, EuGRZ 1984, 457 ff.

Schlink, Bernhard: Der Grundsatz der Verhältnismäßigkeit, in: Badura, Peter/ Dreier, Horst (Hrsg.), Festschrift 50 Jahre Bundesverfassungsgericht, Bd. 2, Tübingen 2001, S. 455 ff.

Schlosser, Peter: Vollstreckungsrechtliches Prioritätsprinzip und verfassungsrechtlicher Gleichheitssatz, ZZP 97 (1984), 121 ff.

Schmidt-Aßmann, Eberhard/*Schoch*, Friedrich: Besonderes Verwaltungsrecht, 14. Aufl., Berlin 2008.

Schmidt-Jortzig, Edzard: Polizeilicher Notstand und Versammlungsverbot (OVG Saarlouis, DÖV 1970, 53), JuS 1970, 507 ff.

Schneider, Harald: Die Güterabwägung des Bundesverfassungsgerichts bei Grundrechtskonflikten. Empirische Studie zu Methode und Kritik eines Konfliktlösungsmodelles, Baden-Baden 1979.

Scholler, Heinrich: Die Interpretation des Gleichheitssatzes als Willkürverbot oder als Gebot der Chancengleichheit, Berlin 1969.

Schoch, Friedrich: Besonderes Verwaltungsrecht, 15. Aufl., Berlin 2013.

Schoch, Friedlich: Die Neuregelung des Versammlungsrechts durch § 15 II VersG, Jura 2006, 27 ff.

Siebert, Peter: Das Prioritätsprinzip in der Einzelzwangsvollstreckung, Diss. Göttingen 1988.

Stein, Ekkehart/*Frank*, Götz: Staatsrecht, 21. Aufl., Tübingen 2010.

Stelkens, Paul/*Bonk*, Heinz Joachim/*Sachs*, Michael: Verwaltungsverfahrensgesetz. Kommentar, 7. Aufl., München 2008.

Stern, Klaus: Das Staatsrecht der Bundesrepublik Deutschland, Bd. III/2, München 1994.

Stürner, Rolf: Prinzipien der Einzelzwangsvollstreckung, ZZP 99 (1986), 291 ff.

Tomuschat, Christian: Güterverteilung als rechtliches Problem, Der Staat 4 (1973), 433 ff.

Tölle, Oliver: Polizei- und ordnungsbehördliche Maßnahmen bei rechtsextremistischen Versammlungen, NVwZ 2001, 153 ff.

Ullrich, Norbert: Typische Rechtsfragen bei Demonstration und Gegendemonstration, DVBl 2012, 666 ff.

Voßkuhle, Andreas: „Wer zuerst kommt, mahlt zuerst!" – Das Prioritätsprinzip als antiquierter Verteilungsmodus einer modernen Rechtsordnung, Die Verwaltung 32 (1999), 21 ff.

Wacke, Andreas: Wer zuerst kommt, mahlt zuerst – Prior tempore potioriure, JA 1981, 94 ff.

Waechter, Kay: Maßgaben für neue Versammlungsgesetze der Länder, Verwaltungsarchiv 2008, 73 ff.

Weber, Klaus: Zur Anmeldepflicht bei Versammlungen, KommJur 2010, 410 ff.

Wege, Donat: Präventive Versammlungsverbote auf dem verfassungsrechtlichen Prüfstand, NVwZ 2005, 900 ff.

Welbers, Hartwig: Vollstreckungsrechtliches Prioritätsprinzip und verfassungsrechtlicher Gleichheitssatz, Diss. Bonn 1991.

Werner, Sascha: Formelle und materielle Versammlungsrechtswidrigkeit. Verfassungsrechtliche Grundlagen, verwaltungsrechtliche Eingriffsbefugnisse und strafrechtliche Konsequenzen, Berlin 2001.

Wimmer, Raimund: Zulassungsbeschränkungen für Studienanfänger an deutschen Hochschulen?, DVBl. 1967, 139 ff.

Zippelius, Reinhold: Das Wesen des Rechts. Eine Einführung in die Rechtstheorie, 6. Aufl., Stuttgart 2012.

Zippelius, Reinhold/*Würtenberger*, Thomas: Deutsches Staatsrecht, 32. Aufl., München 2008.

www.ingramcontent.com/pod-product-compliance
Ingram Content Group UK Ltd.
Pitfield, Milton Keynes, MK11 3LW, UK
UKHW021904290926
8980IPUK00015B/1052

9 783631 699225